진광불휘
참된 빛은 번쩍이지 않는다

한국불교 차세대 리더 19명 인터뷰
'한국불교의 미래를 묻다'

참된 빛은 번쩍이지 않는다

진리는 북희

유철주

담앤북스

책을 펴내며

날마다 좋은 날입니다. 오늘도 좋고 내일도 좋을 것입니다. 부처님 가르침을 공부하면 할수록 하루하루가 즐겁습니다. 이것은 저만의 느낌이 아닐 것이라 생각합니다.

그런데 최근 불교는 국민들에게 기쁨과 즐거움, 그리고 행복을 주기보다 근심과 걱정을 선물(?)했습니다. '술'이니 '도박'이니 '룸살롱'이니 하는, 차마 말하기 부끄러운 단어들이 불교와 연관검색어가 되어 사람들의 입에 오르내렸습니다. 불자의 한 사람으로서 정말 부끄럽고 창피했습니다.

10여 년 전부터 불교계에서 일어나는 많은 사건사고를 보면서 저는 감동 밖에 없는 부처님 가르침을 어떻게 하면 더 많은 사람들과 공유할 수 있을까 하는 것을 고민하기 시작했습니다. 여러 생각 끝에 찾은 방법이 부처님과 선지식들의 말씀을 독자들에게 전하는 것이었습니다. 2년 전 조계종과 함께 『산승불회』라는 책을 통해 어른스님들의 말씀을 전한 것도 그런 맥락에서였습니다.

『진광불휘』 역시 같은 취지에서 준비를 했습니다. 한국불교의 곳곳에서 희망을 일구고 있는 젊은 선지식善知識들을 독자 여러분들에게 소개해 보고 싶었습니다. 화려하진 않지만 한국불교를 비추고 있는 '빛'들을 찾아뵙고 그분들의 말씀을 가감 없이 전하고자 했습니다. 이 책에서 만난 열아홉 분의 선지식들은 다양한 분야에서 미래의 한국불교를 이끌 분들이라 생각합니다. 촌음寸陰을 다퉈 가며 오로지 원력願力과 신심信心으로 '상구보리 하화중생上求菩提 下化衆生'을 실천하고 있는 스님들의 모습은 무척이나 아름답습니다.

한국불교를 비관적으로 보기는 아직 이르다고 생각합니다. 현장에서 불철주야 정진하고 있는 수많은 분들이 있기 때문입니다. 『진광불휘』를 통해 절망보다 희망을 노래하고 싶습니다.

바쁜 시간에도 인터뷰에 응해 주신 열아홉 분의 스님들께 이 자리를 빌려 다시 한 번 감사의 합장을 올립니다.

책이 나올 수 있게 도와주신 담앤북스 오세룡 사장님을 비롯한 편집진 여러분께도 감사드립니다. 또 불쑥 찾아뵈어도 언제나 따뜻한 미소로 가르침을 주시는 조계종 원로의원 고우 큰스님과 봉암사 수좌 적명 큰스님, 백련불교문화재단 이사장 원택 큰스님을 비롯한 어른스님들께도 감사의 인사를 올립니다.

마지막으로 사랑하는 아내 김보배 님과 이제 막 세상에 나온 아들 지호에게도 고마움을 전합니다. 감사합니다.

2013년 3월
유철주

목차

책을 펴내며 · 4

미래의 길

未來

미산 스님_ 교육과 수행이 불교의 미래입니다 · 11

법만 스님_ 복福 지어 회향하는 삶을 꿈꿉니다 · 33

묘장 스님_ 경계 너머에서 더 위대한 부처님의 가르침 · 53

일운 스님_ '지금'에 집중하면 자유로운 삶 살게 될 것 · 73

진화 스님_ 언제 어디서나 필요한 주인의 삶 · 95

미등 스님_ 우리 문화의 DNA는 불교입니다 · 117

지
혜
의
길

월암 스님_ 불이중도不二中道의 삶이 곧 수행입니다 · 139

무상 스님_ 정통불법 통해 중생의 행복을 기원합니다 · 161

도일 스님_ 계율은 불교의 생명입니다 · 181

철산 스님_ '있는 그대로'가 우리의 삶입니다 · 201

원영 스님_ 자비는 어머니 사랑과 같은 마음입니다 · 221

각묵 스님_ 한국불교의 중심에서 초기불교를 외치다 · 241

전법의 길

정념 스님_ 원력願力과 신심信心으로 만드는 행복 · 263

마가 스님_ 우리 모두는 아름다운 꽃입니다 · 283

선재 스님_ 사찰음식에는 '생명'이 버무려져 있습니다 · 303

금강 스님_ 우리는 누구나 깨달은 존재입니다 · 323

능행 스님_ 수행과 돌봄은 둘이 아닙니다 · 343

원철 스님_ '연기' 이해 통한 '중도' 실천이 불교입니다 · 363

혜민 스님_ 우리는 사랑받기 위해 태어났습니다 · 383

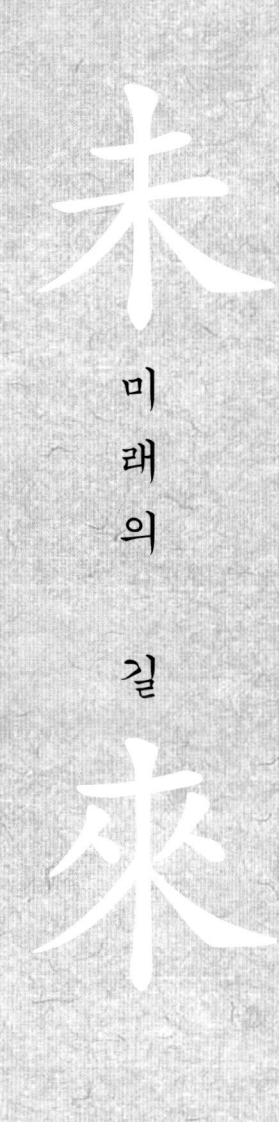

미래의 길

未

| 미산 스님 | 법만 스님 | 묘장 스님 | 일운 스님 | 진화 스님 | 미등 스님 |

來

미산 스님

서울 백운암 상도선원장

> "부처님의 가르침을 올바르게 배우고
> 정진하면서 회향해야 하는 것이죠.
> 중요한 것은 꾸준히 공부하는 것입니다.
> 한 가지 주의할 것은 정법을 가르치는 곳에서
> 배워야 한다는 것입니다."

교육과 수행이
불교의 미래입니다

서울 백운암 상도선원장
미산 스님

2012년 1월 둘째 주였던 것으로 기억한다. 소문으로만 전해지던 서울 백운암 상도선원에 직접 가게 되었다. 아파트와 상가 사이를 달려 마주한 상도선원은 지하 1층, 지상 4층 규모로 기대(?)와 달리 그리 큰 규모가 아니었다. 서울에서 대규모 사찰을 짓는 것이 현실적으로 어렵다는 생각은 하지 못하고 기존의 불사佛事와는 차원이 다르다는 소문에 혹해 큰 기대를 하고 갔지만 보여지는 상도선원의 모습은 아담했다. 엇갈린 감정을 잠시 접어두고 상도선원 건물 안으로 들어갔다. 문을 여는 순간 소문의 '진실'을 확인했다. 기대는 결코 헛된 것이 아니었다.

상도선원은 일반 사찰이라기보다 하나의 미술관 같았다. 현대적이고 세련된 모습이면서도 부처님이 계시는 공간이라는 사실을 잊지 않게 하는 매력이

느껴졌다. 비행기를 만들 때 사용되는 특수금속 두랄루민으로 조성된 법당의 부처님은 잔잔한 미소로 사람들의 이목을 끈다. 법당 앞에 있는 일원상-圓相은 서옹 스님의 글씨를 도자작품으로 형상화한 것이다. 불교 없이 불교를 나타낸 듯하다.

어린이 법당인 아라한전에 조성한 16나한상은 근엄을 쏙 빼고 유머와 익살을 입혀 어린이들로 하여금 '무서움' 없이 다가설 수 있게 했다. 이밖에도 1층 현관의 브론즈 관세음보살상, 큰법당 천장의 한지등, 계단에 설치된 미술작품들, 현대식 화장실, 야외 카페 등 선원 구석구석은 하나의 전시장이었다. 이와 같은 현대적 불사를 이끈 사람이 바로 상도선원장 미산 스님이다.

"사찰은 시대의 흐름에 부응하면서도 부처님의 말씀을 어렵지 않게 전할 수 있는 공간이어야 합니다. 전통식보다는 현대적 방법으로 사람들에게 친근한 공간으로 꾸며 보고자 했습니다. 그래서 문화적 요소를 많이 가미했어요. 불사에 동참한 작가들도 저의 이런 의견에 적극 찬성했습니다."

2009년 문을 연 상도선원은 한때 전국에서 찾아온 스님과 재가자들로 북새통을 이뤘다. 도대체 어떻게 불사를 했는지 직접 확인하기 위해 찾아온 사람들이 적지 않았다.

이제 상도선원은 서울을 대표하는 도량으로 자리매김하고 있다. 현대적 불사를 바탕으로 다양한 프로그램을 운영하면서 많은 사람들의 발걸음을 붙잡고 있는 것이다. 그 구체적인 내용들을 알아보기 위해 미산 스님을 찾았다.

스님은 중앙승가대학 교수이기도 하다. 방학이었지만 오히려 학기 중보다 더 바빴다. 하루 3~4시간밖에 자지 못하는 생활은 계속되고 있었다. 많이 피곤한 듯 보였지만 그래도 스님은 언제나처럼 '한국불교 제일미소'를 보여주었다.

___ 백운암 상도선원은 서옹 스님이 오랫동안 주석했던 곳이지요?

"그렇습니다. 상도선원은 종정을 역임하신 서옹 큰스님께서 서울에 오실 때면 계셨던 백운암을 새롭게 불사한 곳입니다. 백운암은 1961년 창건된 뒤 월산, 운허, 탄성, 석주 스님 등 현대의 선지식들께서 주석하시면서 도심 포교에 큰 역할을 하였습니다. 그러다 2003년 백운암 주변이 아파트로 개발되면서 폐사 위기를 맞았지만 신도들과 마음을 모아 인근에 부지를 마련해 상도선원으로 다시 태어났습니다."

___ 다양한 프로그램을 진행하고 계십니다. 어떤 프로그램들이 있나요?

"상도선원은 불자들이 불교 수행의 이론과 실참의 바탕을 마련하는 데 도움을 주고자 합니다. 그런 기조 아래 몇 가지 프로그램을 운영하고 있습니다. 먼저 얼마 전까지 '마음수행학교'와 '경전학당'으로 나누어 진행하던 교육 프로그램을 '마음수행학교'라는 하나의 프로그램으로 통합했습니다. 여기서는 불교의 핵심 가르침인 연기緣起, 중도中道의 사상을 철저히 이해하고 체득할 수 있도록 하는 교육과 자비사상을 구체적인 삶 속에서 실천할 수 있는 자애미소명상 수행이 계속됩니다.

상도선원에 처음 오셔서 수행을 하고자 하는 분들은 '불교입문자 과정'에서 '사찰예절과 기본교리'를 습득하도록 하고, '마음수행학교'를 통해 '초기경전과 연기·중도 수행'(봄·가을, 각 1회 16시간)과 '자애미소명상 집중수행'(연 4회, 각 2박3일) 기본과정을 이수할 수 있도록 하고 있습니다. 이러한 기본과정을 마친 분들은 심화과정으로 마련된 '대승경전과 연기·중도 수행'과 '선어록과 연기·중도 수행'을 듣습니다. 또 자애미소명상 기본과정을 이수한 사람들이 생활 속에서 꾸준히 자기관리와 보현행을 실천할 수 있도록 자애미소명상 심화과정도 함께 하고 있습니다."

___ 프로그램 내용에 연기와 중도가 많이 들어가 있습니다. 이유가 있습니까?

"부처님 가르침의 핵심은 연기緣起와 중도中道입니다. 연기는 지혜를 완성하는 것입니다. 그리고 지혜가 바로 사회와 삶 속에 스며들게 하는 것이 자비행이죠. 자비행을 할 때는 어디에도 치우치면 안 됩니다. 지혜행과 자비행을 제대로 행하면 그 자체가 바로 중도행입니다. 셋은 같이 움직이는 것이죠. 연기중도를 철저하게 이해하고 실천하게 되면 그 자리가 깨닫는 곳입니다. 부처님께서도 연기중도를 깨달았다고 하셨잖아요. 지금 우리 시대에는 연기와 중도를 어렵지 않게 전할 수 있습니다. 인터넷 문화만 봐도 그렇잖아요. 또 세계에서 일어나는 일들이 우리 삶과 직결됩니다. 2,500년 전에 이미 부처님은 이런 것들을 명쾌하게 설명하셨습니다. 연기와 중도는 초기경전뿐만 아니라 대승경전과 선어록에도 잘 정리되어 있습니다. 성철 큰스님께서 설하신『백일법문』만 봐도 알 수 있습니다. 표현만 다를 뿐이지 내용은 다 같습니다."

불교 없이
불교를 나타내다

___ 자애미소명상은 무엇인가요?

"자리에 앉아 가슴으로 가장 자애롭고 행복한 생각을 하면서 스스로를 알아차리는 것이 자애미소명상입니다. 우리 뇌에서 긴장을 가장 많이 하는 곳은 뇌막(뇌주머니)의 가장 밖에 있는 뇌경막입니다. 어떤 생각이나 감정이 일어나면 뇌막이 수축을 하고, 더욱 더 강한 생각이 일어나게 해 2차, 3차로 분노를 재생산합니다. 이걸 빨리 알아차리고 일단 긴장을 풀어야 생각을 흘려보낼 수 있습니다. 그리고 나서 스마일, 즉 미소를 짓습니다. 그냥 웃으면 뇌가 '기분 좋구나'라고 인식하여 그에 맞는 호르몬을 분비합니다. 긴장이 풀린 상태에서 가슴으로 가서 사랑스러운 느낌에 집중합니다. 그 느낌이 일정 시간 지속되면 깊은 지하수를 끌어올리는 마중물처럼 작용하여 본래 우리들의 본성 자체에 내재되어 있는 자비의 힘을 끌어내 자애와 연민의 느낌이 충만하게 됩니다. 자애미소명상은 느낌을 통한 자비관법 수행으로 몸과 마음을 정화하고 일상의 삶을 자비의 에너지로 가득 차게 합니다. 그 결과 자기 자신뿐만 아니라 가족과 이웃, 나아가 사회와 국가, 그리고 지구촌과 우주 전체가 온전함을 회복하게 하는 수행법입니다. 자애미소명상을 꾸준히 실천한 선원 신도들 중 실제로 자애미소명상을 하면서 가족과 친구, 직장 동료와의 관계가 예전에 비해 훨씬 부드러워졌고 삶에 대한 안목과 세상을 바라보는 태도가 달라졌다고 하는 사람들이 많습니다."

상도선원에서는 이런 수행 프로그램 외에도 매월 초하루 법회와 매주 일요일 법회를 진행하고 있다. 일요법회의 명칭은 팔정도온가족법회다. 동시에 어린이, 청소년, 청년 법회를 함께 진행한다. 팔정도온가족법회는 첫째 주에는 주제가 있는 법문을 한 후 잠깐 동안 자애미소명상을 함께하고, 둘째 주에는 무차無遮법회로 꾸며진다. 평소 궁금했던 것들을 주제에 상관없이 물을 수 있고 이에 대해 미산 스님이 자상하면서도 상세한 답변을 해 준다. 셋째 주는 주제가 있는 법문을 하고 찬불가를 배우는 시간을 갖는다. 넷째 주에는 다양한 분야의 명사나 법사를 초청하여 법문을 듣도록 한다. 다섯째 주가 있는 달에는 신행나눔법회를 열어 법우法友들 간에 신행체험담이나 삶의 이야기들을 나누도록 한다. 이처럼 팔정도법회를 다양하게 진행함으로써 활기찬 법회가 되도록 배려를 하고 있다. 이 외에도 매주 금요일 저녁에는 참선법회가 열리고 매월 셋째 주 토요일 저녁에도 자애미소명상 수행 및 점검이 계속된다.

상도선원은 일반 사찰이라기보다 하나의 미술관 같다.

현대적이고 세련된 모습이면서도 부처님이 계시는 공간이라는 사실을 잊지 않게 하는 매력이 느껴진다.

___ 상도선원 운영에서 가장 중요하게 생각하시는 것은 무엇입니까?

"앞서 말씀드린 바와 같이 교육과 수행입니다. 부처님의 가르침을 올바르게 배우고 정진하면서 회향하는 것이죠. 그런데 선원 살림을 살아 보니 교육과 수행만 해서는 조금 부족합니다. 신도들을 조직해 나가는 것도 필요합니다. 지금까지는 큰 문제 없이 지내왔는데 선원의 도약을 위해서 신도들을 하나로 묶을 계획입니다. 2013년부터 선원 내 수행모임과 봉사모임, 공부모임을 수평·수직적으로 엮을 생각이에요. 또 각 모임의 법사단 구성도 다시 해서 선원의 사찰운영위원회를 구성할 것입니다. 이렇게 신도조직이 정리되면 서옹 큰스님의 참사람수행운동을 본격적으로 전개할 방침입니다."

상도선원에서는 미산 스님을 포함해 모두 6명의 스님이 정진하고 있다. 등록신도는 2,000여 명 정도 된다. 규모에 비하면 결코 적은 숫자가 아니다. 스님과 불자들이 하나가 되는 새로운 수행공동체가 상도선원에서 곧 만들어질 계획이다.

___ 도심에 사는 불자들이 보다 쉽게 공부할 수 있는 방법은 무엇일까요?

"요즘 재가자들은 그 어느 때보다 공부하기 좋은 환경에서 살고 있습니다. 언제든 사찰에서 좋은 법문과 강의를 들을 수 있고 또 인터넷으로도 얼마든지 많은 자료를 구할 수 있죠. 하지만 중요한 것은 꾸준히 공부하는 것입니다. 일과를 정해서 수행일기도 쓰고 실천하는 것이 가장 중요합니다. 꾸준히 하는 것 외에는 왕도가 없어요. 한 가지 주의할 것은 정법正法을 가르치는 곳에서 배워야 한다는 것입니다. 혼자 하다 보면 엉뚱한 공부를 하는 경우가 적지 않아요."

___ 어떻게 하면 도심포교를 잘할 수 있을까요?

"현대인들의 감성과 취향에 맞게 다가가야 한다고 봅니다. 도심에서는 전통식보다 이 시대의 건축 재료들로 불사를 해야 합니다. 단청은 고풍스럽고 좋긴 한데 요즘 이걸 제대로 받아들이는 사람이 많지 않아요. 시대정신이 반영되면서도 창의적인 아이디어를 활용한 불사가 필요합니다. 우리 선조들이 그 시대 최고의 예술로 석굴암 부처님을 남겼듯이 우리도 우리 시대 최고의 예술품을 만든다는 생각으로 불사를 할 필요가 있어요. 이런 것이 하드웨어 부문에 해당한다면, 소프트웨어 역시 사람들이 이해하고 실천할 수 있는 교육 수행 프로그램이 필요합니다. 수행법이 아무리 좋고 뛰어나도 사람들이 따라가지 못하면 아무 소용이 없습니다. 건축이든 수행이든 중요한 것은 역시 '콘텐츠'입니다. 불교가 사회를 리드할 수 있는 콘텐츠를 정립해 나가는 것이 시급합니다."

스님은 교육과 수행을 끊임없이 강조했다. 스님의 이런 강조는 선원 운영에 국한되지 않았다. 승가대 교수로서도 역시 교육과 수행이 가장 중요한 과제였다. 스님은 2004년 3월부터 포교사회학과 교수로서 후학들을 제접하고 있다.

___ 승가교육은 어떻게 이뤄져야 할까요?

"중앙승가대는 조계종이 세운 대학입니다. 학부생 300명에 대학원생까지 하면 약 400명의 학인스님들이 공부하고 있어요. 승가대에 있어 보니 정말로 승가교육이 중요하다는 생각을 많이 하게 됩니다.

스님들이 출가해서 처음 4년을 어떻게 보내느냐에 따라 그 다음 생활의 방향이 결정됩니다. 그래서 교육이 중요해요. 그런데 지금 중앙승가대와 일반 사찰의 승가대학을 보면 인재풀이 너무 취약합니다. 출가뿐만 아니라 재가도 마찬가지예요. 인재가 다양하지 않습니다. 변화된 세상에서 불교가 제대로 된 역할을 하려면 체계적으로 인재를 양성해야 합니다. 상도선원에서는 출재가를 막론하고 공부하고자 하는 사람에게는 전폭적인 지원을 아끼지 않을 계획입니다.

승가교육에서 중요한 것은 먼저 스님들이 출가의 이유를 확실하게 정립해야 한다는 것입니다. 어떤 동기로 출가를 했든 부처님의 가르침을 제대로 배우고 실천할 수 있게 해야 하는 것이에요. 교학을 배우고 수행도 하면서 자비행을 펼칠 수 있는 가치관을 형성시켜 주도록 해야 합니다. 기본교육기관에서 '지혜의 완성과 자비의 실천' 토대를 확실하게 다져 줘야 합니다.

두 번째는 사회 흐름에 부합하는 다양한 학문 연구가 병행되어야 합니다. 심리치료, 생명생태 등 불교가 적극 나설 수 있는 학문분야들이 많습니다. 현대사회의 근원적인 문제들을 불교가 어떻게 해석해서 대안을 제시해 주고 또 그 문제와 관련된 사람들과 어떻게 소통할 것인지 정리가 되어야 합니다. 또 사회와 역사를 제대로 이해할 수 있도록 교육해야 합니다.

세 번째는 기본교육을 마친 스님들이 언제 어디서든 전법사傳法師 역할을 할 수 있도록 역량을 길러 줘야 합니다. 전법사 준비 단계로 중앙승가대에서는 매년 설법대회와 경전암송대회를 열고 있는데 앞으로는 전국의 승가대학 학인스님들이 참여하는 대회로 운영할 계획입니다."

미산 스님의 이러한 확고한 의지는 어쩌면 출가 직후부터 자리 잡힌 것인지 모른다. 스님은 어릴 때 몸이 약해 절에 왔지만 쉬지 않고 공부해 왔다.

___ 스님의 출가인연이 궁금합니다.

"전북 전주에서 6남매 중 막내아들로 태어났습니다. 어릴 때부터 할머니를 따라 절에 가 보고 '옴마니반메훔' 진언 수행도 하고 앉을 때도 항상 가부좌로 앉았다고 합니다. 그렇게 지내다 어머니가 제 사주를 봤는데 명이 짧다는 애기를 많이 들으셨어요. 스무 살까지 살기 어렵다고 했답니다. 초등학교 3학년 때 서울로 이사를 했는데, 불안해하시던 어머니는 저를 절로 보냈습니다. 그래서 간 곳이 장성 백양사입니다. 그때가 1968년, 열두 살이었어요. 출가한다기보다 스무 살까지만 절에서 살자고 생각하고 갔지요. 결국 출가를 했지만 지금 생각해 보면 결과적으로 부처님께서 제 수명을 늘리셨고, 인생길 자체를 바꿔 놓으셨네요."

___ 은사스님은 어떤 분인가요?

"은사이신 창오 스님은 제게는 친아버지와 같은 분으로, 열두 살 나이의 어린 저를 예뻐하고 챙겨 주셨습니다. 제가 은사스님의 제자가 되리라곤 처음엔 생각을 안 했습니다. 출가한 후 어릴 때는 저와 친구처럼 놀아 주셔서 친구로 생각될 정도였습니다. 그런데 제 은사스님이 되시자 장난도 안 치고 스승으로서의 위엄을 지키셨어요. 저는 서옹 큰스님을 은사로 원했으나 나이가 너무 어려(당시 중학교 1학년) 서옹 큰스님 상좌로는 탈락되었습니다. 은사스님은 제가 학교에 잘 다니도록 자전거를 사 주시고, 그 시절 최고의 영양제인 원기소를 준비해 늘 먹이시고, 중학교 들어가서는 영어 참고서를 살 수 있도록 돈도 주셨어요. 마치 가정에서 사랑받는 것처럼 은사스님의 사랑을 받으며 자랐습니다."

미산 스님은 서옹 스님의 증손상좌다. 범접하기 어려운 관계지만 스님은 서옹 스님을 지근거리에서 모셨고 서옹 스님도 미산 스님을 많이 아꼈다고 한다.

___ 서옹 스님은 어떤 분이었나요?

"근현대 고승으로서 선禪에 대한 정확한 이해와 깊고 고준한 경험을 갖고 있는 선지식이었다고 생각합니다. 선사禪師셨지만 현대문명의 흐름을 꿰뚫어 보셨고 또 불교가 어떤 역할을 해야 하는지에 대한 분명한 비전을 가지고 계셨죠. 참사람운동을 통해 그 비전을 확산시키려 하셨는데 안타깝게도 당신의 사상을 보편화하지 못하고 열반하셨습니다. 큰스님 문도로서 이 부분이 상당히 아쉽습니다. 큰스님께서는 참사람운동을 펼치면 불교뿐만 아니라 우리 사회에도 획기적인 변화를 가져올 수 있다고 말씀하셨어요. 또 다양한 사회문제를 지혜와 자비의 관점에서 해결할 수 있다고 하셨죠."

___ 서옹 스님이 가장 강조한 가르침은 무엇이었습니까?

"수처작주 입처개진隨處作主 立處皆眞이죠. 『임제록』에 나와 있는 말씀인데 큰스님께서는 임제 선사의 사상을 깊이 연찬하고 널리 펼치셨습니다. 지금 이 자리에서 깨어 있으면서 지혜가 충만하고 자비가 무궁한 사람을 '참사람'이라고 합니다. 부처님이 따로 계시는 것이 아니라 각자 훌륭한 부처의 성품들을 가지고 있는데 발현이 안 된 상태라고 보셨습니다. 큰스님께서는 언제나 '차별 없는 참사람(無位眞人)'이 되라고 강조하셨어요."

___ 출가하신 후 대학을 마치고 외국 유학을 다녀오셨지요?

"네. 초기불교를 공부해 보고 싶어 유학길에 올랐습니다. 어릴 때부터 큰스님들을 친견하면서 선禪을 공부했어요. 그러다 대학에 가서는 심리학이나 종교학을 공부하고 싶었죠. 이 분야를 통해 부처님 말씀을 잘 전달해 보고 싶었어요. 그런데 공부를 해 보니 부처님 원음原音을 잘 알아야 이것도 가능하겠다는 생각이 들었죠. 그래서 스리랑카로 유학을 갔습니다. 처음에는 영국문화원에서 영어를 배웠고 석사 과정에 입학해서는 빨리어를 배웠어요. 제가 유학을 갔을 당시 스리랑카는 내전 중이어서 더 공부를 할 수 없었습니다. 그래서 스리랑카에서 2년여를 보내고 인도의 뿌나대학교로 가서 빨리어를 좀 더 공부한 뒤 3년 동안 불교원전 공부를 했습니다. 인도의 불교연구는 훈고학적인 면은 강하지만 비판정신이 부족합니다. 체계적으로 현대불교학을 공부하고 싶어 다시 영국으로 갔습니다.

영국에서는 지도교수였던 곰브리치 교수님의 도움으로 공부를 했어요. 박사 과정에 들어가자 발제하고 토론하는 세미나식으로 진행되는 수업이 처음에는 무척 힘들었어요. 빨리어에 신경을 쓰면 영어가 안 되고 영어에 신경을 쓰면 빨리어가 잘 안 돼 고생했습니다. 제 딴에는 한국, 스리랑카, 인도에서 영어를 꽤 잘한다고 생각했는데 본토인들과 대화하고 수업하는 것이 심리적으로 힘들었어요.

그렇게 공부를 해서 「초기불교 찰나설의 기원과 발전」이라는 논문으로 박사 학위를 받았습니다. 1999년 영국을 떠나 귀국했다가 곧바로 미국 하버드대로 가서 세계종교연구소 선임연구원으로 1년간 세계의 종교를 전공한 학자들과 교류했죠."

스님은 10년이 넘는 시간 동안 해외에서 공부를 했다. 남방과 서양에서 두루 공부하면서 세계불교의 흐름을 익혔다. 영국과 미국에서는 세계적인 불교학자들을 만나며 공부의 깊이를 더했다.

___ 유학 중에는 수행하는 것이 쉽지 않았을 것 같습니다.

"학문의 길을 가면서도 수행에 대한 생각은 놓치지 않으려 했습니다. 방학이 되면 고엔까 명상센터, 틱낫한 스님이 지도하는 플럼빌리지 등에 가서 초기불교 경전에 나오는 위빠사나 수행과 삶 속에서 할 수 있는 수행을 배워 실천했습니다. 경전에 나오는 부처님 말씀을 직접 체험하고 체득하니 환희심이 났습니다. 초기불교의 호흡법 등에 관심을 갖고 여러 수행센터를 탐방하였고 많은 선지식을 친견했지요."

미산 스님은 하버드대에서 연구원 생활을 마치고 한국으로 돌아와서는 동국대에서 강의를 하다 서옹 스님의 권유로 백양사 운문암 선원으로 가 정진했다. 서옹 스님은 당시 "이제 참선을 해서 생사生死를 해결해야지 불교 학문만 해서는 죽을 때 아무 소용 없다"며 경책했다고 한다. 스님은 초기에는 서암 스님에게 받은 '이뭣고' 화두를, 나중에는 서옹 스님으로부터 받은 '무無'자 화두를 들고 정진했다. 출가 초기 김용사와 봉암사 등지에서 화두를 붙잡고 씨름했던 시절에 이어 다시 선방을 찾은 것이다.

한국불교의
현재와 미래에 대한
거침없는 돌직구

___ 한국불교 세계화의 조건은 무엇일까요?

"세계화를 위해서 먼저 해야 할 것은 인재 양성입니다. 이를 위해서는 첫째, 한국불교 영역 안에 있는 스님이나 재가자들이 한국불교를 제대로 이해해서 좋은 콘텐츠를 생산해야 하죠. 둘째, 한국의 불자들만 노력해서 한국불교를 알려야 한다는 생각을 가질 필요는 없다고 봅니다. 한국 사람이 아니어도 얼마든지 한국불교를 알릴 수 있습니다. 외국인 불자 양성도 필요하고 외국인 승려도 적극적으로 교육시켜 자기 모국母國에서 전법 활동을 하도록 해도 됩니다. 셋째로는 외국의 다양한 불교를 한국화하는 것입니다. 남방과 서양 불교의 수행법들이 최근 한국에 많이 들어왔습니다. 또 한국의 스님이나 불자들이 직접 나가서 공부하고 있기도 합니다. 이런 흐름들이 이어진다면 한국불교만의 또 다른 전통이 나오지 않을까 합니다. 한국불교 전통을 흐린다고 생각할 수도 있지만 이러한 흐름은 한국불교를 풍부하게 하는 것입니다. 남방 불교의 스님들은 대승이나 선에는 관심 없어요. 알려고 하지도 않습니다. 한국은 다르잖아요. 선불교 바탕 위에서 새로운 사상이나 행법을 섭렵해 잘 통합하면 정말로 이 시대에 맞는 새로운 선지식이 나올 수도 있다고 봅니다."

___ 비교적 출가 초기부터 참선과 경전 공부를 같이 하셨습니다. 어떠셨습니까?

"사실 불교 전통을 보면 선교禪敎는 항상 균형 있게 발전해 왔습니다. 시기에 따라 어느 때는 선이 강조되기도 했고 또 어느 시기에는 교가 두드러지기도 했습니다만 이상적인 것은 선교禪敎가 균형 있게 발전하는 것입니다. 실제 교육현장에서도 둘을 같이 가르쳐야지 따로따로 해서는 안 됩니다. 상도선원 신도 한 분의 예를 들어 보겠습니다. 어느 날 한 신도님이 발심發心을 해서 참선을 열심히 하기 시작했습니다. 수행을 하면서 자신이 변화하고 있다는 것을 느낄 정도가 됐어요. 그래서 한번은 얘기를 같이 했습니다. 그런데 그분은 자신이 어떻게 공부하는지를 잘 몰랐어요. 자신이 왜 변하는지도 잘 몰랐습니다. 나중에 마음수행학교에서 사성제四聖諦와 팔정도八正道부터 차근차근 공부하면서 조금씩 알게 됐지요. 반대로 교학만 하면 계속 뭔가 따지려고만 합니다. 그렇게 되면 다른 사람에게도 좋은 영향을 주지 못하죠. 수행만 하는 사람 중에는 오랫동안 정진을 해도 제자리걸음인 사람이 많아요. 또 상相이 너무 강해요. 제대로 된 수행을 한 것이 아니죠. 선과 교는 항상 같이 가야 합니다. 그래서 나중에 통합과 조화가 되어야 합니다."

___ 불교 수행의 핵심원리는 무엇입니까?

"불교 수행에는 네 가지 핵심원리가 있습니다. 그것은 바로 회광반조廻光返照와 여실지견如實知見, 정념정지正念正知, 즉시현금卽時現今입니다. 회광반조는 밖으로 향하는 마음을 안으로 거둬들여 자기 안을 성찰하는 것입니다. 여실

'지금 여기'는
우리가 늘 유념해야 하는
수행의 관문입니다.

지견은 지혜의 눈, 즉 혜안慧眼으로 있는 그대로를 바로 보는 것이죠. 진리를 왜곡하는 것은 정법의 수행이 아니기 때문에 여실지견이 중요합니다. 정념정지는 '사띠-삼빠잔냐', 즉 '대상을 놓치지 않음'과 '함께 알아차림'이라는 뜻입니다. 말 그대로 '바른 챙김'과 '바른 앎'입니다. 깨어 있는 마음으로 매 순간의 존재현상을 알아차리는 것이죠. 마지막 즉시현금은 '지금 여기'라는 뜻이죠. 빨리어로 하면 '디테와 담메' 혹은 '디타담마'입니다. 부처님은 초기경전 여러 군데서 이것을 강조하셨어요. '지금 여기'는 어떤 종교나 어떤 방식의 수행을 하든 공통적으로 우리가 늘 유념해야 하는 수행의 관문이라 할 수 있습니다."

미산 스님은 "네 가지 원리는 어떤 수행을 하든지 적용해 보면 다 맞는 것"이라고 강조했다. 수행의 방법을 숙지하고 정진하면서 점검하면 네 가지 원리를 금방 알 수 있다는 말이다. 스님은 "부처님 초기경전부터 대승경전, 그리고 각종 논서에 다 들어 있는 내용"이라고 덧붙였다.

___ 선과 교, 초기불교와 한국불교를 두루 공부하시고 체험하신 입장에서 볼 때 돈오돈수가 맞나요, 돈오점수가 맞나요?

"수년 전 우리나라에서는 성철 큰스님께서 『선문정로』를 통해 '한국불교는 돈오돈수頓悟頓修다'라고 밝힌 뒤 많은 학자들이 보조 스님이 말한 돈오점수頓悟漸修를 내세우며 대대적 토론을 벌인 적이 있습니다.

저 역시 돈오돈수를 바탕으로 공부했습니다만 사실 이 입장에서 보면 뭐가 맞고 그르다는 것은 다 분별심에서 나오는 것입니다. 다만 본래성불本來成佛, 이미 우리는 깨친 존재라는 입장을 철저히 받아들여 수행하는 것과 단계적으로 가는 것은 차원이 다릅니다. 돈오돈수는 매 순간, 설사 업장이 작용하더라도 본래 부처라는 입장을 한순간도 저버리지 않고 닦는 것입니다. 즉 무수無修의 수修, 닦음 없이 닦는 것입니다. 순간순간 홍로일점설紅爐一點雪입니다. 빨갛게 타오르는 화로에 한 송이 눈이 흔적 없이 사라지듯 어떤 번뇌와 업장도 순간순간 녹아 없어지는 것입니다. 지금 이대로 부처로 살아가는 것이지 따로 붓다가 되는 것이 아니라는 말입니다. 초기불교식으로 표현하자면 그냥, 지금 여기에서 팔정도로 살아가면 그 자리가 바로 그대로 온전한 부처의 삶이라는 것입니다. 돈오점수는 본래 부처라는 입장이 있지만 업장이 나타날 때마다 계속 닦아야 될 업장이 따로 있는 것처럼 태도를 갖는 것입니다. 계속 고비를 넘겨야 합니다. 물론 점수라도 닦는다는 상相에 머물지 않고 닦는다면 돈수와 다를 바가 없겠죠. 대승불교와 선불교의 본령은 본래성불本來成佛입니다. 이것을 철저히 믿고 그 입장에서 수행해야 합니다."

___ **다양한 소임을 맡아 보신 경험으로 미루어 볼 때 지금 한국불교에 필요한 것은 무엇일까요?**

"한국불교의 정체성을 확립해 가는 것이 제일 중요하죠. 그럼 그 정체성을 어디에서 찾느냐가 중요한 문제인데, 그것은 불교를 이 땅에 정착시키고 국민들 삶에 큰 영향을 미친 역대 조사 큰스님들의 가르침에서 찾으면 됩니다. 큰스님들의 가르침이 부처님의 핵심 사상과 맥을 같이하고 있기 때문이죠. 부처님께서 설하신 것과 한국불교의 큰스님들이 펼치신 것들을 잘 정리해서 정체성 확립의 바탕을 마련하는 것이 중요할 것으로 봅니다.

그런 점에서 전 총무원장 지관 큰스님께서 정리하신 『한국전통사상총서』는 큰 의미가 있습니다. 『한국불교전서』 중 대표 고승의 문집 90여 종을 선별한 『한국전통사상총서』는 한국불교문화의 정수인 원효, 의상, 지눌, 휴정 스님 등의 저술을 한글과 영어로 번역, 출판해 한국 전통 불교사상을 국내외 학술문화계에 소개했습니다.

또 앞으로 한국불교가 밝은 미래를 만들려면 선교禪敎 겸수를 통해 창의적으로 사회를 이끌어 갈 리더십을 개발해야 합니다. 이와 함께 세계 문명의 흐름을 바꾸는 데 한국불교가 근본적으로 기여할 수 있는 방안도 모색해야 해요.

마지막으로 불교의 틀을 넘어서는 열린 자세도 필요합니다. 얼마 전 존 카밧진 교수가 한국에 왔는데 '마인드풀니스(mindfulness)'가 불교 용어지만 꼭 불교라는 것을 전제하고 사용할 필요가 없다는 말을 했습니다. 틀에 가두면 오히려 불교의 보편화에 걸림돌이 될 수 있다고 하더라고요. 카밧진 교수 얘기를 들으면서 불교적 방법으로 문제를 해결해 사람들이 진짜 행복해하면 되는 것이지 '불교여서 그렇다'고 강조할 필요는 없겠다는 생각을 했습니다. 이것이 불교의 저변 확대이고 깨달은 사람들의 세상을 만드는 것이 아니겠습니까? 『금강경』에 불법佛法을 불법이라 하면 불법이 아니라고 했잖아요. 어떤 분은 기독교인들이 '마인드풀니스'를 자기네 것이라고 가져가 버릴 수도 있다고 걱정하시더라고요. 그들이 진정으로 '마인드풀니스'를 잘 실천해서 깨어 있는 마음으로 살게 된다면 자기 편 챙기기에만 몰두하는 극단적 기독교인들의 숫자가 줄어들 것이고 신앙의 태도에 있어서도 표층종교에서 심층종교로 심화되어 종교를 믿는 사람들의 의식수준에 지각변동이 있게 될 것이라고 생각합니다. 그 역할을 불교에서 해야 하겠죠."

___ 2010년 『초기경전 강의』라는 책을 내셨습니다.
책을 통해 사람들에게 전하고자 했던 것은 무엇이었나요?
"초기경전은 부처님의 말씀이 기록된 '오리지널 사운드 트랙'과 같은 것입니다. 불교를 제대로 이해하고 삶 속에서 구체적으로 실천할 수 있는 가장 빠르고 바른 길은 부처님께서 직접 하신 말씀을 기록한 경전을 공부하는 것입니다. 특히 초기경전의 가르침은 머리를 싸매고 깊이 고민할 필요가 없을 정도로 직접적이죠.

불교가 너무 어렵다고 생각되는 것은 직관直觀만 강조하면서 여러 우주 현상과 심리 현상들이 일어나는 이유에 대한 분석과 사유를 멀리하기 때문이에요. 분석적 생각을 전부 번뇌나 망상으로 치부해 버리는 경향이 있는데, 연기緣起의 프리즘을 통과한 사람에게 그것은 망상이 아니고 중생을 위한 절실한 자비심이라고 봅니다.

이 책은 제가 경전학당에서 한 강의 내용을 엮은 것인데 연기법과 일체법, 삼법인, 사성제 등 초기경전에 담긴 불교의 네 가지 핵심교리를 8강에 걸쳐 정리한 것입니다."

___ **스님에게 현재 가장 중요한 것은 무엇인가요?**
"'지금 이 순간, 지금 여기'가 가장 중요하죠. 가장 쉬운 질문이네요. 하하."

___ 앞으로의 계획을 전해 주신다면?

"상도선원의 조직을 개편해 정착시키고 이를 바탕으로 참사람수행운동을 구체화하는 것입니다. 좀 더 멀리 바라본다면 국제수행센터를 만들어 한국불교의 세계화와 국제화에 일조하고자 합니다. 또한 승가교육의 혁신을 통해서 승려 인재를 양성하는 데 더욱 주력할 계획입니다."

___ 20년 후 스님의 모습을 상상하신다면?

"저의 작은 희망이긴 합니다만 20년 후에는 원숙한 지혜와 사람들을 따뜻하게 보살피는 자비심을 갖춘 향기로운 수행자로 사는 모습을 상상해 봅니다. 당연히 부처님 법을 계속 펼치고 있으면 더 좋겠고요."

온화한 모습이었지만 스님은 한국불교의 현재와 미래에 대해 거침없는 돌직구를 던졌다. 인터뷰를 마무리할 즈음 미산 스님은 나옹 선사의 발원문 한 구절을 들려줬다.

"聞我名者免三途 見我形者得解脫 如是敎化恒沙劫 畢竟無佛及衆生(문아명자면삼도 견아형자득해탈 여시교화항사겁 필경무불급중생), 즉 '내 이름을 듣는 이는 삼악도를 벗어나고 내 모습을 보는 이 해탈케 하옵소서. 이와 같이 교화하고 무량토록 제도하여 부처와 중생 없는 세계 기필코 이뤄지이다'라는 구절이 있습니다. 새벽예불을 할 때 외우는 발원 내용이죠. 제 삶을 이렇게만 회향한다면 제일 좋을 것이라 생각합니다."

법만 스님

고창 선운사 주지

" 제 자신의 삶에 보다 충실하고 싶어요.
그러면서 대중과 호흡하고
그들을 부처님 법으로 인도하여
힘들고 고통스러운 세상에서
행복하게 사는 방법을 알려 주고 싶습니다. "

복福 지어 회향하는 삶을 꿈꿉니다

고창 선운사 주지
법만 스님

몇 년 전이었던가? 불교계 안팎에서 '위대한 사판승'이라는 말이 회자된 적이 있다. 끊임없이 이어지는 각종 사건사고를 슬기롭게 극복하고 불교계의 한 단계 도약을 이끌 '위대한 사판승'이 필요하다는 것이었다. 지금 불교계 안팎에서 제기되는 위기를 타개할 만한 그 '위대한 사판승'이 나온다면 얼마나 좋을까. 조만간 그런 스님이 '출현'하길 기대해 본다.

'위대한 사판승'은 아니지만 전북 고창 선운사 주지 법만 스님은 종단 안팎의 주목을 받고 있다. 출가 이래 줄곧 선방에만 있던 수좌 출신이기에 '사판승'이라고 할 수는 없지만, 기울어져 가던 교구본사에 변화와 혁신의 바람을 불어넣으며 '절이 이렇게도 변할 수 있다'는 것을 몸소 보여주고 있다. 스님의 모습을 보면 말 그대로 '이판사판'이다.

선운사 경내에 빨간 물감을 뿌려 놓은 듯 아름다운 자태를 뽐내고 있는 꽃무릇 사이를 달려 법만 스님을 만났다. 선운사가 매년 개최하고 있는 선운문화제를 막 끝내고 계속되는 종무를 살피느라 바빴지만 스님은 여유를 잃지 않고 있는 모습이었다.

___ 계속 바쁘신 것 같습니다. 요즘은 어떻게 지내시나요?

"선운문화제를 끝내고 고창읍에 불교회관을 건립하는 문제를 놓고 신도들과 상의하고 있습니다. 불교회관은 어린이집과 지역아동센터, 청소년 공부방, 도서관, 귀농귀촌 지원센터 등 영·유아부터 아동·청소년에 이르기까지 교육, 복지, 문화, 체험, 수련 공간 등으로 구성되는 종합타운으로 조성할 예정입니다. 또 금년에도 노후수행마을에 집을 더 짓고 있어 그것도 챙기고 있습니다."

과거 선운사에서 볼 수 없었던 건물과 불사에 대한 내용들이다. 불과 몇 년 사이 스님의 시선은 선운사 안에서 밖으로 향하고 있었다. 사실 스님은 선운사에서 출가해 30년 이상을 선운사에서 지냈다. 그러니 누구보다 선운사를 잘 알고 있다. 지금의 변화 역시 여기에서 기인한다고 할 수 있다.

___ 선운사에는 어떻게 오셨나요?

"어렸을 때부터 막연하지만 생사生死에 대한 의문이 컸습니다. 태어나기 전에 나는 무엇이었는지, 어떻게 태어났고 죽으면 어떻게 될 것인지, 또 사후 세계는 있는 것인지 등이 궁금했어요. 이런 고민을 하는 저를 보고 속가 부친께서는 과학자가 되고 싶어 하는 호기심 많은 아들의 모습 정도로만 생각을 하셨던 것 같아요. 그러나 저는 생과 사의 문제에 대한 고민을 계속했습니다. 이런 고민을 하면서 여행을 많이 다녔습니다. 또 삶과 죽음에 대한 책들도 많이 읽었고 집 근처에 성당이 있어 신부님을 찾아가기도 했지만 시원한 답을 듣지 못했죠. 그렇게 지내다 대학 3학년 여름방학 때 전국을 유랑하던 중에 선운사에서 하룻밤을 보내게 됐습니다."

스님은 선운사에서 하룻밤을 보내며 스님들과 이런저런 얘기를 나눈 뒤, '이렇게 사는 것도 인생의 한 모습이겠구나. 생사에 대한 그동안의 의심도 해소할 수 있겠다'는 생각이 들어 바로 출가를 결심했다. "출가하려고 온 것은 아니었지만 쉽게 결정을 내렸던 것 같다"고 회고했다.

스님은 선운사에 오기 전까지는 어떤 스님과도 얘기를 해 본 적 없는 불교 문외한이었다고 한다. 불교 관련 책이라고는 법정 스님의 『무소유』를 본 것이 전부였다. 스님의 집안 분위기는 어머니가 교회 집사를 할 정도로 기독교 색이 짙었다.

__ 선운사의 첫인상은 어땠나요?

"제가 선운사에 올 때만 해도 고창읍내에서 들어오는 버스가 하루 두 대뿐이었습니다. 정말로 시골의 한가로운 절이었지요. 그래도 절은 참 운치 있고 좋았어요. 와서 보니 노스님 서너 분만 계시고 대중도 별로 없었어요. 먹고 사는 것도 참 힘들었죠. 매일 산에 가서 나무하고 밭에서 일하고 도량 청소하고 노스님들 수발하고 그랬습니다."

스님은 출가한 뒤에도 한동안 전국 사찰을 찾아다녔다고 한다. 전국 어디든 절에 가면 먹고 자는 문제를 해결할 수 있으니 '맘 편히' 다녔다고 한다. 그렇게 다니고 나서야 방랑기가 없어진 것 같다며 스님은 웃었다.

__ 은사스님은 어떤 분인가요?

"은사이신 태허 스님은 전형적인 사판승이셨어요. 그렇지만 스님께서는 공심公心으로 살려고 노력하셨습니다. 제자들에게는 시주 귀하게 여기고 공짜 밥 먹을 생각 말라고 하셨죠. 또 스님들이 기본적으로 해야 하는 예불이라든지 자기 수행에도 철저하라고 강조하셨어요. 지금 생각하면 순수한 수행자의 모습을 원하셨던 것 같습니다."

___ 출가 이후 수행 과정에 대해 설명해 주신다면?

"사미계를 받고 바로 선방으로 갔습니다. 그때 정말 견성見性하겠다고 다짐하고 갔어요. 부처님도 스스로 깨달음을 얻었듯이 저도 누구의 가르침이나 경전에 의존하지 않고 스스로 깨치고 싶었습니다. 그래서 일부러 경전도 안 봤습니다. 처음 간 곳이 통도사 선원입니다. 이후에 해인사와 송광사에도 갔습니다. 삼보三寶사찰을 차례대로 간 것이죠. 해인사 선원에는 성철 큰스님과 혜암, 법전 큰스님이 계셨고 일타 큰스님도 가끔 오셨어요. 지금 생각하면 큰 어른들 밑에 있었죠. 해인사 선원에 있을 때 공부가 가장 잘된 것 같습니다. 해인사에서 공부하던 중 어떤 경계라고 할까, 그런 것에 부닥쳤습니다. 생사가 없는 도리 같은 것이 확연하게 느껴졌어요. 그러나 거기에서 멈춰 버렸습니다. 손만 뻗으면 잡힐 것 같고 눈을 부릅뜨면 보일 것 같았는데 더 이상 진전이 없었어요."

법만 스님은 "그때 어른스님들께 점검을 받았어야 했는데, 혼자 하겠다는 생각에 끙끙 앓기만 했다"고 회고했다. "돌이켜보면 지금까지 살아오면서 그때가 가장 아쉽고 후회스럽습니다." 스님은 직접 경험을 하면서 스승의 지도가 얼마나 중요한지를 절실하게 느꼈다.

___ 화두를 받고 공부하신 건가요?

"계를 받자마자 선원에 갔으니 화두도 받은 것이 없었죠. 다만 출가 전부터 생각했던 '태어나기 전에 나는 무엇이었고 죽은 후에는 어떻게 되는가? 그리고 지금 현재를 어떻게 살아야 할 것인가?'가 화두라면 화두였죠. 선가에서 전해 오는 '부모미생전 본래면목父母未生前 本來面目' 화두와 비슷하다고 할 수 있겠습니다. 화두 없이 선방에 간다는 것은 있을 수 없는 일인데 그때는 그렇게 갔습니다."

스님은 몇 군데의 선방을 다니다 선운사에서 재무 소임을 맡았다. 은사스님을 도와 살림을 챙긴 것이다.

"선원에서 정진하면서 정말 열심히 공부했지만 본분사本分事를 해결하지 못했어요. 그래서 '내가 복福이 부족하구나. 복을 지어야겠다'는 생각을 많이 했습니다."

이후 스님은 동국대학교 불교대에서 공부를 했다. 그런데 정작 스님은 불교학보다는 한의학을 공부하고 싶었다고 한다. 선방을 다니면서 느꼈던 관념적·이론적 생사 공부의 한계를 극복하고, 보다 과학적이고 실증적인 방법으로 생사 문제에 접근해 보고 싶었기 때문이다. 그 후 스님은 잠시 부산에서 포교당을 운영했다. 그러던 중 1994년 조계종 종단 개혁이 이루어졌고 그 이듬해에 다시 선운사로 돌아왔지만 몇 년 전과 비교해도 바뀐 것은 없었다. 선원도 강원도 없을 뿐더러 크고 작은 분규에 대중들은 편이 갈라져 있었다. 그래서 스님은 산중에 수행가풍을 일으켜야겠다는 생각에 선운사 산내암자인 참당암에 선원을 열고 수좌스님들과 함께 정진을 시작했다.

선운사는
강학講學과 수선修禪의 도량

___ 참당암선원을 열게 된 과정이 궁금합니다.

"본사에 돌아와 선방을 다시 시작하려니까 어려운 점이 많았어요. 몇몇 젊은 수좌들이야 반겼지만 문중의 어른스님이나 소임자들 중에는 선운사가 선방을 운영할 형편이 아니라며 말리는 사람이 많았습니다. 그래도 저는 이미 결심을 했기 때문에 더 지체하는 것은 바람직하지 않다고 생각했죠. 그래서 1995년 동안거 때 제방선원에서 함께 정진했던 선배스님과 도반스님 몇 분을 모시고 선원을 열고 첫 안거를 시작했습니다."

___ 선원장으로서 함께 정진했는데, 화두는 무엇을 하셨나요?

"선운사에 돌아와서는 당시 고불총림 백양사 방장 서옹 큰스님을 자주 찾아뵈었습니다. 큰스님께 '무無' 자 화두를 받았습니다. 1년에 두세 번 정도 서옹 큰스님을 찾아 많은 가르침을 받았습니다."

법만 스님은 당장의 공부보다 대중 외호에 힘을 쏟았다. 선원이 안정적으로 운영되어야 스님들도 공부에만 진력할 수 있기 때문이었다. 법만 스님이 그때 개원한 참당암선원은 지금도 많은 숫자는 아니지만 여느 선원 못지않게 뜨겁게 정진하고 있다.

___ 선운사는 강학講學과 수선修禪의 도량입니다. 선운사 가풍을 소개해 주신다면?

"도솔산은 선운산禪雲山이라고도 하는데, 조선 후기 선운사가 번창할 무렵에는 89개의 암자와 189개에 이르는 요사寮舍가 산중 곳곳에 흩어져 있어 장엄한 불국토를 이루었다고 합니다. 조선 후기 화엄종주로 일컬어지는 설파, 백파 스님이 수많은 납자衲子들을 제접하셨고 근대에 들어서는 석전 박한영 스님이 후학들을 길러낸 곳입니다.

개화기 한국불교계 최고의 지도자였던 석전 스님은 일제강점기와 광복 직후 두 번에 걸쳐 한국불교를 대표하는 교정敎正을 역임한 당대 최고의 불교계 선지식善知識이자, 일제의 한국불교 장악에 맞서 민족불교의 정통성을 지키는 데 크게 공헌하신 분이었습니다. 또한 동국대의 전신인 불교고등강숙 숙사, 중앙학림 및 중앙불교전문학교 교장 등을 역임하며 많은 후학을 양성했습니다. 스님의 제자로는 통합종단 2대 종정인 청담 스님과 운허, 운기, 청우, 남곡, 서경보 스님을 비롯해 속가제자로 신석정, 서정주, 조지훈 등이 있으며, 위당 정인보, 육당 최남선, 춘원 이광수, 벽초 홍명희 등이 가르침을 받았습니다. 이런 역사와 수행가풍이 살아 있는 강학과 수선의 도량 선운사는 앞으로 기도와 수행, 교육의 힘을 바탕으로 사부대중과 함께 복지와 문화, 수행 공동체를 이루고자 합니다."

___ 선원에서 정진만 하다가 교구본사 주지 출마를 결심한 이유가 있었나요?

"선원 개원도 그렇지만 본사 주지 소임을 맡은 것도 대중들에게 복을 지으려고 한 것입니다. 어쨌든 제가 부처님 은혜로 선운사에서 지금까지 살아왔습니다. 청춘을 고스란히 본사에서 보냈어요. 어떻게 하면 선운사를 제대로 된 본사로 만들어 갈 수 있을까 항상 고민했습니다.

그간 선운사는 대중들과 함께하기보다는 '절 안에서 우리끼리 잘 살아 보자'는 정서가 강했습니다. 그런 상황에서 교구의 여러 스님들과 선운사를 다시 대중에게 돌려주자고 마음을 모았던 것입니다."

처음 주지를 맡은 2007년 당시 불교계에서는 "선원에서 정진만 하던 젊은 수좌가 본사 주지가 됐다"며 화제가 됐다. 법만 스님은 "다른 곳은 몰라도 내가 젊은 시절을 보낸 선운사가 이래서는 안 된다. 뭔가 바꿔 보고 싶다. 내가 생각하는 절집과 불교의 역할을 찾아보자. 부처님 법이 좋다고 한다면 보다 많은 대중들이 공유하면서 가치 있고 행복한 삶을 살아갈 수 있도록 도와야 하는 것 아닌가?"라고 생각했다.

___ 주지 취임 후 처음 하신 일이 만세루 개방이었습니다.

"만세루는 제가 처음 선운사에 들어왔을 때부터 그냥 '창고'였습니다. 아마 제가 오기 전에도 창고였을 겁니다. 계戒를 받고 소임을 보면서 당시 주지였던 은사스님께 만세루를 청소해서 참배객들이 쉴 수 있는 공간으로 만들자고 여러 차례 말씀드렸는데 소용이 없었어요. 그렇게 수십 년간 만세루는 대웅전을 막고 앉아 있는 창고였습니다. 주지 진산식을 마치자마자 이틀간 대청소를 했어요. 그렇게 해서 차를 마시며 쉴 수 있는 공간으로 바꾸었습니다."

문화와 휴식, 신행의 공간으로 탈바꿈한 만세루

만세루는 선운사의 강원으로 쓰였던 건물로 법회나 법당의 주요 행사를 열 때도 사용했던 누각이다. 부처님의 진리가 영원하다는 뜻으로 만세루라 하지만 지난 백여 년간은 제 기능과 다른 용도로 쓰인 것이다. 그랬던 만세루가 지금은 선운사의 명소가 되었다. 누구라도 차를 마시며 책을 보고 스님들과 대화도 할 수 있는 문화와 휴식, 신행의 공간으로 탈바꿈한 것이다. 많은 사람들이 좋아하는 모습을 보며 법만 스님은 "주지를 해야 이런 일도 할 수 있구나. 주지 하길 잘했다"고 생각했다고 한다.

___ 곧바로 고창종합사회복지관도 수탁하셨다고요?

"복지관 수탁은 정말 우연하게 하게 됐습니다. 2007년 주지 취임 얼마 후 하루는 제가 차를 타고 가다 복지관 공사 현장을 지나게 됐어요. 저는 그곳이 복지관인 줄도 몰랐습니다. 나중에 사정을 알아 보니 조만간 위탁기관을 선정한다고 했습니다. 시간적으로 너무 늦었지만 실망하지 않고 한 달여 동안 백방으로 뛰어다니며 수탁을 받아냈습니다. 지금은 전라북도에서 가장 규모도 크고 활발하게 운영된다는 평가를 받고 있습니다."

선운사는 현재 고창종합사회복지관과 노인복지회관, 노인복지센터, 주간보호센터, 푸드마켓 등을 운영하며 지역 복지에 힘을 보태고 있다.

법만 스님은 지역 복지뿐만 아니라 승려 노후 복지에도 열심이다. 전국 사찰 중 처음으로 노스님 마을을 조성했다. 노스님들이 함께 모여 살면서 여생을 보낼 수 있도록 한 것이다.

___ 노후수행마을 조성의 계기가 있었습니까?

"스님들의 노후생활은 불안합니다. '무소유의 삶'을 지향하다 보니 노후 대비에 그리 많은 관심을 쏟지 않습니다. 그래서 쓸쓸하게 생을 마감하는 스님들이 적지 않습니다. 반면에 일부 스님들 중에는 노후 대비를 위해서 신도들의 시줏돈을 함부로 쓰는 일들이 일어나기도 합니다. 이런 현실을 타개하기 위해 노후수행마을을 조성하게 됐습니다.

사실 노후수행마을에 대한 생각은 오래전부터 해 왔습니다. 선운사의 어른스님들을 좀 더 편하게 모시고 싶었어요. 그래서 선운사 인근 자연마을 한 곳의 토지와 건물 전체를 매입해 마을을 조성하게 된 것입니다."

스님은 절 아래 선운골 마을 주민들을 다른 지역으로 모두 이주시킨 후 본격적으로 불사를 시작했다. 약 2만㎡ 부지에 전통 한옥과 황토집, 초가집 등 12~13채를 지어 20~30여 명의 스님들이 수행자답게 노년을 보낼 수 있도록 할 계획이다.

친환경생태마을로 조성되는 노후수행마을은 한 집에 2~3명의 노스님들이 거주하고 있다. 선농일치禪農一致의 정신을 계승해 집집마다 텃밭을 조성했고, 템플스테이와 연계해 참가자들에게 노스님들의 수행담이나 경험담을 들려 주도록 하고 있다.

수행마을 관리를 위해 선운사 복지법인을 세웠으며 다양한 수익사업을 통해 스님들에게 거주공간과 수행연금은 물론 의료복지서비스도 제공하고 있다.

___ 불교계에서 노후복지가 왜 필요합니까?

"노스님들의 안정적인 노후생활은 절집의 정의正義를 위해서도 필요합니다. 현실적으로 본다면 큰절 주지를 한 스님은 나이 들어서도 좋은 집이나 절에 살면서 좋은 음식 먹고 비싼 차 타고 다닙니다. 그런데 그렇지 못한 스님은 초라하게 살아갑니다. 절집 안에도 빈부격차가 생겨나는데 이는 심각한 수준이에요. 승가는 공동체정신이 기본입니다. 물론 잘난 사람도 있고 그렇지 않은 사람도 있기 마련입니다. 그래도 평생을 수행자로 산 스님들을 후학들이 잘 모시고 대접해 드려야 한다고 봅니다. 주지 오래한 스님보다 수행 열심히 한 스님들이 더 대접받아야 하지 않겠어요?"

법만 스님은 "수행만 잘하면 됐지 무슨 노후냐는 그동안의 절집 정서도 이제 조금씩 바뀌어야 한다. 선운사 노후수행마을이 촉매제가 되길 바란다"고 말했다.

___ 선운사 스님들의 반응도 좋을 것 같습니다.
"그렇습니다. 노후수행마을에 들어오고 싶어 하는 스님들이 적지 않습니다. 일단 선운사 교구 내 스님들 중 승랍 30년, 세수 65세 이상의 스님들에게 우선권을 드리고 있습니다. 나중에 여력이 된다면 타 교구 스님들에게도 문호를 개방할 생각입니다."

현재 노후수행마을에 살고 있는 재곤 노스님의 경우, 자신이 주석하던 군산 관음사를 종단에 등록하여 공찰로 만든 후 입주했다. 사설사암이었던 절이 종단 등록 사찰이 되는 부수적인 효과까지 누리고 있는 셈이다.
이렇게 한가한 시골의 절이었던 선운사가 지역과 함께하는 역동적인 사찰로 변하면서 스님은 2011년 두 번째 주지 임기를 시작했다.

___ 주지 재임을 하기 쉽지 않은 곳이 선운사입니다. 비결이 있었나요?
"첫 번째 임기 때부터 시작한 일들을 잘 마무리하라고 기회를 준 것 같습니다. 많은 대중들이 마음을 모아줘 고마우면서 더 잘해야겠다는 생각뿐입니다."

___ 교구본사는 어떻게 운영해야 할까요?

"교구본사는 지역과 교구를 대표하는 사찰입니다. 비록 산중에 있을지라도 지역사회와 소통하면서 그 속에 녹아들어야 합니다. 그냥 산 속에 고고하게 앉아만 있다면 사찰의 존재 이유를 모르는 것입니다. 지역의 어려움은 나누고 좋은 일은 같이하면서 지역 대중들과 끊임없이 눈높이를 맞춰야 합니다. 또 본사는 말사들의 살림도 챙겨야 합니다. 말사들이 잘 살고 있는지 꼼꼼히 살펴야 합니다. 이렇다 보니 교구본사의 역할이 매우 중요할 수밖에 없습니다."

스님은 정기적으로 주변 마을의 이장단, 부녀회, 청년회와 만남을 갖고 있다. 불사든 행사든 지역주민의 이해와 참여 없이는 불가능하기 때문이다. 또 참배객이 늘어나는 부처님오신날이나 선운문화제, 고창 복분자축제 등의 행사에는 지역 농산물 장터를 열도록 해 경제적인 도움도 되도록 했다. 의료서비스가 부족한 지역 특성을 감안해 동국대학교 병원과 함께 무료 의료봉사를 벌여 큰 호응을 얻기도 했다. 지역과의 관계가 소원해지면서 사찰 밖에서 열렸던 청소년백일장 '동백연'도 이제는 사찰 안에서 열린다. 적막했던 절 마당에 아이들의 웃음꽃이 피어나고 있는 것이다. 선운문화제 때도 청소년음악놀이경연대회를 열어 전북지역 청소년들이 장기를 뽐낼 수 있도록 하고 있다.

선운사에서 내놓은 보은염報恩鹽은 지역과 함께하는 대표적인 상품이다. 보은염은 도적이 많던 도솔산에 선운사를 창건한 검단 스님이 불법佛法으로 주민을 교화시켜 소금과 한지 만드는 법, 숯 굽는 법을 가르쳐 주어 살아갈 수 있도록 한 데 대해 마을사람들이 검단 스님 은덕에 보답하고자 매년 봄, 가을 소금을 절에 보시한 것에서 유래한다. 이제 선운사와 지역 주민들이 함

보은염 이운식. 비록 산중에 있을지라도 지역사회와 소통하면서 그 속에 녹아들고 있다.

께 만드는 보은염을 시중에서도 맛볼 수 있게 됐다. 스님은 또 교구본사 차원에서 귀농과 귀촌을 돕기 위해 사찰 유휴 토지를 장기 임대해 주는 방안도 검토하고 있다.

___ 교구본사로서는 유일하게 초기불전불학승가대학원을 운영하고 있습니다.

"앞서 말씀드린 대로 선운사는 강학과 수선의 도량입니다. 백파 스님과 석전 스님 등 고승들의 강맥講脈을 잇고 있습니다. 그런데 지금까지 우리 한국불교는 한문을 기본으로 한 중국화된 불교를 공부하는 경향이 강했습니다. 선운사 초기불전불학승가대학원은 부처님 당시의 언어인 빨리어로 부처님께서 직접 설파하신 내용을 공부하는 교과 과정입니다. 그렇기 때문에 어쩌면 우리 불교에 있어서 그동안 잃어버린 고리를 채운다는 의미에서도 초기불교를 공부하는 것은 대단히 중요합니다. 게다가 시대적으로 요즘 초기불교에 대한 대중들의 관심이 높습니다. 그래서 초기불전을 집중적으로 공부할 수 있는 승가대학원을 만들게 됐습니다."

2011년 1월 개원한 초기불전불학승가대학원은 현재 2년 과정으로 20여 명의 스님들이 공부하고 있다. 초기불교의 대가로 꼽히는 재연 스님이 대학원장을 맡았고 인도에서 박사 학위를 받은 3명의 교수사 스님들이 학인들을 가르치고 있다.

선운사 안의 얘기에 이어 밖의 얘기를 꺼냈다. 불교의 위기, 조계종의 위기에 대한 해법을 듣기 위해서다.

결국은, 출가정신의 회복

___ 불교의 위기라고 합니다. 어떻게 보십니까?

"지금 같은 상황이라면 극단적으로 말해서 불교가 천천히 망하느냐, 빨리 망하느냐의 차이만 있을 뿐입니다. 대중과 호흡하지 못하고 사회 흐름도 따라가지 못하는 것은 물론 각종 비리와 추문이 끊이지 않고 있는 상황을 빨리 끊고 정말 새롭게 거듭나야 합니다."

___ 어떻게 해야 거듭날 수 있을까요?

"결국은 출가정신의 회복에 있다고 봅니다. 부처님 가르침대로 살도록 노력해야지요. 살다 보면 나태해지고 퇴굴심退屈心도 나겠지요. 그렇지만 우리는 수행자이고 그렇기 때문에 국민과 불자들의 의지처가 되고 존경도 받는 것입니다. 구체적으로 가장 먼저 해야 할 일은 종단 지도층부터 기득권을 내려놓는 것입니다. 현재 진행되는 자성과 쇄신 결사가 지지부진한 것도 근본적인 문제는 그대로 두고 곁가지를 치는 일에만 신경 쓰고 있기 때문입니다.

우리는 사부대중四部大衆 공동체라고 합니다. 그런데 지금 조계종은 어떻습니까? 일부一部가 전체를 '지배'하는 체제 아닙니까? 비구스님들에게 모든 것이 집중되어 있습니다. 여기서 발생하는 문제들이 적지 않습니다. 그렇다고 모든 비구스님들이 다 잘못하고 있다는 것은 아닙니다만, 비구스님들이 해야 할 역할은 비구스님들이 분명히 하고 복지라든가 문화, 포교, 재정 투명화 등은 사부대중이 함께 고민하면서 각자의 역할을 찾아보자는 것입니다."

___ 불교계 내에는 각급 선거가 있습니다. 계속 문제가 불거집니다. 어떻게 보십니까?

"불교 집안에서 선거는 그리 좋은 제도가 아닙니다. 어쩔 수 없으니까 차선이나 차차선의 방법으로 선거를 합니다. 선거의 폐해가 조계종 선거에 다 있습니다. 저도 선거를 해 봤습니다만 정말 많은 갈등이 있었습니다. 예전부터 우리에게는 대중공의 방식이 있습니다. 대중의 뜻을 모아내는 방법에 대해서는 부처님께서 자세하게 일러 주셨는데, 그것을 살리지 못하고 있습니다. 안타깝습니다. 이 정신을 살리는 것이 시급합니다. 그리고 총무원장 등 종단을 대표하는 분을 선출할 때는 지금까지 살아온 모습과 종단관, 선출 후에는 어떻게 살겠다는 확고한 신념 등을 고려해서 추대를 하는 것이 좋다고 봅니다. 정말 어쩔 수 없이 꼭 선거를 해야 한다면 처음에는 어려움이 있겠지만 다수 대중이 참여하는 직선제에 가까운 형태가 좋다고 봅니다. 소수의 몇몇 스님들이 수많은 출재가자의 뜻을 고스란히 담을 수는 없습니다. 그리고 이렇게 선출된 분이라야 대표성을 확보하고 보다 강한 리더십을 발휘할 수 있을 것입니다."

___ 불교계가 가장 시급하게 고쳐야 할 것은 무엇이라고 보십니까?

"저는 예전에 노스님들로부터 불법이 수승殊勝하니 지금은 시절이 어렵더라도 때가 되면 불교가 흥할 것이라는 말씀을 듣곤 하였습니다. 저도 그렇게 생각했습니다. 하지만 종단 중심부에 들어와 보니 그런 것만도 아닙니다. 현재의 승가가 대중들에게 어떤 역할을 하느냐에 따라 부처님 법(佛法) 자체가 폄하되기도 하고 심지어는 훼불이나 법난이 일어날 수도 있습니다.

현재 한국불교는 기로에 서 있습니다. 지금 불교계가 혁신하지 않으면 쇠퇴할 수밖에 없습니다. 정말로 사부대중이 뼈를 깎는 노력을 하지 않는다면 이 어려움을 이겨 낼 수 없습니다.

저는 부처님 빼고 다 바꿔야 한다고 봅니다. 스님과 불자들의 의식부터 생활하는 것, 수행 등에 이르는 모든 것을 바꿔야 합니다. 그 과정에서 승가의 좋은 전통은 지키면서도 현대사회에 맞는 새로운 전통을 만들어야 합니다. 스님들의 교육도 중요합니다. 예전에는 스님들의 교육 수준이 일반대중의 평균 이상이었습니다. 그런데 지금은 평균 이하예요. 이러니 스님들이 사회에서 사람들을 이끌어 줄 수 있겠습니까? 시대와 사회 흐름을 꿰뚫으면서도 부처님의 가르침을 올곧게 수용하는 그런 교육이 되어야겠습니다.

정부 예산도 구걸하듯 하면 안 됩니다. 우리가 당위성과 힘을 가지고 오히려 정부나 지자체가 우리의 전통문화인 불교를 더 아름답게 가꾸어 나가도록 정책을 만들고 지원하도록 이끌어 내야 합니다. 예산이나 받아 내려 매달리는 모습은 좋지 못합니다.

문화재구역 입장료 문제도 전향적으로 검토해 볼 필요가 있습니다. 입장료가 있다 보니 스님들이 포교에 소극적입니다. 포교만 잘하면 재정 문제는 쉽게 풀립니다. 저도 입장료 있는 사찰의 주지를 하다 보니 봄·가을 성수기 땐 하늘 쳐다보는 습관이 생겼습니다. 절집 재정이 날씨에 좌우되어서야 어찌 바람직한 종교의 모습이라 할 수 있겠습니까?

일도 사람을 향해야 하지만 모든 재원財源도 결국은 사람에게서 나오는 것입니다. 이제 불교계에서 왜곡됐던 문제들을 하나하나 바로잡을 때가 됐습니다. 더 늦으면 안 될 것입니다."

불교계를 향한 스님의 쓴소리는 한참 동안이나 계속됐다. 더디기만 한 쇄신에 대한 일갈은 불교계를 바라보는 대중들의 마음과 다르지 않아 보였다.

___ **부처님 가르침의 핵심은 무엇입니까?**

"교리적으로야 연기緣起, 무아無我, 중도中道 등 여러 가지로 말할 수 있겠지만 간단하게 말하자면 평등과 자유라고 봅니다. 이것은 인류가 보편적으로 지향해야 할 소중한 가치이기도 하죠. 자유와 평등에 대해 제일 잘 가르쳐 주신 분이 바로 부처님입니다. 여기서 자유는 인신의 구속을 뛰어넘어 생사에 걸림 없이 모든 것에 자유로울 수 있는 것을 말합니다. 평등은 절대적 평등이 아닌 조화로움을 말합니다. 여러 상황을 고려한 평등은 사람들을 조화롭고 평화롭게 할 것입니다. 부처님이 자유와 평등을 가르치셨기 때문에 불교가 세계 보편적인 종교이고 앞으로도 세계를 이끌어 갈 수 있는 사상이라고 생각합니다."

___ **스님에게 현재 가장 중요한 것은 무엇인가요?**

"중요하지 않은 것이 없습니다. 일도 중요하고 타인과의 관계도 중요하겠지요. 그래도 꼽아 본다면 기도와 수행을 통해 저부터 행복해지는 것입니다. 제가 행복해야 남도 행복하게 해 줄 수 있으니까요. 제 자신의 삶에 보다 충실하고 싶어요. 그러면서 대중과 호흡하고 그들을 부처님 법으로 인도해 힘들고 고통스러운 세상에서 행복하게 사는 방법을 알려 주고 싶습니다."

___ 앞으로의 계획을 전해 주신다면?

"선운사 주지 소임을 산 지 벌써 6년이 다 되어 가는데 지금까지는 불사뿐만 아니라 복지, 교육, 문화, 지역사회와의 연대 이런 쪽에 많은 비중을 두었습니다. 이 모든 노력들이 결국 포교로 이어지길 희망합니다. 지금까지 진행해 온 다른 불사들도 어느 정도 마무리 단계에 와 있습니다. 이번 임기 안에 마무리할 수 있도록 최선을 다하겠습니다. 또 선운사가 교구본사로서 사람이 아닌 시스템으로 운영될 수 있게 종무행정을 보완할 생각입니다."

___ 20년 후 스님의 모습을 상상하신다면?

"글쎄요, 선운사에서 출가해 30여 년을 줄곧 이곳에서만 살았습니다. 우선은 좀 쉬고 싶어요. 그러다가 선원으로 돌아가서 다하지 못한 정진을 하고 싶습니다. 그래도 먼 훗날 사람들이 저를 수좌首座로 기억해 주길 바랍니다. 20년 후에는 아마 어느 선방에선가 화두와 씨름하고 있을 것 같습니다. 그러면서 저도 행복하고 주변의 모든 분들도 평온하고 행복하게 살아갈 수 있도록 돕고 싶습니다. 그뿐입니다."

과거 선운사는 '동백꽃'의 사찰이었다. 그런데 이제는 다르다. 동백꽃은 물론이고 지역과 함께 하는 사찰, 지역주민과 스님들의 복지를 책임지는 사찰, 초기불교를 공부할 수 있는 사찰 등의 수식어가 같이 한다. 법만 스님의 원력이 동백꽃 향기처럼 좀 더 많은 사찰과 대중들에게 전해지기를 기대해 본다.

묘장 스님

구미 도리사 주지

> "우리 사회 시민들과 함께 하는 삶을 어떻게 만들 것인가가
> 가장 중요한 화두라고 할 수 있습니다.
> 함께 기도하고 같이 만드는 삶 말입니다.
> 어떤 일이든지 부처님의 자비를 함께 실천하는 삶을
> 가꾸어 보고 싶습니다."

경계 너머에서
더 위대한
부처님의 가르침

구미 도리사 주지
묘장 스님

'경계'는 인위적인 것이 많다. 나와 너, 안과 밖, 밝음과 어둠, 있다와 없다…. 이렇게 경계를 만들어 놓고 사람들은 '구별'하기 시작한다. 같음보다 다름을 찾고 또 그 다름 너머의 '틀림'을 따진다. 이렇게 되면 어느 순간 '극단'이 나오기 마련이다. 대립과 갈등은 이렇게 시작된다.

경북 구미 도리사 주지 묘장 스님은 경계를 깨기보다 뛰어넘으라고 말한다. 다름을 인정하면서도 경계 너머에서 스스로를 봐야 한다고 설명한다. 그렇게 되면 객관화된 '나'의 모습을 볼 수 있기 때문이다.

스님은 이렇게 밖에서 안을 바라볼 수 있어야 발전할 수 있다고 했다. 안에서 안을 보면 자기 합리화에만 매달리고 결국 발전된 '나'는 요원해진다는 것이 스님의 지적이다.

그래서일까? 스님은 끊임없이 시도한다. 주관은 배제하고 객관으로 불교계를 돌아보려 한다. 그렇다 보니 스님이 챙겨야 할 일이 많아졌다. 스님은 최근 서울 연화사 주지와 조계종 총무원 사회국장을 역임했고 국제개발구호단체인 더프라미스 상임이사를 맡고 있다. 어느 것 하나 소홀히 할 수 없는 일들이다.

스님에게 한국불교의 길을 묻기 위해 자리를 청했다. 신중하면서도 단호한 스님의 말씀은 염천炎天의 더위를 날리는 가을 소나기와 같이 반가웠다.

___ **스님의 출가인연이 궁금합니다.**

"제가 자란 집안은 가톨릭의 영향을 많이 받았고, 저 역시 세례를 받았어요. 불교와는 큰 관계가 없었어요. 평범하게 자랐는데 사춘기가 되면서는 좀 우울하게 지냈어요. 삶과 죽음의 문제가 큰 고민이었어요. 아무리 훌륭한 사람이더라도 사람은 한 번 태어나면 다 죽는다고 하는데, 그 고통을 극복할 수 있는 방법이 없을까 고민했습니다. 의문을 해결하기 위해 책도 보고 했지만 그 답을 찾는 것이 쉽지 않더군요.

그러던 중 김성동 작가가 쓴 『부치지 않은 편지』를 보게 됐습니다. 그 책에는 죽음을 뛰어넘은 스님들의 이야기가 꽤 많았어요. 존재의 문제를 해결한 뒤 생을 마감하는 스님들의 모습이 다양하게 그려졌습니다. 선 채로, 물구나무서서, 또는 앉아서 죽는다는 것이 대단하게 느껴졌어요. 인간의 삶을 뛰어넘는 경지가 스님들에게 있다고 생각됐죠. 그렇게 불교라는 종교에 대해 처음 알게 된 것이죠. 그때 스님이 되겠다는 생각을 했습니다. 출가해 스님이 되어 수행하면 책에 나왔던 스님과 같이 자유로운 삶을 살 수 있겠다는 막연한 생각을 했죠."

이때가 스님 나이 열일곱 살, 고등학교 1학년 때이다. 스님은 출가 결심을 한 뒤 서울 조계사로 전화를 했다고 한다. 어떻게 하면 출가할 수 있는지 물어보기 위해서였다. 전화를 받은 조계사 관계자는 먼저 고등학교를 졸업하고 오라고 했다고 한다. 스님은 불교 서적들을 보며 출가 준비를 했다. 그렇게 2년여를 보낸 뒤 스님은 다시 조계사에 문의를 했다. 어디로 가서 출가하면 좋겠냐고 묻자 전화를 받았던 관계자는 직지사로 가라고 했다. 그래서 그 관계자의 추천대로 직지사로 갔다.

스님은 이렇게 '쿨하게' 떠났지만 가족들의 반대는 적지 않았다. 어머니는 3~4개월 동안 매일 울어 눈병이 날 정도였다고 한다.

직지사로 간 스님은 며칠 지나지 않아 삭발을 했다. 삭발을 해 주던 스님은 "삭발할 때 나는 엄청 울었는데, 행자님은 별 느낌이 없나 봐?"라고 물었다. 스님은 출가를 기다려 왔기 때문에 오히려 즐거운 마음뿐이었다. 즐겁게 삭발을 하고 본격적으로 행자생활을 시작했다. 스님은 그때가 "즐겁고 행복했다"고 한다.

그런데 주변에서는 걱정이 많았다. 보통 행자들은 잔뜩 긴장한 얼굴로 다니는 데 비해 스님은 항상 싱글벙글하였기 때문이다. 그래서 보살님들은 '곧 나가겠지'라고 생각했다고 한다. 처음에는 즐겁지만 얼마 후면 여러 가지 힘든 일을 겪기 때문이다. 그러나 스님은 보살님들의 우려와 달리 '몸에 꼭 맞는 옷을 입은 것처럼' 그렇게 '편안하게(?)' 행자시절을 이어갔다.

___ **직지사에서 은사 법등 스님을 만나신 건가요?**

"그렇습니다. 계戒를 받기 전에 은사를 정해야 하는데 대중스님들이 당시 직지사 부주지였던 법등 스님을 추천해 주셨어요. 그래서 바로 찾아뵙고 제자로 받아 달라고 청을 드렸더니 스님께서 흔쾌히 허락해 주셨습니다. 은사 스님께서는 그 자리에서 바로 제 법명이 적힌 쪽지를 주셨어요. '묘할 묘妙'에 '감출 장藏'인데, '감추어진 불성을 드러내라'는 뜻이라며 주셨습니다. 원래 제

위로 사형 두 분이 계셨는데 다 속퇴를 해서 제가 첫째 상좌가 됐어요."

조계종 중앙종회의장, 호계원장 등을 역임하고 현재 경실련 공동대표, 더 프라미스 대표 등을 맡고 있는 법등 스님에 대해 묘장 스님은 "원칙에 충실하고 제자들에게는 엄격한 스승으로 불교가 사회에서 좀 더 적극적 역할을 해야 한다고 강조하고 실천하시는 분"이라고 소개했다.

___ 계를 받은 뒤에는 어떤 생활을 하셨나요?
"사미계를 받고 중앙승가대를 다녔습니다. 승가대를 다니면서부터는 서울에서 현재 직지사 조실이신 녹원 큰스님을 시봉했습니다. 큰스님께서 연화사에 계셨는데 그때부터 저와 연화사의 인연이 시작됐다고 할 수 있죠."

경계를
뛰어넘으라

___ 연화사 주지는 언제부터 맡으셨나요?
"1995년부터 연화사에서 살았고 승가대를 마치고 선원에 다니다가 2005년에 주지를 맡았습니다. 녹원 큰스님과 은사스님께서 주지를 맡으라고 말씀하셔서 시작을 했습니다."

경희대학교 옆에 위치한 연화사는 빌딩 숲 사이에 아담하게 자리 잡은 사찰이다. 절 입구에는 '諸惡莫作 衆善奉行 自淨其意 是諸佛敎(제악막작 중선봉행 자정기의 시제불교)', 즉 '악한 일 행하지 말고 선행을 받들어 실천하라. 그리고 마음을 늘 청정하게 수행하면 이것이 부처님의 가르침이다'라는 글이 새겨져 있다. 지금 연화사가 지향하는 것을 옮겨 놓은 듯하다.

___ 절이 아담합니다. 연화사는 어떤 절인가요?

"서울 동대문구 회기동 천장산에 자리 잡은 연화사는 연산군의 모친인 폐비 윤씨를 위해 세운 절입니다. '천장산연화사삼성각상량문'에 따르면 '진여불보의 청정법신이 시방삼세에 두루하지만 드러나 보이지 않으므로 절 뒷산을 천장산이라 부른다'고 했습니다. 절에 주지로 와 보니 도심에 있지만 전통사찰 같은 느낌을 받았어요. 그래서 뭔가 활력 있게 살림을 꾸려야겠다는 생각을 했지요."

그래서 스님은 다양한 프로그램으로 구성된 연화문화센터를 열었다. 2006년 5월이었다. 처음에는 12개의 프로그램을 개설했고 그 중 불교 관련 강좌 4개는 스님이 직접 맡아 진행했다.

"사람들이 절에 다닌다는 생각보다 각종 문화 프로그램에 참여한다는 생각으로 올 수 있게 했어요. 그러면 이웃 종교를 가진 사람들도 거부감 없이 올 수 있거든요. 또 어린이부터 청년, 어르신들에 이르기까지 다양하게 할 수 있는 프로그램들을 배치했습니다. 사불수행, 모듬북, 라인댄스, 요가, 규방공예, 대금과 단소 등의 프로그램이 진행되고 있어요."

현재는 15개 프로그램에 200여 명에 가까운 사람들이 참여하고 있다. 이 중 어린이를 위한 프로그램도 어린이 난타, 한문, 어린이 단소, 어린이 대금 등 모두 4개다. 이렇게 활발하게 운영되다 보니 이제는 외부에서 활동하는 강사들이 직접 강의계획서를 들고 찾아올 정도라고 한다.

절과 커피는 꽤 잘 어울립니다. 마음을 쉬게 해 주는 공간이 될 수 있어요.

"전통사찰이나 도심사찰이나 절 공간의 '회전율'이 높지 않습니다. 법당이나 강의실 등을 비우지 않고 사람들이 이용할 수 있게 해야 합니다. 그래야 절이 죽은 공간이 아닌 살아 숨 쉬는 곳이 될 수 있습니다."

연화사에는 어린이 도서관 '보물찾기'와 카페 '조은선택'도 있다. 조은선택은 절 안에 있는 카페다. 묘장 스님과 사제 묘인 스님이 운영하는 곳으로 신도나 주변 직장인들에게 '폭발적인' 인기를 끌고 있다.

___ 절과 커피가 썩 잘 어울리는 것 같지는 않습니다.

"아닙니다. 꽤 잘 어울립니다. 요즘 사람들이 가장 좋아하는 음료가 커피잖아요. 불자들이 법당이나 문화센터에 머물기도 하지만 마당에 있는 카

페에서 쉬기도 합니다. 마당의 나무그늘 아래서 커피를 마시며 여유를 즐기는 것도 좋다고 생각해요. 최근 흐름을 보면 사람들에게 카페는 익숙한 공간입니다. 마음을 쉬게 해 주는 공간이 될 수 있습니다. 또 소통의 공간이기도 합니다. 조은선택은 신도들뿐만 아니라 지역 주민, 근처 직장인들도 자주 찾는 명소가 되고 있어요."

___ 왜 카페를 열었나요?

"카페를 열기 전부터 공정무역에 관심이 많았습니다. 생산자와 소비자가 서로에게 도움을 줄 수 있는 것이 바로 공정무역이거든요. 또 공정무역을 잘 활용하면 수익금을 좋은 곳에 기부할 수도 있겠다는 생각을 했습니다. 마침 묘인 스님이 커피 전문가여서 함께 의기투합하게 됐지요. 2009년 말에 문을 열었습니다."

묘인 스님은 "조은선택은 오전 10시부터 오후 5시까지 문을 연다. 경희의료원 등 주변에 계신 분들이 점심식사 시간을 이용해 자주 찾아온다. 일반 커피점에 비해 가격도 2,000~3,000원대로 저렴한 편이고, 재료와 맛도 다르다. 많은 금액은 아니지만 수익금은 더프라미스에 기부하고 있다"고 전했다.

조은선택은 2012년 네팔에 커피나무 5,000그루를 심었다. 연화사가 동대문구 회기동 자치위원회와 함께 조성한 것이다. 수익의 대부분은 네팔 현지 주민들에게 돌아간다.

___ **선원 대중공양으로도 커피를 많이 올린다고 하던데요.**

"선방에 계신 스님들이 드시기 편하게 만들어서 대중공양을 합니다. 스님들의 호응도 좋습니다. 최근까지 10여 군데 선원에 다녀왔습니다."

다른 스님들이 머릿속에 아이디어를 묶어 두고 있을 때 과감히 일주문 안으로 커피를 들여온 묘장 스님의 실천은 대중들의 호응으로 이어지고 있다.

___ **연화사를 운영하면서 도심 포교에 대한 생각도 많이 하셨을 것 같습니다.**

"연화사에서 살아 보니 불자들이 상당히 수동적이라는 것이 느껴졌습니다. 불자들은 무슨 일을 하자고 하면 손사래부터 쳐요. 절에 들어온 수입도 절 안의 일들에만 쓰려고 해요. 이런 경향은 다른 대부분의 절도 비슷할 겁니다.

제가 연화사에 와서 일요법회를 연 지 6년 정도 됐습니다. 문화센터와 일요법회를 같이 하다 보니 절이 시끄럽다고 싫어하는 신도들도 있었어요. 이런 문제들은 주지스님들이 극복해야 합니다. 최근 종단이 사찰 운영을 획기적으로 바꾸려 하는데 각 절들의 상황들을 꼼꼼히 따져보고 실행해야 할 것입니다.

제가 얘기하고 싶은 것은 신도들이 적극적으로 변해야 한다는 것입니다. 결국 포교는 신도들이 하는 것이거든요. 스님들이 만나는 사람은 거의 대부분이 신도들입니다. 불자 아닌 사람들을 만나는 것은 신도들의 몫이 큽니다. 그렇기 때문에 신도들이 좀 더 적극적으로 움직여야 한다고 봅니다. 또 신도들이 포교의 성과를 절로 회향해서 그 역량이 다시 절 밖으로 나가도록 해야 합니다.

사실 현재 불교계 풍토를 보면 '불자'의 정의도 애매합니다. 명확하게 어떤 기준이 있는 것이 아니에요. 앞으로는 신도들의 의무와 권리가 정확하게 정리되어야 합니다. 그리고 저는 불자들이 수행과 나눔, 봉사에 더 적극적이어야 한다고 봅니다."

스님은 구체적인 예로 사홍서원의 중생무변서원도(衆生無邊誓願度 - 모든 중생을 교화하여 생사해탈의 열반(涅槃)에 이르게 하겠다), 번뇌무진서원단(煩惱無盡誓願斷 - 번뇌를 반드시 끊어서 생사를 벗어나겠다), 법문무량서원학(法門無量誓願學 - 한량없는 법문을 남김없이 배워 마치겠다), 불도무상서원성(佛道無上誓願成 - 위없는 최상의 불도를 마침내 이루겠다) 등 각 항목을 의무적으로 실천할 수 있는 나눔기금을 조성하고 각자 할 수 있는 수행을 지속하는 등의 방법을 강구해 볼 수 있다고 밝혔다.

___ **사찰 운영이나 포교 등 여러 분야에 다양한 아이디어를 가지고 계십니다. 아이디어의 원천은 무엇인가요?**

"저는 새로운 것을 좋아합니다. 갑자기 떠오른 아이디어는 정리해 두었다가 나중에 꼭 실천해 보려 합니다. 개인적 성향일 수도 있는데 '하면 된다'가

제 평소 신조여서 그럴 수도 있어요. 설령 시도했다가 실패해도 그것은 실패가 아닙니다. 경험으로 남으니까요.

불교가 사회에 회향할 수 있는 일이 뭘까에 대한 고민을 주로 하는데 아이디어가 떠오르면 바로 시행하기보다 주변에 의견을 묻기도 합니다. 그러면 다양한 답변이 와요. 그 의견을 가지고 고민하고 또 고민합니다."

스님의 아이디어는 소임에도 반영된다. 스님은 3년이 넘는 시간 동안 조계종 총무원 사회국장 소임을 맡았다. 사회부는 대사회활동과 국제업무 등을 총괄하는 부서다.

적극적인 실천과 참여를 통해
사회와 만나야 한다

___ 사회국장 소임을 오랫동안 보셨습니다. 어떠셨습니까?

"경제정의실천불교시민연합에서 활동도 했는데 더프라미스 일을 시작한 지 얼마 안 돼 소임을 맡았어요. 단체 활동과 관련 있는 부서에서 일할 수 있어서 좋았습니다. 조계종의 대사회 창구라 할 수 있는 사회부 업무는 매우 중요하다고 생각합니다. 여기서 불교의 가치를 빛낼 수 있습니다. 저는 사회부에서 국제구호, 국제교류, 통일, 사회사업, 이웃 종교 교류, 소외계층과 NGO 지원, 환경현안 대응 등의 업무를 수행했습니다."

___ 기억에 남았던 일을 몇 가지 꼽아 주신다면?

"무엇보다 재난 현장에 갔던 것이 기억에 많이 남아요. 아이티 지진, 태국

홍수, 일본 지진과 쓰나미 등의 현장에서 사람들에게 작은 도움이라도 줄 수 있어서 좋았어요. 재난 현장은 긴장의 연속입니다. 일본에서는 여진이 며칠 동안 계속돼 뜬눈으로 밤을 지새우기도 했습니다. 재난 현장에서 생명을 대하는 자세에 대해 많이 배웠습니다. 삶은 죽음 앞에 섰을 때 가장 진지해지는 것 같아요."

___ 이웃 종교인들과의 교류도 많으셨죠?

"그렇죠. 개신교, 천주교를 비롯한 많은 이웃 종교인들을 만났습니다. 이웃 종교 성직자들을 만나면서 종교 간 교류는 반드시 필요하다는 것을 느꼈습니다. 서로가 처음에는 낯설어하지만 함께하다 보면 식구 같은 느낌이 들 정도로 금방 가까워집니다. 만나다 보면 배척할 대상이 아니라는 것을 알게 돼요. 중앙 차원에서의 교류도 좋고 지역에서도 사찰과 교회, 성당 등이 다양한 형태로 만날 수 있다고 봅니다. 배타적인 생각을 가지고 있는 종교인들도 어울림의 공간에 나오면 많이 달라질 것이라고 확신합니다."

___ 한국불교의 세계화는 아직도 더딥니다.
세계화의 방법에는 무엇이 있을까요?

"한국불교의 세계화라는 것이 조금은 애매모호합니다. 우선 한국불교란 무엇인가에 대한 정의가 명확해져야 할 것으로 봅니다. 저는 선불교만을 한국불교라고 정의하고 싶지 않습니다. 불교가 한국 속에 녹아들어 다양하게 변화된 모습들이 한국불교의 모습이 아닐까 합니다. 예를 들면 울력을 통해 어려움을 극복하는 모습이랄지, 다른 나라와는 조금 다른 모습으로 변화된 발우공양이랄지, 그리고 조금은 자유스러운 수행풍토랄지…. 한국 속에 녹아든 불교의 다양한 모습이 알려지는 것이 문화적인 한국불교의 세계화가 되겠고, 참된 자비의 모습을 보여주는 것이 한국불교의 세계화 그리고 그것을 넘어선 불교의 세계화라고 생각합니다."

단순하게 한국불교가 세계로 나아가는 것을 넘어서 한국불교의 정신이 세계 불자들에게 전해져야 진정한 '세계화'라고 스님은 여러 차례 강조했다.

___ 불교시민사회단체들의 사정은 갈수록 악화되고 있습니다. 해결책이 있을까요?

"NGO는 기본적으로 두 가지 축을 바탕으로 움직입니다. 하나는 이사회로 모금과 주요정책을 결정합니다. 그리고 실무자인데, 실무자는 사업수행을 주로 합니다. 이사회에 참여하신 분들은 모금을 주로 담당하셔야 합니다. 정해진 회비만을 낸다면 이사회에 참여할 자격이 없는 것이죠. 그런데 요즘은 정해진 회비를 내는 이사 모집도 어려운 상황입니다. 다양한 모습으로 활동하는 불교의 모습을 보여주는 일에도 많은 분들이 관심을 가져 주시길 기대합니다."

___ 불교를 비롯한 종교의 사회적 역할에 대해서도 많이 고민하셨을 것 같습니다.

"종교가 가진 힘은 생각 이상으로 큽니다. 여러 사람의 뜻을 하나로 모으는 공간이 종교입니다. 우리 사회에서 그런 공간은 많지 않아요. 불교는 내면을 살피고 자비를 실천하기 위해 사람들이 모이는 종교입니다. 상대적으로 마음의 여유를 가진 사람들이 모이다 보니 사회에 기여할 수 있는 뜻이 금방 모아져요. 불자들이 할 수 있는 역할이 분명히 있습니다. 각 사찰들은 지역과 호흡하고 또 종단은 소외된 이웃이나 사회적 약자를 좀 더 적극적으로 보듬어야 합니다. 그런 면에서 최근 진행한 노동자 초청 무차대회 같은 경우는 상당히 긍정적입니다."

이제야말로 부처님의 자비를 세계에 전할 때입니다.

___ 불교계의 대사회활동에서 가장 아쉬운 부분은 무엇이라고 보시나요?

"세상 속으로 좀 더 나가야 합니다. 그래서 불교 밖의 사람들과도 자주 만나야 합니다. 그래야 세상의 흐름을 알 수 있습니다. 불교는 시야가 그리 넓지 못합니다. 그렇다 보니 불교가 가진 잠재력을 다 이끌어 내지 못하고 있어요. 매우 아쉬운 부분입니다.

제가 종단에 있어 보니 종단이 할 수 있는 일이 있지만 또 하지 못하는 것들도 있습니다. 종단의 손길이 닿지 못하는 부분은 지역에서 사찰들이 해 줘야 합니다. 종단이 해야 할 일과 사찰이 해야 할 일이 정해져 있는 것은 아니지만 각자의 영역에서 목소리를 모아 주면 못할 일은 또 별로 없습니다."

묘장 스님은 불교계가 과거와 같이 울타리 안에 안주해서는 결코 안 된다고 목소리를 높였다. 적극적인 실천과 참여를 통해 사회와 만나야 한다는 것이 스님의 주장이다. 그래서일까? 스님은 국제개발구호단체를 직접 운영하면서 사회적 회향을 실천하고 있다.

___ 더프라미스를 통해 국제개발구호도 하고 계십니다. 활동에 나서게 된 계기가 있었나요?

"은사스님께서는 늘 불교의 사회적 역할이 중요하다고 말씀하셨습니다. 우리 사회도 이제 도움을 받던 상황에서 벗어나 이웃들에게 베풀 때가 됐습니다. 이제야말로 부처님의 자비慈悲를 세계에 전할 시기가 된 것이지요. 그래서 2007년부터 은사스님을 도와 창립준비를 시작해 2008년 6월에 공식적으로 출범시켰습니다."

___ 더프라미스 활동을 소개해 주신다면?

"더프라미스는 현지 주민들과 소통하며 어린이들에게 좀 더 나은 교육의 기회를 제공하고자 합니다. 단순한 접근에서 벗어나 생활환경 개선과 교육에 대한 주민의식 강화를 통해 이를 실천하려 해요. 처음 티베트에 중학교를 만들었고 그 후 미얀마에 지부를 만들어 교육지원 사업을 진행하고 있습니다. 지금은 동티모르에서 식수지원 사업을 펼치고 있습니다."

___ 국제개발구호 활동에서 가장 중점을 두는 부분은 어떤 부분인가요?

"현지 주민들 스스로 일어설 수 있게 하는 동기 부여를 중요시합니다. 우리가 현장에 가서 선물 주듯이 일을 하면 현지인들이 자립할 수 있는 기반을 만들지 못해요. 그래서 학교를 만들 때도 건물만 지어 줍니다. 학교에 필요한 기자재들은 스스로 마련하도록 합니다. 동티모르 식수지원 사업도 마찬가지 기조입니다. 나중에 더프라미스가 현장에서 나온 후에도 현지 주민들 스스로 잘 살 수 있어야 하기 때문에 이 부분을 강조하고 있습니다."

묘장 스님은 더프라미스를 세계적인 구호단체로 만들고자 동분서주하고 있다. 불교만의 국제개발구호사업 모델을 제시하고 싶다고 한다.

___ 불교계 국제구호활동은 아직 걸음마단계입니다.
앞으로 어떤 방향으로 움직여야 할까요?

"더프라미스를 비롯해 몇몇 단체가 열심히 하고 있습니다. 그래도 이웃 종교에 비하면 아직 부족한 것이 많습니다. 상황이 그리 녹록지 않지만 선발주자로 나선 외부단체와 적극적으로 교류하면서 일을 했으면 좋겠어요. 꼭 종교에 얽매일 필요는 없다고 봅니다. 현장에서 주민들에게 실질적 도움을 주는 것이 중요하기 때문입니다. 동티모르 식수지원 사업의 경우도 호주나 미국, 영국의 단체와 함께 진행하고 있습니다. 더프라미스도 당당하게 파트너로 참여하고 있는 것입니다. 이렇게 하다 보면 다른 단체의 노하우를 배울 수 있어요. 이런 과정이 반복되다 보면 분명 우리의 실력도 일취월장하리라고 보고 있습니다."

___ 더프라미스는 사무실 분위기에서부터 불교단체답지 않은 느낌입니다.
불교 안에 있지만 불교 밖을 지향하는 의미가 있나요?

"불교는 우리 역사 속에서 최고의 모델이었습니다. 부처님을 장엄하기 위해 시대를 대표하는 장인들이 나서서 최고의 문화를 만들었잖아요. 항상 앞서 나가며 사회를 선도했습니다. 세상과 어울려 살게 되면 우리 불교의 소중함을 더 잘 알게 되고 우리가 가진 역량과 가치를 배울 수 있는 기회를 만들게 된다고 봅니다. 절 안에만 있으면 우리 것의 소중함을 망각합니다. 불교

밖으로 나가서 보면 우리의 가치를 재발견하게 됩니다. 불교의 신선함을 알게 되니 더 우리 것을 보존하려 노력하게 되고 부처님 가르침을 더 잘 전하려 하게 돼요. 우리 안에만 있으면 불교의 소중함을 모릅니다. 그렇기 때문에 제대로 된 역량을 발휘할 수 없어요. 그래서 업무의 중심에 부처님의 가르침을 두고 가능하면 밖과 소통하려 노력합니다."

___ **단체 운영은 쉬운 일이 아닙니다.**
불자들의 참여와 보시가 중요하다고 보여집니다.
"저는 불자들에게 자랑스러운 구호단체를 만들겠다는 원력을 갖고 있습니다. 조금씩 목표에 가까이 가고 있습니다. 불자님들의 청정한 자비보시는 국제사회 속에서 부처님의 자비를 실천하는 데 쓰입니다. 소액이라도 정기적으로 후원해 주시면 큰 힘이 됩니다. 의외로 다양한 분야에서 불교NGO들이 활동하고 있습니다. 불자님들의 관심과 참여가 필요합니다."

스님은 사찰 운영과 조계종의 대사회활동, NGO의 미래 등에 대한 생각을 거침없이 쏟아냈다. 어느 것 하나 중요하지 않은 것이 없는 부분들에 대한 고민은 계속되고 있는 듯하다. 구체적 현안에 대한 이야기를 마무리하고 스님의 '현재와 미래'에 대한 질문을 던졌다.

___ **수행자로서 그동안의 삶을 평가하신다면?**
"큰 어려움 없이 잘 살아왔다고 생각합니다. 아직 젊기 때문에 앞으로 해야 할 일이 많다는 것이 즐겁습니다. 불교와 사회를 위해 제가 조금이나마 힘을 보탤 수 있다는 것이 기쁩니다. 제가 해야 할 일들을 떠올리는 것 자체가 즐거워요."

___ 부처님 가르침의 핵심은 무엇인가요?

"부처님 가르침의 핵심은 탄생게誕生偈에 다 담겨 있다고 봅니다. 부처님은 룸비니 동산에서 태어나서서 '天上天下 唯我獨尊 三界皆苦 我當安之(천상천하 유아독존 삼계개고 아당안지)', 즉 '하늘 위와 하늘 아래 나 홀로 존귀하다. 이 세상이 모두 고통 속에 있으니 내 이를 마땅히 편안케 하리라'고 말씀하셨습니다.

대부분의 사람들은 탄생게의 앞 구절에 주목하지만 저는 뒤 구절이 더 마음에 와 닿습니다. 고통 받는 세상을 구원하겠다는 것은 부처님께서 우리에게 하신 약속입니다. 또 이것은 부처님의 제자로서 우리가 실천해야 할 사명입니다. 이것이 바로 부처님 가르침의 핵심이 아닐까 합니다."

___ 지금 스님에게 가장 중요한 것은 무엇인가요?

"불자를 비롯한 우리 사회 시민들과 함께하는 삶을 어떻게 만들 것인가가 지금 저에게 가장 중요한 화두라고 할 수 있을 것 같습니다. 함께 기도하고 같이 만드는 삶 말입니다. 어떤 일이든지 부처님의 자비를 함께 실천하는 삶을 가꾸어 보고 싶습니다."

___ 20년 후 스님의 모습을 상상하신다면?

"아마 해외 재난 현장에 있을 것 같습니다. 시간이 흐른 뒤에도 고통받는 사람들 곁에 있고 싶습니다. 20년 후에는 많은 경험을 바탕으로 더 많은 사람들의 벗이 되고 싶은 것이 저의 작은 바람입니다."

묘장 스님의 눈은 이미 미래를 보고 있었다. 불교적 가치를 사회에 널리 확산시킬 수 있는 방법을 찾고 또 찾으려 한다. 스님은 인터뷰 말미에 안거安居 얘기를 꺼냈다.

"안거는 정해진 기간에 한 장소에 머물러 정진하는 것을 말합니다. 그런데 이것을 좀 더 확대해서 생각해 보면 자기 내면을 들여다보는 시간이라고 할 수 있습니다. 즉 나를 위해 투자하는 시간은 다 안거가 될 수 있어요. 스님들은 석 달간 선원에서 정진하지만 일반인들은 일주일 안거, 하루 안거, 한 시간 안거 등의 형태로 얼마든지 자신을 바라볼 수 있다고 봅니다. 이런 것이 바로 불교의 가치를 재해석하는 일이 아닐까 합니다. 울력이나 공양 같은 것도 마찬가지로 해석할 수 있다고 봅니다."

불교 2,600년의 전통을 현대에 되살려 사회에 전하는 일을 찾고 있는 묘장 스님에게 하루하루는 이렇게 '날마다 좋은 날'이다. 스님의 미소처럼 불교가 사회에 웃음을 줄 수 있는 날이 하루 빨리 오기를 바라 본다.

___ **붙임**

인터뷰 당시 묘장 스님은 서울 연화사 주지와 조계종 사회국장 소임을 맡고 있었다. 2012년 12월까지 소임을 맡았던 스님은 은사 법등 스님에게 '차출'되어 현재는 경북 구미 도리사 주지를 맡고 있다. 서울 연화사 주지와 조계종 사회국장을 맡았던 경험이 조만간 도리사에서 또 다른 형태로 발현되기를 기대한다.

일운 스님

울진 불영사 주지

> 자유로운 삶이란 어떠한 것에도 걸림이 없는 삶,
> 불안이나 두려움이 없는 삶입니다.
> 삶의 현실이 자신의 믿음을 흔들지라도
> 행복하다고 느끼는 순간
> 행복은 바로 눈앞에 와 있어요.

'지금'에 집중하면
자유로운 삶 살게 될 것

울진 불영사 주지

일운 스님

요즘처럼 교통이 발달한 세상에서 5시간 동안 차를 타고 가야 하는 곳은 많지 않다. 지리적 거리가 물리적 시간을 극복하지 못하는 경우를 제외하고는 특히 그렇다. 지도를 보니 서울에서 경북 울진 불영사도 그리 먼 거리는 아니었다. 그러나 차를 달리기 시작하자 오래 걸릴 것이라는 지인들의 말이 결코 허언이 아니라는 것을 피부로 느끼게 된다.

그런데 이상했다. 시간이 흐를수록 피곤해지기는커녕 아름다운 산야山野 풍경에 눈이 즐겁다. 불영사가 가까워질수록 더 그랬다. 고속도로를 빠져나와 첩첩산중을 한참이나 달렸다. 태백산맥 줄기에서 뻗어 나온 불영사계곡이 객客의 마음을 흔들기 시작한다.

불영사 일주문을 지나 절까지 이어진 오솔길을 걸었다. 산과 절과 사람이

어우러져 있었다. 걷다 보니 단정하고 깨끗한 경내가 보이기 시작한다. 김장을 앞둔 배추가 파릇파릇하게 인사를 한다. 불영지佛影池 너머로 보이는 스무 개가 넘는 전각들이 오순도순 이야기를 나누듯 서로 어깨를 맞대고 있다.

주지 일운 스님과 한주 덕신 스님, 동민 스님이 불영지까지 나와 반갑게 맞아 준다. 잠시 경내를 돌아본 뒤 일운 스님이 주석하고 있는 응향각凝香閣으로 자리를 옮겼다. 응향각 한편에 걸린 '초심불가망初心不可忘'이라는 글씨가 눈에 들어온다. 항상 초심을 생각한다는 일운 스님의 의지와 다짐이 엿보인다.

일운 스님과 불영사 대중들은 사찰음식 축제를 끝내고 숨을 고르고 있었다. 스님은 최근 연이어 사찰음식 책을 펴냈다. 불영사의 음식을 소개하는 책인데 소문이 나 전국에서 불영사 음식을 맛보러 사람들이 몰려왔던 것이다. 스님에게 사찰음식의 의미에 대해 먼저 여쭈었다.

"사찰음식의 진정한 의미는 '걸식乞食' 두 글자에서 찾을 수 있습니다. 일곱 집을 차례대로 걸식하면서 받은 음식이 그날 수행자들의 몸을 지탱하는 약이 되었습니다. 그런데 만약 걸식을 할 때 좋은 마음과 싫은 마음이 있다면 우리는 절대 그 음식을 통해 행복해질 수 없을 것입니다. 구하는 마음이 없을 때라야 그 모든 은혜에 보답하고 진정한 공양을 받을 수 있기 때문입니다. 시대와 나라에 따라 많은 부분들이 변화되어 왔지만 사찰음식이 삶에 어떠한 의미를 가져다주기보다, 구하지 않는 청정한 우리들의 마음이 우리가 먹는 음식을 변화시키고 우리의 건강과 삶 또한 변화시킨다고 생각합니다."

스님은 사찰음식의 의미를 설명하며 건강을 지키는 비결 일곱 가지도 전했다. 첫째, 음식을 먹는 지금에 집중한다. 둘째, 감사하는 마음으로 먹는다. 셋째, 천천히 먹어야 하고 30회 이상 씹는다. 넷째, 모자란 듯 먹는다. 다섯째, 소금 설탕 육류를 줄이고 과일 채소 효소를 먹는다. 여섯째, 음식을 먹고 난 후 가볍게 산책을 한다. 일곱째, 긍정적인 마인드를 가지고 많이 웃으며 화는 줄인다 등이 그것이다.

평상시에도 사람들이 많이 찾는 도량인데 불영사는 인터넷 홈페이지가 없다. 다른 사찰이나 기관에서 운영하는 것 같은 홈페이지가 어려우면 불영사를 소개하는 간단한 게시판형 홈페이지라도 만드는 게 좋겠다고 하자 스님은 "불영사를 숨겨 두고 싶어서 일부러 홈페이지를 만들지 않았다. 너무 알려지는 것도 원하지 않는다. 최근 들어서는 제자들이나 신도들이 간단하게라도 만들자는 말을 많이 한다. 생각 중이다"고 전했다.

차 향기가 방안을 채울 때쯤 본격적으로 일운 스님과 불영사에 대한 이야기를 시작했다.

___ 절 규모가 큽니다. 불영사는 어떤 절입니까?

"불영사는 조계종 제11교구 본사 불국사 말사로 『천축산 불영사기』에 의하면 651년(진덕여왕 5년)에 의상 대사께서 창건하셨다고 기록되어 있으며, 창건 이후 여러 차례 중수를 거쳤는데 근대에 와서 동해 일원의 최대 비구니 선원 도량으로 자리 잡고 있습니다. 1996년에 건립된 불영사 천축선원은 하루 14시간 좌선, 철저한 묵언수행, 산문 밖 외출 금지, 시간 지키기, 울력 등 밤낮을 가리지 않고 성성여일하게 위법망구의 정신으로 참나를 찾아 쉼 없이 정진하려는 수행자들을 위해 늘 문을 열어두고 있습니다.

사람이 살아가는 데 가장 중요한 조건 다섯 가지가 있다고 늘 생각해 왔습니다. 첫째는 깨끗한 공기, 둘째는 깨끗한 물, 셋째는 깨끗한 환경, 넷째는 깨끗한 음식, 다섯째는 깨끗한 마음입니다. 불영사는 이 다섯을 충분히 갖추었다고 해도 과언이 아닐 만큼 좋은 조건과 인연들이 함께 어우러져 있습니다."

불영사는 스님들이 수행할 수 있는 공간을 마련하겠다는 간절한 염원으로 불사가 이루어졌다.

'지금'에 집중하면 자유로운 삶 살게 될 것

20년이 넘는 세월 동안 일운 스님은 대중들과 힘을 모아 전각 몇 채에 불과하던 불영사를 대가람으로 탈바꿈시켰다.

___ 불영사에는 어떻게 오셨습니까?

"대만에서 5년 정도 공부하고 한국으로 올 때쯤 불영사에 계시던 일휴 스님께서 불영사를 맡아 달라고 말씀을 하셨습니다. 은사 묘엄 큰스님께서는 제가 당연히 봉녕사로 올 것이라고 생각하셨는데, 저는 유학을 마칠 때쯤부터 산중에서 대중스님들과 함께 수행 정진하겠다는 생각을 하고 있었고, 그러던 차에 일휴 스님의 부탁으로 불영사에 오게 됐습니다. 나중에 들었는데 은사스님께서 엄청 섭섭해하셨다고 하더라고요."

스님은 1991년 8월 총무 소임을 맡아 불영사와의 인연을 시작했다. 이후 가람을 정비하기 위한 불사를 차근차근 진행했다. 스님은 불영사에 오자마자 계곡의 야영장을 모두 철거하는 등 주변 환경 정비부터 했다. 또 새벽 3시부터 밤 12시까지 대중들과 함께하면서 매일 오전에는 500배를 하고 오후에는 철저하게 불식不食하면서 정진했다.

불영사,
수행을 위한 불사

___ 불사를 직접 하시면서 오늘날의 불영사를 만드셨습니다.
어떻게 불사를 하셨나요?

"불영사에 처음 왔을 때는 스님들이 수행할 수 있는 공간이 많이 부족했습니다. 그런데 와서 이것저것 하다 보니 차츰 늘어났습니다. 불영사와 인연을 맺어 주신 많은 분들이 도와주셔서 불사를 할 수 있었습니다. 저는 불사를 하겠다고 따로 모연을 하거나 화주를 하지 않았습니다. 대신 스님들이 수행할 수 있는 공간을 마련하겠다는 간절한 염원으로 열심히 불사를 했습니다. 불사를 위한 불사가 아니라 수행을 위한 불사였기 때문에 힘들거나 어렵지 않았습니다."

불사를 하면서의 일화 하나. 어느 날 개신교 장로 한 명이 울진을 지나다가 불영사에 들렀다. 그 장로는 일주문 앞에 있는 '佛影寺' 글씨를 보고 이상하게 발길이 경내로 돌려졌다고 한다. 절에 와 일운 스님을 만난 그 장로는 차를 마시며 불교와 개신교, 종교 등을 주제로 많은 대화를 나눴다. 자신의 꿈이 '하느님 나라를 만드는 것'이라고 소개한 그 장로에게 일운 스님이 "그럼 하느님은 어디에 계신가?"라고 물었다. 그 장로가 답을 못하자 스님은 "하느님은 바로 이 자리에 계신다. 당신이 바로 하느님이다"라고 일갈했다. 그렇게 한참 동안 얘기를 나누고 돌아간 그 장로가 한 달 뒤 다시 찾아왔다. 이번에는 대형버스에 40여 명의 개신교도들을 태우고 왔다. 일운 스님의 말씀에 감동해 "좋은 말씀을 혼자 들을 수 없다"며 사람들을 데리고 온 것이다. 그렇게 불교와 인연을 맺은 그 장로는 천축선원을 비롯한 불영사 불사를 적극 도왔다. 현재 개신교 장로가 아닌 불자의 삶을 살고 있음은 물론이다. 불영사의 불사는 이런 인연이 이어지면서 진행됐고 현재와 같은 대가람이 되었다.

___ **염불만일수행결사회도 이끌고 계시죠?**

"보다 행복한 정토사회를 만들어 보고자 불영사 대중과 불자들이 힘을 합쳐 2011년 6월에 수행결사를 조직했습니다. 일반인들이 직장이나 집에서 참선을 하기는 쉽지 않습니다. 그런데 아미타불阿彌陀佛 염불은 쉽게 할 수 있습니다. 아미타불은 서방 극락정토에 살면서 중생을 위해 자비를 베푸는 부처님이에요. '무량수불無量壽佛' 또는 '무량광불無量光佛'이라고도 하죠. 염불을 통해 내 마음이 평화로워지면 주변도 평화롭게 됩니다. 아미타불 염불을 통해 집중하면 무슨 일이든 잘할 수 있습니다. 그게 지속되면 어느 순간 삼매에 들게 됩니다. 염불은 자기 자신과 만나는 것이라고 할 수 있습니다."

염불결사는 결성 1년여 만에 1,000명이 넘는 회원을 확보했다. 불영사의 여러 조건을 생각한다면 엄청난 일임에 틀림없다. '만 일'은 30여 년에 가까운 시간이다. 결사는 2038년 10월 31일 회향 때까지 계속될 예정이다. 염불결사 회원들은 매월 캄보디아와 북한 어린이들의 교육을 위해 정기적으로 기금을 관련단체에 보내는 자비행을 펼치고 있기도 하다. 일운 스님은 결사를 통해 대신심, 대진실, 대발원을 완성하고 대자비와 대정토를 실현하겠다고 강조했다.

재가자들의 수행뿐만 아니라 불영사는 천축선원天竺禪院을 통해 비구니스님들이 정진에만 진력할 수 있게 하고 있다. 천축선원은 1978년 당시 선원장 일휴 스님이 개설한 이래 전국 선원 가운데 계율이 엄격하기로 유명한 곳이다.

___ **천축선원의 현황이 궁금합니다.**

"앞에서 잠깐 말씀드렸듯이 천축선원은 하루 14시간 좌선을 기본으로 청규에 따라 철저하게 정진합니다. 안거 때에는 30여 명, 산철에는 보통 20여 명 내외의 스님들이 정진합니다. 산철은 한 달 반의 일정으로 진행되니까 일 년 열두 달 중 열 달을 정진하는 것이죠."

산철에 정진하는 스님들이 적은 것에 대해 일운 스님은 "산철에도 정진 분위기가 중요하다. 자칫 흐트러질 수 있어 갈마羯魔를 거쳐 열심히 정진하고자 하는 스님들에게만 방부를 허락한다"고 전했다.

선원의 청규는 엄격하다. 정진 중에도 매일 2시간의 울력을 의무적으로 해야 한다. 묵언을 생활화하고 도량 내에서는 철저하게 계율에 따라 생활하도록 하고 있다.

불영사와 천축선원에 대한 이야기를 들으면서 비구니스님 개인의 원력이 사찰 전체를 바꿔 놓을 수 있다는 것에 놀라지 않을 수 없었다. 지면 관계로 다 담을 수 없는 '전설' 같은 이야기가 한두 가지가 아니었다. 그래서 스님이 어떻게 출가하고 수행했는지가 더 궁금해졌다.

___ **스님의 출가인연이 궁금합니다.**

"어린 시절 세상에서 가장 위대한 사람은 누구일까에 대한 고민이 많았어요. 제 나름대로 정리한 것이 어려운 이웃을 도와주는 사람들을 훌륭한 분이라고 생각했어요. 그래서 교회에 다니면서 봉사활동도 하고 나중에는 복지가가 되고 싶다는 생각을 하고 있었습니다. 그러던 어느 날 학교 선생님께서 '일체유심조一切唯心造'의 내용이 담긴 유인물을 읽어 보라고 주셨습니다. 내용을 보니 '우주의 근본이 마음에 있다'는 말이었습니다. 마음이 모든 것을 만들어 낸다는 것이죠. 그래서 선생님께 '마음공부를 어떻게 해야 하느냐?'고 여쭈었더니 '절에 가 스님이 되면 공부할 수 있다'고 하십니다. 제가 '어느 절에 가면 되느냐?'고 다시 여쭈었더니 '청도 운문사에 가라'고 하셨어요. 그 말씀을 듣고 고민하다 내 마음을 아는 것이 중요하다고 생각해서 3일 만에 집을 나와 운문사로 갔습니다. 그때가 열일곱 살이었습니다."

___ **절에 처음 가신 건가요?**

"그렇죠. 처음 가는 길이었지만 두려움보다 기대감이 컸어요. 그래서 물어

물어 운문사에 갔지요. 절에 가서 스님들을 보니 마치 하늘에서 내려온 천사 같았어요. 그때 70여 명 정도의 스님들이 계셨는데 생활은 어렵지만 다들 정말 깨끗하고 평안한 얼굴로 계셨습니다. 전기도 안 들어오던 시절이어서 해야 할 일이 많았는데 '마음을 깨달아서 꼭 견성을 하겠다'고 굳게 믿었기 때문에 힘들지 않았습니다. 어린 나이였지만 '내가 대중들 다 먹여 살리겠다'고 생각하면서 열심히 뛰어다녔죠."

___ 대중도 많고 어렵던 시절이었는데 출가를 후회한 적은 없으신가요?

"그때부터 지금까지 단 1분 1초도 후회한 적이 없습니다. 좌절해 본 적도 없어요. 제가 운문사에 갔다는 얘기를 듣고 속가 부모님이 찾아오셨는데 저는 부모님을 만나지 않았어요. 나중에 부모님께서는 제가 왜 불교에 빠졌는지를 알아보기 위해 직접 불교 공부를 하셨답니다. 지금은 아주 신심 있는 불자가 되셨습니다."

___ 은사 묘엄 스님은 어떤 분인가요?

"출가하려고 운문사에 갔을 때 처음 뵌 분이 은사 묘엄 큰스님이셨습니다. 스님께서 저를 보더니 '절에 왜 왔느냐?'고 물으셔서 당당하게 '마음을 알려고 왔습니다'라고 말씀드렸습니다. 스님께서는 처음에 믿지 않으셨죠. 어린 애가 와서 그런 말을 하니까요. 그렇게 출가해 생활하다 어느 날 은사스님께서 저를 부르시더니 삭발해도 되겠다고 하시며 머리를 깎아 주셨습니다. 묘엄 큰스님은 언어로 표현하기 어려운 수행자입니다. 큰스님께서는 한국불교 비구니 교단에 한 획을 그은 분입니다. 최고의 강사講師이자 율사律師였습니다. 그렇다고 선禪을 소홀히 하신 것도 아닙니다. 평소에는 굉장히 원만하셨고 율律과 경經을 강의하실 때는 학인들이 쉽게 이해할 수 있도록 말씀해 주셨습니다. 은사스님께서는 또 큰스님들의 사랑을 많이 받으셨어요. 우리

제자들도 은사스님 덕분에 성철 큰스님, 전강 큰스님, 경봉 큰스님, 향곡 큰스님 같은 큰 어른들을 친견할 수 있었습니다."

묘엄 스님은 조계종 종정을 지낸 청담 스님의 친딸이자 성철 스님의 유일한 비구니 제자다. 1931년 경남 진주에서 출생한 스님은 "내가 아는 것을 너에게 다 가르쳐 주겠다"는 성철 스님의 말을 듣고 출가해 공부했다. 출가 후 문경 윤필암, 해인사 국일암, 동래 금화사, 부산 묘관음사 등지에서 정진한 뒤 1959년 공주 동학사에서 최초의 비구니 강사로 학인들을 가르치기 시작했다. 1971년 수원 봉녕사에 정착한 스님은 40여 년간 봉녕사를 비구니 승가 교육의 요람으로 변모시켰고 1,000여 명에 가까운 졸업생을 배출했다. 2011년 12월 스님은 "마음공부는 상대적인 부처님을 뵙고 절대적인 나 자신을 찾는 것이다"라는 유훈을 남기고 열반에 들었다.

___ 은사스님께서 특별히 강조했던 것은 무엇입니까?

"훌륭한 강사가 되라는 말씀을 많이 하셨습니다. 경經을 밝게 알고 또 후학들에게 밝게 전달할 수 있는 능력을 키우라고 하셨어요. 저는 스님께 전강傳講을 받았습니다. 그때 받은 호가 '심전心田'입니다. 또 시대가 요구하는 포교와 교육에도 매진해 각자 각 분야에서 성취할 수 있도록 항상 노력하라고 당부하셨습니다."

___ 출가 초기 생활은 어떠셨어요?

"행자 때 참선한다고 공양간 나무짚단 위에서 좌선하다가 졸아서 떨어지기도 여러 번이었어요. 참선 흉내를 냈지요. 낮에는 일하고 밤에는 화두 공부를 했어요. 겨울에 일할 때는 많이 추웠지만 장갑도 끼지 않고 목도리도 하지 않았습니다. '나는 수행자다. 이 정도의 추위는 극복할 수 있다' 생각하면서 살았습니다. 도중에 사미니계를 받기는 했지만 행자처럼 5년을 살았습니다. 행자 때는 그렇게 행복하고 힘이 넘쳤어요. 지금도 행자시절처럼 살고 있습니다."

___ 강원 공부는 어떻게 하셨어요?

"저는 참선만 해서 하루 빨리 마음을 깨치고 싶었는데 은사스님께서 그래도 강원은 가야 한다고 계속 말씀하셔서 강원에 갔습니다. 거기 가서 처음 본 경전이 『금강경』이었어요. 강원에 오기 전에 참선도 하고 제 나름 공부를 해서인지 1년 정도 지난 뒤 은사스님께서 말씀하셔서 후배들을 가르치기도 했습니다."

___ 어떤 화두로 공부를 하십니까?

"행자 생활을 하면서 우연히 『도화집道話集』을 봤습니다. 책에 여러 화두에 대한 이야기가 있었는데 그 중 하나인 무無 자를 하고 있습니다."

스님은 마음 도리를 알기 위해 출가한 뒤부터 참선을 중요시하며 쭉 정진했다. 그러던 중 선禪 외에도 불교에는 중요한 것이 많다는 것을 깨달았다. 그 계기가 된 것이 바로 대만 유학이었다.

___ 대만에 가서 공부하신 동기가 있었습니까?

"아까 말씀드린 대로 수원 봉녕사 강원에서 후배들을 가르치다 다시 참선을 하기 위해 은사스님께 말씀드리고 선방에 가려 했습니다. 그런데 은사스님께서는 허락을 안 하셨어요. 강원에서 일하기를 바라신 거죠. 그렇게 있다가 대안으로 평소 가 보고 싶었던 대만에서 공부하겠다고 했습니다. 은사스님께서 그것은 허락해 주셨어요. 그래서 가게 됐어요. 처음에 가서 랭귀지 코스를 6개월 정도 했습니다. 언어를 어느 정도 하고 나서 중화불학연구소 석사 과정에 응시해 합격한 뒤 3년간 공부했습니다. 그 후 대만의 사찰을 순례하면서 대만불교를 보았습니다."

대만에서 공부하면서 스님은 한국 강원과는 다른 공부 방법이 눈에 띄었다고 한다. 학년별로 몇 가지 경전을 정해 공부하는 한국과 달리 대만에서는 한 가지 주제에 대해 다양한 경전을 놓고 토론하는 방법으로 수업이 이뤄진다고 한다. 이렇게 되면 자연스럽게 여러 경전을 봐야 하고 또 공부도 심층적으로 할 수 있게 된다.

대만불교를 순례하면서 스님은 여러 사찰에서 법문도 했다. 한국에서 온 비구니스님이 대만에서 석사를 마치고 성지순례하고 있다는 말에 대만 현지 신도들이 제법 모여들었다.

___ 대만불교가 한국불교에 시사하는 점이 많죠?

"맞습니다. 대만에 있으면서 여러 가지를 느끼고 배웠습니다. 먼저, 한국은 선禪을 중시하다 보니 율律을 상대적으로 경시하는 경향이 있습니다. 그런데 대만은 그렇지 않아요. 정말 청정하게 계율을 잘 지키며 살아요. 스님은 물론이고 재가자들도 그렇습니다. 대만불교를 보러 다니다 한번은 너무 배가 고파 조그만 빵집에 들어갔습니다. 빵을 사려고 하는데 가게 주인이 누가 먹을 거냐고 물어요. 그래서 제가 먹는다고 했더니 주인이 '우리 집에는 동물성 기름으로 만든 빵만 있다'며 식물성 기름으로 만든 빵을 파는 집까지 데려다 줬습니다. 정말 저한테는 충격이었습니다. 출재가를 막론하고 대만에서는 이렇게 계율을 중요시합니다.

여기서 우리가 알아야 할 것은 철저하게 계율을 지킨다고 해서 대만불교가 포교를 소홀히 하거나 사회활동을 안 하는 것이 아니라는 것입니다. 많이 알려졌지만 대만불교의 사회적 자비실천은 엄청나지 않습니까? 우리 한국불교도 계율이 동반된 선을 해야 합니다. 계정혜 삼학三學은 솥을 지탱하는 세 발과 같다고 하지 않습니까?

또 불교의 세계화도 우리가 배워야 한다고 봅니다. 우리가 잘 아는 불광사만 보더라도 전 세계에 수백 개의 포교당을 만들었습니다. 한국불교도 많은 노력이 필요합니다. 늦었지만 세계일화世界一花를 실천하는 노력도 절실하다고 봅니다."

일운 스님은 선진화된 대만불교를 보면서 한국 스님들을 직접 초청했다. 혼자 볼 것이 아니라 모두 보고 배워야 한다고 생각했기 때문이다. 스님은 대만에서 보고 배운 대승大乘의 진면목을 한국의 불자와 국민들에게도 전해주고 싶다고 한다.

___ 대만 현지에서 제자를 7명이나 받았다고 들었습니다.

"대만에서 법문을 하면서 한국 선불교의 위대함, 선의 깊이 등에 대한 말을 많이 했습니다. 처음에는 미지근하던 신도들이 나중에는 관심을 보였어요. 대만 불자들은 경전이 한문으로 되어 있어서 그런지 부처님 가르침에 대한 이해가 빠릅니다. 또 그것에 대해 의심이 없어요. 한마디로 흡수가 빠른 셈이죠. 그렇게 다니다 보니 7명의 상좌가 생겼어요."

대만에서 만난 여공, 여법, 여원 스님을 비롯한 7명의 상좌들은 지금도 현지에서 수행하고 포교하며 한국불교와 대만불교의 가교 역할을 하고 있다고 한다.

___ 이탈리아인 상좌도 두셨다면서요?

"네. 여웅 스님이 이탈리아인입니다. 여웅 스님은 출가 전에 이탈리아에서 생물 교사를 하고 있었어요. 교사를 하면서 공부하다가 생명의 실상에 대한 의심이 들었다고 해요. 그 의심을 풀어 보고자 세계 곳곳을 다녔습니다. 그렇게 다니다가 대만에 갔는데 거기서 제 이름을 들었다고 해요. 그래서 저를 찾아 불영사까지 왔어요. 와서 하는 말이, 생명의 실상에 대해 알고 싶다고 합니다. 그러면서 불영사에서 한 달만 있겠다고 해서 그렇게 하라고 했어요. 대중들과 같이 생활하면서 저와도 많은 이야기를 나누었습니다. 그러던 중 출가하겠다고 했어요. 저는 만류했습니다. 그래도 끝까지 하겠다고 해서 머리를 깎아 줬습니다. 출가 결심을 했을 때 이미 발심이 되어 있어서 저도 더 막지는 않았습니다."

여웅 스님은 출가해 철저한 한국 스님이 되어 7~8년 불영사에서 정진했다. 지금은 독일에서 수행하고 있다.

___ 상좌를 많이 두신 이유가 특별히 있습니까?

"특별한 이유는 없습니다. 다 인연 따라 맺어진다고 생각하고 있어요."

일운 스님은 모두 58명의 제자를 두고 있다(2012년 11월 현재). 출가자가 계속 감소하고 있는 상황에서도 일운 스님을 스승으로 출가하겠다는 사람들이 아직도 찾아오고 있다고 한다. 스님의 제자들은 매년 하안거 해제 다음 날 불영사에 모인다. 제자들 모임의 이름은 '여여회如如會'. 1년간의 안부를 확인하고 자자自恣와 포살布薩을 통해 서로를 격려한다. 일운 스님은 여여회 청규를 통해 제자들의 철저한 정진을 당부하고 있다.

"나의 출가제자는 아래와 같은 청규를 꼭 실천하여 스스로에게도 복전이 되고 이 시대와 인천의 지도자가 되기 바란다. 如法修行 精進不退 見性成佛 利益衆生(여법수행 정진불퇴 견성성불 이익중생). 여여회 대중은 상구보리 히회중생을 목적으로 수행에 임하며 위로는 법을 의지하여 위법망구의 정신으로 수행하고 아래로는 중생을 위하여 끊임없는 자비를 행한다. (후략)"

늘
순간순간에
집중하라

___ 1년에 한번 제자들을 보면 어떠세요? 그때 특별히 하시는 말씀이 있습니까?

"제자들에게는 '우리는 수행자다'라는 생각을 항상 하라고 합니다. 우리는 사람이 아닙니다. 오직 수행자일 뿐입니다. 수행자는 좌복 위에서 생사生死를 해결해야 합니다. 좌복이 아닌 다른 곳에서 생과 사를 논한다는 것은 옳지 못합니다. 또 매 순간순간을 환희심으로 살라고 합니다. 그래야 힘들고 지친 불자들에게 희망과 용기를 줄 수 있습니다. 청량 국사께서는 가사가 없고 종소리가 없는 곳에서는 살지 않았다고 합니다. 대중 생활을 강조하신 것이죠. 제자들 역시 대중 속에서 함께 정진하며 살라고 합니다."

스님의 왕성한 교육 및 포교 활동은 이제 조계종 종단 전체로 확대되고 있다. 조계종 중앙종회의원으로서 비구니스님들의 위상 강화와 종단 발전에 적극 힘을 보태고 있는 것이다.

___ 비구니스님들을 대표해 종회에서도 활동하고 계십니다.

조계종에서 비구니스님의 위상은 그리 높지 못한 것 같습니다.

"전체 출가대중 숫자를 보더라도 그렇고 현재 포교와 교육 분야 등에서의 활약상을 봐도 비구니스님들이 결코 비구스님들에 비해 그 활동이 저조한 것은 아닙니다. 그럼에도 종단은 비구스님 중심입니다. 종회에서도 전체 81석 가운데 비구니 의원 숫자는 10명에 불과합니다. 이런 상황은 중앙뿐만 아니라 지역에서도 마찬가지입니다. 이런 부분은 하루 빨리 개선되어야 할 것입니다."

___ **구체적인 대안이 있을까요?**

"지금 우리 사회는 양성평등을 지향하고 있고 또 그렇게 만들어지고 있습니다. 당장은 아니어도 능력 있는 비구니스님들이 종단의 주요 소임을 맡아 역량을 발휘할 수 있게 해 주어야 합니다. 예를 들어 조계종 중앙종무기관에 비구니(부) 원장을 둔다거나 아니면 비구니 부원장을 두는 방안은 긍정적으로 검토할 수 있다고 봅니다."

최근 중앙종회에서는 비구니스님들의 목소리가 커지고 있다. 비구니스님들의 위상을 강화하는 안건은 물론 각종 현안에 대해서도 활발하게 토론에 참여한다.

___ **중앙종회 비구니의원연구회 회장을 맡고 계십니다.**
종회에서 어떤 일들을 하실 계획인가요?

"연구회는 우선 비구니 승가의 단합과 발전에 기여하고, 비구니 승가의 올바른 위상을 정립하고자 합니다. 비구니 승가의 위상 정립과 관련된 각종 사안에 대한 연구 및 조사 활동을 통해 중앙종회 비구니의원으로서의 전문성과 자질 향상을 위해 활동할 것입니다. 또 비구니 승가의 단합을 기반으로

우리는 수행자입니다. 오직 수행자일 뿐입니다.

적극적인 포교, 교육 및 사회 활동을 지원해 비구니 승가의 활동 영역을 확대하고자 하는데, 이는 적극적이고 전문적인 의정 활동을 통하여 비구니 승단이 21세기 시대적 변화에 맞는 소명을 완성하기 위한 것입니다. 나아가 여성 불자들이 올바른 신행활동을 할 수 있도록 적극 지원해 비구니 승가가 여성 불자들의 진정한 역할모델이 될 수 있도록 노력하겠다는 것도 연구회의 활동 방향 중 하나예요."

중앙종회 비구니의원연구회는 2012년 9월에 창립됐다. 앞으로 각종 현안에 대한 연구는 물론 대안을 제시하기 위한 공청회나 토론회 등을 활발하게 개최할 예정이다.

___ **종회에서 비구니스님 숫자를 늘려야 한다는 목소리가 높습니다.**

"비구니스님뿐만 아니라 재가자들도 종회에 함께해야 한다고 봅니다. 부처님 당시에도 재가자는 승단을 구성하는 중요한 부분이었습니다. 종단과 관련된 현안들을 토론·심의·의결하는 곳이 종회이기 때문에 종회도 이제는 사부대중이 참여해 구성해야 한다고 봅니다."

___ **한국불교의 혁신과 개혁을 말하는 사람들이 많습니다.**

"부처님 당시부터 보면 역사에는 흥망성쇠가 있습니다. 사람도 마찬가지입니다. 좋은 날이 있으면 안 좋은 날도 있습니다. 불교와 종단이 위기라고 합니다. 수행자의 입장에서 봤을 때 가장 좋은 것은 바르게 변해야 한다는 것입니다. 변화를 해도 좋게 변해야지 엉뚱하게 변하면 소용없어요. 또 좋지 않게 변하면 수행자들이 나서서 막아야 합니다. 불자와 국민들의 목소리에 귀를 기울여 종단이 바르게 변화하리라고 기대하고 있습니다."

불영사를 비구니 제일의 수행도량으로 만든 스님은 종단의 변화를 위해서도 팔을 걷어붙일 것이라고 강조했다.

___ **부처님 가르침의 핵심은 무엇입니까?**

"부처님의 핵심 가르침은 자유로운 삶을 사는 것입니다. 자유로운 삶이란 어떠한 것에도 걸림이 없는 삶, 불안이나 두려움이 없는 삶이죠. 어떠한 대상도 어떠한 현실도 나를 두렵게 하거나 불안하게 하지 않습니다. 다만 나 스스로가 불안해하거나 두려워해요. 그 일어나는 한 생각을 다스리기 위해 우리는 늘 순간순간에 집중하는 명상 수행을 합니다. 삶의 현실이 여러분들의 믿음을 흔들지라도 그것을 자책하거나 괴로워하지 말고 그 믿음 안에서 행복을 찾으면 됩니다. 행복하다고 느끼는 순간 행복은 바로 눈앞에 와 있어요. 여러분들 자신이 없는 현실은 존재하지 않기 때문입니다. 이렇게 자신을 향해 염하세요. '나는 아무것도 바라지 않는다. 다만 지금 현실에 만족하며 어떠한 것에도 불안해하거나 두려워하지 않는다. 왜냐하면 나는 이미 자유로운 삶을 살고 있기 때문이다.' 지금 들녘에는 벼가 누렇게 익어 가고 있고 불영산 숲에는 가을 풀벌레들이 열심히 살아 있음을 노래하고 있습니다."

___ 스님에게 현재 가장 중요한 것은 무엇인가요?

"부처님 가르침 안에서 제대로 된 수행자로 살고 있는지 저 자신을 바로 보는 것입니다. 또 불영사 가족들이 스스로 부처가 될 수 있다는 믿음을 가지고 살고 있는지도 중요하게 챙겨야 합니다."

___ 앞으로의 계획을 전해 주신다면?

"불영사는 전 대중이 만일결사를 하고 있습니다. 이제 1,000명을 조금 넘겼는데 더 많은 사람이 동참할 수 있도록 권선할 생각입니다. 또 지역 어린이와 어르신들을 위해 짓고 있는 문화복지회관 불사도 원만하게 회향되기를 바라고 있습니다. 불영사에서 진행하고 있는 사찰음식축제가 더 잘될 수 있도록 하면서 아직 진행하지 못하고 있는 템플스테이도 적극적으로 해 볼 생각입니다. 더불어 여성들을 위한 단기출가학교도 2013년 봄에는 개원할 생각을 가지고 추진하고 있습니다."

___ 20년 후 스님의 모습을 상상하신다면?

"저는 늘 '지금'에 집중하자고 말합니다. 무슨 일이든 현재에 충실하자는 말입니다. 20년 후에도 '지금'에 충실하며 열심히 정진하고 있을 것 같습니다. 대중을 떠나지 않고 대중 속에서 같이 수행하고 일하며 살고 있지 않을까 생각합니다."

일운 스님을 만났던 사람들은 하나같이 스님을 '대장부'라고 했다. 사실 스님을 만나기 전까지는 이 말을 반신반의했다. 그러나 개인적으로 친견하면서, 또 인터뷰를 하면서는 사람들의 평가가 정확하다는 생각이 들었다.

동해안의 작은 절을 대가람으로 일군 일운 스님이 훗날 비구니사比丘尼史와 종단사宗團史에 어떤 스님으로 그려질지 지켜볼 일이다.

진화 스님

서울 봉은사 주지

" 저의 좌우명은 '수처작주 입처개진隨處作主 立處皆眞'입니다.
어디서든 최선을 다하자는 뜻이죠.
부처님 가르침의 핵심도 '주인되는 삶'이 아닐까 합니다.
모두가 주인답게 살려고 할 때
중요한 것은 자신을 바로 보는 것입니다. "

언제 어디서나
필요한 주인의 삶

서울 봉은사 주지
진화 스님

    가수 싸이의 노래 '강남스타일'은 한국은 물론 세계인의 관심을 받으며 미국 빌보드 차트를 점령했다. 특히 쉽게 따라할 수 있는 '말춤'은 수많은 패러디를 만들어 내며 대중과 친숙해졌다. 곡을 만든 사람들의 '의도'를 정확히 읽어 내기는 어렵지만 나름 해석한다면 아마 '강남스타일'은 "놀 땐 노는 여자(남자)"라는 말에 핵심이 담겨 있지 않나 싶다.

    사람들은 놀 때 제대로 못 노는 경우가 많다. 주어진 환경을 지배하지 못하면서 마음에 벽을 치기 때문이다. 불교계의 '강남' 아이콘인 봉은사도 비슷하다. 그간의 역사를 보면 봉은사는 전혀 '강남스럽지' 못했다. 놀 때 놀지 못하고 놀지 않을 때도 마찬가지였다. 최근까지도 각종 분쟁이 끊이지 않았다. 그래도 사람들은 봉은사 앞에 꼭 '강남'을 넣어 준다. 다른 사찰들은 서울 조계사, 부산 범어사와 같은 식으로 불리지만 봉은사만은 항상 앞에 '강남'이라는 단어가 붙고 있다.

이렇게 불러 주는 것에는 이유가 있을 것이다. 사찰의 위치만 강남인 것이 아니라 포교와 운영 등 모든 면에서 봉은사가 강남스러워지길 기대하기 때문이다. 대중들은 봉은사가 뭔가 '할 땐 하는' 그런 모습을 기다리고 있는 것이다.

최근 반가운 소식들이 들려 온다. 봉은사가 점점 '강남스타일'이 되어 간다고 하기 때문이다. 그래서 봉은사를 찾았다.

진여문眞如門을 들어서니 형형색색의 국화가 참배객들을 맞아 준다. 어느새 눈과 코가 꽃 앞에 가 있다. 외국인 관광객들도 절과 어우러진 국화를 카메라에 담기 바쁘다. 주말이어서인지 국내외에서 온 적지 않은 사람들이 절 곳곳에서 마음을 쉬어 가는 모습이 평화롭다. 대웅전을 참배한 뒤 봉은사 주지 진화 스님이 주석하고 있는 심검당尋劍堂의 문을 두드렸다.

스님은 여기서 봉은사와 한국불교의 미래를 밝혀 줄 지혜의 칼을 찾고 있다. 막 개산대재를 마쳤지만 스님은 매일 기도에 직접 참석해 불자들과 함께한다. 그렇다 보니 외부에서 일이 있어도 기도시간에 맞춰 절에 돌아온다.

"기도가 아무것도 아닌 것 같아도 저와 절을 안정시켜 주는 것 같습니다. 은사이신 송광사 방장 보성 큰스님께서 주지가 아무리 바쁘더라도 사시기도는 신도들과 함께할 것을 당부하셨는데 요즘 들어 은사스님의 말씀이 왜 중요한지를 깨닫고 있어요."

은사스님에 대한 얘기가 나온 김에 진화 스님의 출가인연부터 지금까지의 수행 과정을 차근차근 여쭙기 시작했다.

"제 속가 고향이 경남 함안인데 고등학교는 진해에서 다녔습니다. 어릴 때 시골에서 도시로 유학을 갔던 것이죠. 학교에 잘 다니다가 고등학교 2학년 때 불교학생회에 들어갔습니다. 그때 불교를 처음 접했어요. 불교학생회 활동을 하면서 부처님과 불교의 가르침에 대해 배웠는데 상당히 재미있었습니다. 대학입시공부는 하지 않고 불교학생회 활동에 몰입했습니다. 절이 좋아 2학기부터는 아예 하숙집에서 나와 진해 대광사에서 하숙을 했습니다. 사실상 그때부터 저의 절 생활이 시작됐다고 할 수 있죠. 절에서 지내다 보니 불교와 점점 가까워졌어요. 예불에 참석하고 스님들과도 자연스럽게 만나면서 불교에 대해 많이 배웠습니다. 고등학교 2학년 때부터 학업을 등한시하다 보니 자연히 좋은 대학에 갈 수 없었습니다. 어떻게 해서 간 학교가 대구에 있는 기독교재단의 대학이었습니다. 그 학교 가서도 불교 동아리에 가입했습니다. 학교생활 내내 공부는 하지 않고 동아리 일을 우선으로 했습니다. 그렇게 활동하다 학교를 졸업하고 6개월 후에 출가했습니다."

___ 출가 전 상황이 좀 더 궁금합니다.

"제 아버님이 제가 어릴 때 고향에서 면장을 하셨고, 면장을 그만두시고는 양조장을 인수하여 운영했습니다. 그런데 제가 대학 1학년 때 아버님이 암으로 투병하시다가 돌아가셨습니다. 그 양조장을 제가 물려받았는데 대학 졸업하고 출가하기 전 6개월간 양조장 사장을 했습니다. 대학 다닐 때부터 출가를 결심했던 터라 세속의 일이 별로 재미가 없었습니다. 어느 날 편지 한 장을 써 놓고 집을 나왔습니다. 스스로 가출한 것이죠."

'무슨 일이든 하게 되면 열심히 하는 스타일'인 스님은 그렇게 출가했다. 장남이자 장손이었고 사실상 집안의 가장이었지만 편지 한 통만 남겨 놓고 집을 나왔다고 한다.

"편지는 단순하게 썼어요. '출가하니 찾지 말라'고 했죠. 나중에 어머니와 가족들이 고등학교 때 하숙했던 대광사를 찾아와서 제가 어디로 갔는지 물었는데, 어디로 갔는지 알려 주지 말라고 했으니 말을 해 주지 않았죠. 그래서 가족들이 저를 찾지 못했습니다."

___ 어떻게 송광사로 가셨나요?

"출가 결심을 하고 대광사에 가서 주지스님께 여쭈어 보니 송광사를 추천해 주셨습니다. 여러 좋은 절이 있지만 그래도 수행가풍이 남아 있는 절이 송광사라고, 제대로 공부하려면 송광사로 가라고 하셔서 바로 송광사로 갔습니다."

스님은 1981년 9월 송광사에 갔다. 14개월 동안 행자생활을 했는데 행자가 많을 때는 20명이 넘었다고 한다. 조그만 행자실에 다 수용이 안 돼 큰방을 썼다고 한다. 스님은 당시 같이 생활한 14명의 도반과 함께 계戒를 받았다.

___ 은사이신 보성 스님은 어떻게 만나셨나요?

"계를 받기 전에 은사스님을 모셔야 하는데 대중스님들이 보성 큰스님을 추천해 주셨어요. 그때 큰스님께서는 송광사 율주律主 소임을 맡고 계셨습니다. 큰스님을 찾아뵙고 말씀드리니 바로 허락해 주셨습니다."

___ 보성 스님은 어떤 분입니까?

"굉장히 깐깐하신 분입니다. 자기 관리가 철저하고 엄격하신 분이죠. 상좌들이 조금이라도 잘못하면 어디에서나 호통을 치십니다. 조계종 스님 치고 은사스님 호통 치는 소리를 안 들어 본 스님이 없을 정도로 정평이 나 있습니다. 그리고 평생 도량을 깨끗하게 가꾸는 것을 중요하게 생각하셨습니다. 도량에 풀이 나 있으면 지나치지 않고 당신께서 직접 풀을 뽑으십니다. 지금도 부산에 계시다 송광사에 가면 절 곳곳을 직접 둘러보고 확인하십니다. 또 큰스님은 당신 통장 하나 없을 정도로 검소하시기도 합니다. 그리고 조계종에 계단戒壇을 정착시키는 데도 큰 역할을 하셨어요. 큰스님께서는 수행자는 항상 칼날 위에 서 있는 것같이 행동해야 한다고 하셨습니다. 항상 조심스럽게 살아야 한다는 것이죠."

보성 스님은 종단의 계율戒律을 관장하는 전계대화상傳戒大和尙을 역임하고, 평소에도 계율을 강조하는 것으로 잘 알려져 있다. 보성 스님은 송광사에 조계총림을 개설했던 구산 스님의 상좌다. 진화 스님에게 구산 스님은 할아버지스님이 된다. 진화 스님이 출가했을 때에도 구산 스님은 방장으로서 송광사에 머물며 후학들을 제접했다.

"구산 방장스님은 행자 때부터 친견할 수 있었습니다. 행자가 오면 방장스님께서 직접 면담을 하셨습니다. 저도 그랬는데, 입산하고 얼마 뒤 다른 행자 두 명과 함께 방장스님이 계시는 삼일암으로 가서 인사를 드렸습니다. 방장스님 옆에는 총무, 재무, 교무 등 송광사 3직 스님들이 배석하셨습니다. 삼배를 드리고 앉았더니 방장스님께서 물으세요.
'어데서 왔어?' '마산에서 왔습니다.' '무얼 하다 왔어?' '막걸리 양조장 하다가 왔습니다.' '막걸리 공장? 막걸리 잘 마셔?' '조금밖에 못 마십니다.' '얼마나 마셔?' '한 되 정도 마십니다.' '한 되가 적어?' (잠시 후에) '왜 왔어?' '중 되려고 왔습니다.' '왜 중이 되려고 하는데?' '…제가 찾고자 하는 진실한 삶이 여기 있다고 생각해서 왔습니다.' '진실이 뭔데?' '….'
'진실이 뭔데?' 이렇게 물으시는데 갑자기 말문이 막혔습니다. 막상 진실을 말하려고 하니 '진실이 뭐지?'라는 생각이 들면서 대답을 할 수가 없었습니다. 계속 '말해 봐'라고 재촉하시는데, 등에서는 땀이 나고 얼굴은 홍당무처럼 붉어졌습니다. 3직 스님들이 옆에서 아무 말이라도 해 보라고 했는데 끝까지 대답을 못했어요. 제 나름(?) 불교를 공부했기 때문에 방장스님의 말씀이 선문답禪問答이라는 생각이 들었지만 어떤 말도 못했어요. 그러자 방장스님께서는 '나가 봐'라고 하셨습니다.

 지금도 그때 일을 생각하면 등골이 오싹합니다. 그때 대답하지 못했던 '진실'을 30년이 지난 지금도 찾지 못했습니다. 절에 오자마자 구산 방장스님 같은 선지식께서 행자들을 직접 만나 면담을 한다는 것 자체가 놀라웠습니다. 방장스님께서는 또 행자들에게도 일주일에 한 번씩 법문을 해 주셨지요. 그때 법문이 아직도 기억에 생생합니다. 구산 방장스님 외에도 취봉 스님, 법홍 스님 등 어른스님들이 몇 분 계셨는데 그분들도 흐트러짐 없이 수행을 하셨습니다. 그런 분들을 보면서 저도 나중에 여법하게 수행하는 스님이 되어야겠다는 다짐을 했습니다."

아직도
그 '진실'을 찾지 못해

___ 계戒를 받고 해인사 강원을 가셨지요?

 "그랬습니다. 계를 받고 군대 갔다 와서 해인사 강원을 갔습니다. 제가 군대 간 사이 도반들은 송광사 강원에 들어갔는데 제대 후에 보니 강원의 윗반이 되어 있었습니다. 그래서 저는 해인사 강원으로 갔습니다."

송광사에서 출가한 스님은 자의반 타의반으로 해인사 강원으로 향했다. 우연인지 필연인지 스님은 해인사에서 많은 시간을 보내게 되었고 나중에 "송광사 스님이지만 해인사 스님보다 더 해인사 스님다운 스님이 되었다"고 회고했다.

___ 해인사 강원 생활은 어떠셨어요?

"해인사 강원 치문반(1학년)에 들어가서 현 고려대장경연구소 이사장인 종림 스님을 만났습니다. 스님은 저희들에게 '불교문화사' 강의를 해 주셨습니다. 그 당시 종림 스님은 조계종에서 책을 제일 많이 읽은 스님으로 알려져 있었습니다. 그런데 수업을 듣다 보니 기존에 제가 생각하던 불교와는 많이 달랐어요. 저는 부처님의 가르침을 널리 알리는 것이 스님들의 가장 중요한 책무라고 생각했는데, 스님께서는 자기 존재 문제를 해결하는 것이 우선이라고 가르치셨거든요. 처음에는 이해가 안 돼 스님께 많이 따져 묻기도 했는데 나중에는 무슨 일이 생기면 찾아가서 여쭙는 그런 관계가 되었습니다. 제가 해인사에 가서 최고의 스승을 만난 것이죠. 종림 스님을 만난 것이 저에게는 참으로 중요한 인연입니다. 그때 인연으로 10년 후에 스님을 모시고 고려대장경을 전산화하는 엄청난 작업을 완성했습니다."

진화 스님은 강원을 마치고 해인사 선원에서 정진한 뒤 진해 대광사 총무, 고려대장경연구소 부소장, 부산 관음사 부주지, 광주 증심사 주지 등을 역임했다.

___ 2010년 입적한 법정 스님 장례 관련 실무를 총괄하셨습니다.
   법정 스님과도 인연이 있었나요?

"제가 행자일 때 법정 스님께서는 불일암에 계셨습니다. 그때 행자들이 일주일에 두 번씩 불일암에 부식거리를 가져다 드렸습니다. 언젠가 불일암에 심부름을 갔는데, 스님께서는 행자인 저에게 커피를 타 주시는 겁니다. 30년 전에 절에서 커피를 마신다는 것은 참 행운이죠. 마침 비가 오고 난 뒤라 산 아래 구름이 일어났다 사라졌다 했는데, 스님께서 구름을 가리키면서 '저 구름 좀 봐라! 참 좋지!'라면서 세상의 모든 존재도 저 구름처럼 일어나면 없어진다면서 열심히 정진하라고 격려해 주셨지요. 저는 그때 법정 스님께서 주신 커피를 정말 잊을 수가 없습니다. 스님께서는 일주일에 한 번씩 큰절에 오셔서 행자들에게 당신이 번역하신『불타 석가모니』책을 가지고 부처님의 생애에 대해 강의해 주셨습니다. 그 강의를 듣고 부처님에 대한 올바른 이해를 할 수 있었습니다."

출가 이후 수행 과정에 대한 얘기가 끝나고 화제는 봉은사로 자연스럽게 옮겨졌다.

___ 봉은사에 오신 지 꽤 됐지요?

"주지 맡은 지 벌써 2년 다 됐고, 주지를 하기 전에 4년 동안 총무와 부주지를 했으니 이제 6년이 되었습니다."

___ 주지로 취임할 때 '몸에 맞지 않는 옷을 입은 것 같다'는 말씀을 하셨습니다. 이제는 몸에 잘 맞으신가요?

"총무원장스님으로부터 임명장을 받고 나오는데 어떤 기자가 소감을 묻기에 그때 그렇게 대답했습니다. 사실 너무 큰 소임을 갑자기 맡게 되어 부담이 컸습니다. 처음 소임을 맡을 때는 잘할 수 있을지 걱정이 많았습니다. 봉은사가 직영사찰로 지정되면서 분위기가 많이 어수선했습니다.

다행히 총무와 부주지를 하면서 실제 사중 살림을 제가 했고, 사중의 분위기를 잘 알고 있어서 빨리 안정을 찾을 수 있었습니다. 대중스님들과 신도들도 저를 믿고 잘 협조해 주어서 지금까지 큰 어려움 없이 하고 있습니다. 모든 분들께 감사하게 생각하고 있습니다."

봉은사는 2010년 직영사찰 지정 문제로 한바탕 홍역을 치렀다. 스님들뿐만 아니라 신도들도 큰 혼란을 겪었다. 진화 스님은 혼란을 수습하면서 봉은사의 옛 명성을 회복하기 위한 작업들을 진행하고 있다.

___ 다양한 법회들이 진행되고 있습니다.

"주지 취임 후 가장 중요하게 생각한 것이 봉은사를 공원이나 관광사찰이 아닌 부처님의 수행도량으로 가꾸자는 것이었고 그 방법으로 기도와 법회를 활성화하자고 했죠. 그래서 '선지식 초청 일요법회', '도심포교 선도사찰 주지스님 초청법회', '강주스님 초청법회' 등 여러 가지 법회를 진행했습니다. 그리고 지금 일요법회를 '선교율禪敎律 법회'로 기획하여 진행하고 있습니다. 이 법회는 조계종 원로의원 고우 큰스님께서 『서장』을, 전 교육원장 무비 큰스님께서 『법화경』을 교재로 법문을 해 주시고 있고, 송광사 율원장 도일 스님이 '계율에서 배우는 인생의 행복'을, 제가 『법구경』을 주제로 매주 법회를 하고 있습니다."

2011년 11월부터 진행되고 있는 선교율 법회에는 매회 1,000명 이상의 불자들이 참여하고 있다. 스님은 각 분야의 권위 있는 스님들이 오랫동안 법문을 하면 불자들이 불교를 일관성 있게 공부할 수 있을 것이라고 전망하고 있다.

많은 신도들이 모여서 함께 기도하니 그 힘이 대단합니다.
그 속에 앉아 있는 자체로 큰 감동을 받습니다.

___ 2011년 9월부터 '관세음보살 42대원 성취를 위한 천수다라니 독송 3년 대정진기도'를 진행하고 계십니다. 다라니 기도를 시작한 계기가 있었나요?

"봉은사에서는 원래 매월 셋째주 토요일에 200여 대중이 참여하는 철야 다라니 기도를 하고 있었습니다. 제가 주지로 취임한 뒤에 여러 가지 고민을 했습니다. 그러다가 이 다라니 기도를 확대하여 많은 사람이 동참할 수 있도록 해 보자는 생각을 했습니다. 봉은사를 수행도량으로 만들려면 뭔가 특별한 기도나 수행을 통해 여기가 공원이 아닌 절이라는 것을 느낄 수 있도록 해야 한다고 생각했죠. 그런 취지에서 시작한 천수다라니 기도에 의외로 폭발적인 호응이 있었습니다. 매월 관음재일과 셋째주 토요일 저녁에 기도를 진행하고 있습니다.

6개월 정도 준비를 했습니다. 처음에는 1,000명 모으는 것도 쉽지 않을 거라 했는데 입재 때 3,000명이 넘는 대중이 왔습니다. 현재 4,500명 정도가 기도 동참을 했고 매월 기도 때마다 3,000명 이상이 함께합니다. 부산이나 대구, 광주 등 지방에서도 다라니 기도를 하러 옵니다. 기도가 끝나고 불자들이 집으로 돌아갈 때 일주문 앞에서 제가 배웅 인사를 하는데 모두들 저에게 기도할 수 있게 해 주어서 고맙다는 인사를 하십니다. 그때는 다라니 기도를 참 잘 시작했구나 하는 생각이 듭니다."

___ 여러 수행법 중 다라니 기도를 선택한 이유가 있었나요?

"일단은 많은 사람이 함께 모여서 쉽게 할 수 있기 때문입니다. 예부터 절에서는 천수다라니 기도를 널리 해 왔습니다. 그러나 이렇게 많은 신도들이 모여서 한 적은 없었죠. 많은 신도들이 함께 모여서 합송하니 그 힘이 대단합니다. 그 속에 앉아 있는 자체로 큰 감동을 받습니다. 또 장소에 구애받지 않고 어디서든 할 수 있어요. 절뿐만 아니라 각자 집에서도 할 수 있지요.

다라니에는 세 가지의 뜻이 있습니다. 첫째 지혜 또는 삼매를 뜻하고, 둘째 궁극적인 진리의 소리, 즉 진언을 뜻하며, 셋째 일체 모든 악이나 위험으로부터 중생 자신을 보호해 주는 힘을 지닌 것을 뜻합니다."

___ 공원 해제 등 봉은사 현안도 많다고 들었습니다.

"봉은사는 1971년에 도시공원으로 지정되었습니다. 1,300년 된 전통사찰이자 종교용지에 수용을 전제로 하는 도시계획시설을 하겠다는 것입니다. 누가 보아도 잘못되었죠. 어떻게 2만평이나 되는 봉은사를 서울시에서 수용하겠다는 것입니까? 그때부터 봉은사는 도시공원법의 규제를 받고 있습니다. 도시공원법에 따라 종교시설을 지을 수가 없습니다. 법당과 스님들의 숙소인 요사채조차 지을 수 없습니다. 이런 불합리한 경우가 어디 있습니까? 이 절을 수용하든지, 수용을 안 하려면 공원 해제를 해야 할 것 아닙니까? 그래서 저는 지금 서울시에 공원 해제를 하라고 하는 겁니다. 공원을 해제하더라도 봉은사는 전통사찰보존법의 적용을 받습니다. 전통사찰의 위상을 유지하며 도량을 가꾸어 갈 것입니다. 봉은사는 신도 수가 늘어나서 기도, 법회, 신행 공간이 절대 부족합니다. 초하루기도, 다라니기도, 일요법회 때는 신도들이 추우나 더우나 비가 오나 눈이 오나 마당에 천막을 치고 앉아서 기도를 합니다. 더 이상 이렇게 해서는 안 된다는 것이 기본적인 생각입니다. 도시공원에서 해제하고 전통사찰로서의 위치를 되찾아야 합니다. 이 문제는 제가 주지로 있는 동안 반드시 해결할 생각입니다."

봉은사는 현재 건축, 도시계획, 조경 등의 각 분야 전문가들로 가람정비 자문위원회를 구성했으며 큰법당과 주차장, 기타 부속시설 등을 지하화하고 지상공간은 문헌이나 옛 사진 등을 참고해 전통사찰로 복원할 중장기 계획을 수립해 놓고 있는 상황이다.

___ 봉은사의 재정 투명화는 한국불교계에 시사하는 바가 큽니다.
"명진 스님이 주지로 계실 때인 2008년 11월부터 지금까지 매월 재정을 공개하고 있습니다. 지금은 봉은사 최고 심의의결기구인 종무회의에도 신도임원들이 함께 참여해 재정을 비롯한 많은 실무를 함께 논의하고 있습니다."

재정이 투명해지면서 봉은사의 예산 규모는 계속 커지고 있다. 보이지 않던 돈들은 사라지고 신도들의 보시는 계속 증가하고 있다. 2012년 봉은사의 예산은 140억 원에 이른다. 이 돈은 봉은사와 부설 사회복지시설 운영 및 지역복지사업, 장학사업, 포교 등에 쓰이고 있다.

___ 광주 증심사 주지를 하실 때와 봉은사 주지를 맡고 있는 지금 차이가 있습니까?
"증심사는 송광사 수ᇿ말사이자 광주의 대표사찰 중 하나입니다. 그동안 부주지만 하다가 처음으로 주지를 맡았는데 초임 주지로는 큰 사찰을 맡은 겁니다. 광주는 살아 본 적도 없고 연고도 없는 곳이었어요. 처음엔 어려움이 많았습니다만 열심히 기도하니까 좋은 인연들을 만나게 되었습니다. 절이 안정되면서 광주 포교에 대해 고민하기 시작했습니다. 우선 광주불교사암연합회 활성화를 위해 초파일 봉축 행사를 서울 다음으로 크게 개최했습니다. 또 '빛고을 아카데미'를 만들어 광주시민을 위해 전국의 유명한 스님들을 초청하여 대법회를 열었습니다. 석종사 혜국 큰스님께서는 법문하러 오셔서 '광주에서 이렇게 많은 신도들이 모이리라곤 상상도 못했다'면서 극찬을 했습니다. 빛고을 아카데미는 지금도 매년 열리고 있습니다.

봉은사는 중심사에 비하면 10배나 규모가 큰 사찰입니다. 한국불교 도심 포교의 중심사찰로서 역할을 해야 합니다. 절 규모도 크고 대중들도 많아요. 당연히 주지로서 부담이 크죠. 한국불교 사찰의 모델을 만들어 보고자 열심히 뛰어다니고 있습니다."

___ 최근에는 봉은사 대중들이 미얀마에 학교를 짓는 데 손을 보탰지요?

"2011년에 신도회가 자선바자회를 열었습니다. 거기서 나온 수익금을 가지고 국제구호단체인 더프라미스와 함께 미얀마 제따원학교 교사校舍를 증축하는 데 힘을 보탰습니다. 얼마 전에 신도님들과 함께 다녀왔는데 직접 현장에 가서 보니 지원하기를 잘했다는 생각이 들었습니다. 스님들이 운영하는 학교였는데 열악한 환경에서 열심히 공부하려는 학생들의 모습이 보기 좋았습니다. 매년 장학금을 보내 학생들의 공부를 도울 생각입니다."

___ 앞으로 봉은사를 어떻게 이끌 생각이신가요?

"부주지를 할 때부터 만든 비전이 있습니다. 이 비전에 따라 봉은사를 새 천년을 선도하는 한국불교 중흥 도량이자 한국불교의 미래를 선도하는 수행 도량으로 만들 생각입니다. 이를 위해 현재 15만 명 정도인 신도 숫자를 2015년까지 30만 명으로 늘릴 것입니다. 또 2020년까지는 100만 불자를 조직하려 합니다. 이를 위해서는 아까 말씀드렸듯이 봉은사 수행 환경이 개선되어야 합니다. 제반 문제를 해결하면서 포교에 진력하겠습니다."

스님은 봉은사를 한국불교 대표 도량으로 만들겠다고 여러 차례 강조했

한국불교 사찰의
모델을
만들어 보고자
열심히
뛰어다니고 있습니다.

진화 스님

다. 스님은 봉은사 주지이면서 조계종 중앙종회의원이기도 하다.

**자기를 바로 보면서
주인답게 사는 것이
우리에게 필요합니다**

___ 조계종이 자성과 쇄신 결사를 진행하고 있습니다.
어떻게 평가하고 계십니까?
"백양사 도박 사건이 터졌을 때 모두들 출가 초심으로 돌아가야 한다, 계율정신을 회복해야 한다고 목소리를 높였습니다. 그래서 여러 가지 대책과 방편을 세우면서 기구도 만들고 쇄신운동을 해 보자 했는데 시간이 흐르면서 결사 분위기가 많이 약해지는 것 같습니다. 자칫하면 결사가 내용은 없고 구호만 있다는 지적을 받을 수도 있습니다. 대중들은 조계종의 결사를 피부로 느끼지 못하고 있습니다. 종도로서 많이 아쉽게 생각하고 있습니다. 좀 더 구체적이고 근본적인 결사 내용들이 나와서 대중들이 함께 실천할 수 있는 방법을 찾아야 합니다."

___ **각종 특권 폐지 등 중앙종회에 대한 쇄신 제기도 많습니다.**
"제가 14대 때부터 종회활동을 시작했습니다. 얘기를 들어 보면 종회활동이 옛날에 비해 많이 좋아졌다고 합니다. 분위기도 많이 성숙했다 하고요. 반면에 종회가 권력화되어 간다는 지적도 많습니다. 특히 종책모임이 만들어지면서 권력을 나눠 먹는다는 비판도 많은 것으로 알고 있습니다. 그러나 올해 들어 종단의 불미스러운 일이 터지면서 종회가 바뀌어야 한다는 공감대가 형성되었습니다. 종회의원들도 많은 부분을 내려놓고 있습니다. 앞으로 종회가 점점 더 겸손해지리라 생각합니다."

___ 종책모임이라고 하는 계파를 해체했다고 하지만
아직도 '계파정치'에서 자유롭지 못한 것 같습니다.

"그런 지적이 유효하다고 봅니다. 하지만 종책모임의 순기능도 있습니다. 종회 안에서 종도들의 이익을 대변하고 생산적으로 일을 하려면 틀이 필요합니다. 종책모임이 필요한 것은 사실입니다. 그런데 지금은 종회의원 스님들이나 종회의원이 아닌 스님들이라도 종책모임에 가입하지 않으면 종단 기구에서 일을 할 수 없을 정도가 됐습니다. 권력이 고착화되고 있는 것입니다. 이런 모습은 바람직하지 않습니다. 순기능은 살리고 역기능은 철저하게 개선해야 한다고 봅니다."

___ 오래전부터 중앙종회 내에서 비구니스님의 비중을 늘리고
재가자의 참여를 허용해야 한다는 주장이 있습니다.

"앞으로 그렇게 해야 하고 또 그렇게 바뀔 것으로 기대합니다. 그런데 현 시점에서 보자면 아직 종회 환경이 성숙하지 못한 부분이 있어요. 시간이 흐르면 종회 내에서 많은 변화가 있을 것으로 봅니다."

___ 중앙종회가 종단의 진정한 대의기구로 거듭날 수 있는 방법은 무엇일까요?

"종회의원은 쉬운 자리가 아닙니다. 교구본사의 의견을 적극 수렴해야 하고 종단에 대한 시각도 넓혀야 합니다. 개인적 역량을 갖춰야 하는 것은 물론입니다. 종도들을 위한 입법활동이나 총무원의 행정에 대한 철저한 비판과 대안을 제시해야 합니다. 그렇게 하려면 종회의원스님들이 종회활동에 집중해야 하는데 거의 대부분의 스님들이 자기 일이 있다 보니까 모두가 바쁘니

다. 아쉬운 점이 많습니다."

진화 스님이 14대 종회에 들어와 초선의원으로 활동하던 시기 회자되는 이야기가 있다. 진화 스님은 81명의 종회의원 가운데 유일하게 노트북을 들고 종회장에 나타났다. 다들 무관심했지만 종회를 취재하던 불교계 기자들 사이에서는 화제가 됐다.

"당시에는 초선이다 보니 공부해야 할 것들이 많았습니다. 종헌 종법을 완벽하게 숙지한 상태도 아니었고요. 그래서 노트북을 보면서 회의에 참석했습니다. 또 현안 문제가 나오면 관련 기사를 찾아보면서 질의도 하고 했습니다. 지금 종회에는 태블릿 PC를 들고 오는 스님들이 많아졌습니다. 하하."

___ 중앙종회의원으로서 조계종이 변화 발전하기 위해 시급히 고쳐야 할 것은 무엇이라고 보시나요?

"종법宗法이 제대로 적용돼야 합니다. 법이 제대로 시행되지 못하는 부분이 많습니다. 그렇다 보니 불필요한 오해가 생기고 그로 인해 갈등이 많습니다. 종도 간 불필요한 소모전을 합니다. 종헌 종법이 제대로 적용되면 쉽게 풀릴 수 있는 문제들이 많습니다. 이것이 가장 시급한 일이 아닐까 합니다."

___ 종회에서 종교차별 종식 특위위원장도 하셨습니다.
아직도 종교차별 문제는 심각합니다. 어떻게 대처해야 할까요?

"종교차별은 자기 종교가 제일이라는 생각에서 출발합니다. 다름을 인정하지 않는 것이죠. 다른 종교를 존중하는 마음이 조금이라도 있다면 그렇지 못할 텐데 안타깝습니다. 모든 종교인들이 다시 한번 이 문제에 대해 깊이 생각해야 합니다. 특히 특별한 위치에 있는 공직자들은 처신을 바르게 해서 종교편향 행위가 일어나지 않게 해야 할 것입니다. 한국 같은 다종교 사회에서는 종교 간의 평화와 공존이 나라 이익과 직결됩니다. 종교 간의 불화가 조장되면 나라 전체의 갈등이 될 것입니다. 아주 신중하게 생각해야 합니다."

진화 스님은 2009년 8월에 진행됐던 '헌법파괴 종교차별 이명박 정부 규탄 범불교도대회' 상임집행위원장으로서 실무를 총괄했다. 도처에서 발생하는 종교차별과 종교편향을 바로잡기 위해 당시 서울광장에 20만 명이 넘는 불자들이 모여 종교평화를 발원하기도 했다.

___ 부처님 가르침의 핵심은 무엇입니까?

"저의 좌우명은 '수처작주 입처개진隨處作主 立處皆眞'입니다. 어디서든 최선을 다하자는 뜻이죠. 부처님 가르침의 핵심도 '주인되는 삶'이 아닐까 합니다. 모두가 가지고 있는 불성佛性을 바탕으로 주인답게 살자는 것입니다. 주인답게 살려고 할 때 중요한 것은 자신을 바로 보는 것입니다. 모든 일의 원인은 자기 안에 있는데 밖에서 답을 찾으려 합니다. 자기를 바로 보면서 주인답게 사는 것이 우리에게 필요합니다."

___ 스님에게 현재 가장 중요한 것은 무엇인가요?

"봉은사 대중들이 행복하게 기도하고 정진하는 것입니다. 지금 운영하고 있는 수행 프로그램들이 원만하게 잘 진행되는 것이 중요하고 이를 위해 공원문제 등 수행 환경을 개선하는 것이 시급히 해결해야 할 과제입니다."

___ 앞으로의 계획을 전해 주신다면?

"주지 소임을 잘 마무리하는 것입니다. 봉은사에서 그동안 진행했던 일들을 잘 정리할 생각입니다. 사찰 종무행정이 시스템에 의해 작동되도록 매뉴

얼을 만들 예정입니다. 주지가 바뀌고 소임자가 바뀌어도 시스템에 의해서 봉은사가 운영되도록 하고 싶습니다."

진화 스님은 "2013년 상반기 중에 봉은사 대중들이 반길 만한 좋은 자료가 하나 나올 것"이라고 귀띔했다.

___ 20년 후 스님의 모습을 상상하신다면?
"송광사 대중의 한 사람으로서 살고 있을 것 같습니다. 송광사 대중과 어울려 살면서 후학들도 키우고 또 불자들을 만나고 싶습니다."

송광사의 여법함과 해인사의 활발발함을 모두 갖춘 진화 스님. 작지만 당당하고 때론 저돌적이기까지 한 스님의 모습에서 제대로 된 '봉은사 스타일'이 조만간 만들어질 것이라는 믿음이 생긴다.

미등 스님

前 조계종 불교문화재연구소장

> "우리는 역사를 말할 때 '반만년' 운운합니다.
> 유구한 역사와 더불어
> 찬란한 문화를 간직한 민족이라고 말하기도 하지요.
> 저는 우리 민족의 찬란한 문화는
> 이 땅에 불교가 들어온 이후 만들어지기 시작했다고 봅니다."

우리 문화의 DNA는
불교입니다

前 조계종 불교문화재연구소장
미등 스님

'허허실실虛虛實實'. 미등 스님을 만나면 생각나는 단어다. 뭔가 질문을 해도 '엉뚱한' 대답을 하기 일쑤다. 처음에는 "왜 그러실까?"라는 생각이 들지만 나중에 다시 생각해 보면 그렇게 말한 이유가 있는 답들이었다.

조계종 불교문화재연구소장을 맡고 있는 스님은 바빴다. 몇 차례 인터뷰 요청을 했지만 사무실과 발굴 현장, 각종 학술토론회에 참석하는 일정이 계속 있어 약속을 잡기가 쉽지 않았다. 요청 한 달여가 흐른 뒤에야 스님 집무실에서 잠깐 만날 수 있었다.

불교문화재연구소는 문화유산의 조사, 보존, 보호, 연구를 통해 불교전통문화를 선양하고 창조적으로 계승하기 위해 2007년 설립됐다. 문화재 보존 및 보호 활동을 비롯해 불교문화재 연구 조사, 문화재 지표조사 및 발굴조사, 문화재 자료발간, 문화재 연구인력 양성 교육 및 사회교육 등의 사업을 진행하고 있다.

"다른 스님들도 많이 계시는데 인터뷰를 해도 될지 모르겠습니다."

스님은 인터뷰 자체에 난색을 표했다. "평소 인터뷰를 자주 해 본 것도 아니고 그렇게 할 말도 많지 않다"며 말이다. 그래도 조계종의 불교문화재 연구 업무를 총괄하고 있고 또 불교의례 연구를 활발히 하고 있는 스님을 만나지 않을 수 없었다. "그럼 차나 한 잔 하자"며 스님은 반갑지 않은 손님의 청을 허락했다.

스님은 1986년 계戒를 받았다. 은사는 경기도 남양주 불암사 회주 일면 스님. 출가 후 중앙승가대를 졸업하고 괴산 공림사 감인선원과 문경 봉암사 태고선원 등지에서 정진했다.

___ **은사이신 일면 스님은 활발한 사회활동을 하고 계십니다. 은사스님은 어떤 분인가요?**

"은사스님께서는 남양주 불암사에서 회주會主로 주석하고 계십니다. 스님께서는 조계종 교육원장과 제25교구 본사 봉선사 주지, 중앙종회의원, 초대 군종교구장 등을 역임하셨습니다. 현재는 학교법인 광동학원 이사장이시며 학교법인 동국대학교 이사도 맡고 계십니다. 그리고 생명나눔실천본부 이사장과 조계종 호계원장 소임도 맡고 계십니다.

스님께서는 특히 생명나눔실천본부 소임에 각별한 원력을 가지고 활동하고 계십니다. 스님께서 평소에 '나는 덤으로 산다'고 말씀을 하세요. 당신께서 건강이 어려울 때가 있었는데 생명나눔으로 건강을 되찾으셨습니다. 이런 인연이 있어서인지 생명나눔 활동을 정말 당신의 '생명'처럼 하고 계십니다. 이뿐만 아니라 사회에서 어려운 사람들과 함께하기 위해 복지관도 운영하고 계십니다. 여러 가지 활동을 일일이 거론하지 않아도 스님의 삶을 보면 자비의 실천을 수행종지로 삼고 계신 어른이라고 말할 수 있습니다."

___ 중앙승가대와 인연이 깊다고 들었습니다.

"출가해 중앙승가대를 졸업하고 선방에 잠시 다녔습니다. 선방에 간 것은 참선해서 깨달음을 얻겠다는 원願이 성성해서라기보다는 그냥 중노릇은 그렇게 해야 하는 걸로 알았기 때문입니다. 당시만 해도 출가해서 강원을 마치고 나면 대체로 선원에 다니는 것이 일반적이었으니까요.

몇 년이 지나고 중앙승가대에서 교학국장과 총무국장 소임을 보았습니다. 이때 했던 일 가운데 기억에 남는 것은 교학국장 소임을 보며 승가대학을 정규대학으로 승격시켰던 것과 총무국장 소임을 보며 학교를 김포학사로 이전했던 것입니다. 먼저 정규대학으로 승격시키기 위해 다른 대학의 학사행정과 교육 커리큘럼 등을 참고하면서 종교교육기관의 특성과 승가대학의 특수성을 고려해 많은 것들을 준비하느라 바빴던 기억이 지금도 생생합니다. 그리고 2000년 겨울 승가대학이 서울 안암학사에서 현재의 김포학사로 이사를 했습니다. 그때나 지금이나 학교 운영 예산이 열악하다 보니 이사하는 과정에서 여러 가지 난관에 부딪치기도 했죠. 김포학사로 이전한 직후 공과금을 내지 못해 상수도, 도시가스 공급이 중단되는 상황을 겪기도 하고, 교직원 급여를 제때 지급하지 못하기도 했습니다. 이렇게 어려움을 겪으면서도 교수, 학생, 직원 모두가 승가교육은 한국불교 중흥을 위한 대작불사라는 생각으로 마음을 모았던 것이 생각납니다. 중앙승가대는 동문스님들의 원력願力과 노력으로 출발해 학인스님들의 교육을 담당해 오다가 김포학사로 이전하며 종단의 지원과 학교 구성원의 신심, 동문스님들의 원력과 불자님들의 정성이 합쳐져 오늘의 승가대학으로 자리매김하였다고 말할 수 있습니다."

미등 스님은 승가대 이사를 마친 뒤 소임을 내려놓았다. 그러다 평소 마음에 담고 있었던 불교문화에 대한 공부를 본격적으로 하기 위해 대학원에 들어가 민속학을 공부하기 시작했다. 석사 과정을 마치고 박사 과정을 수료할 무렵 조계종 총무원 기획국장을 맡았고 동시에 불교의례연구기관인 '청매불교의례연구원'을 설립했다.

___ **대학원에서 민속학 공부를 하신 이유가 있습니까?**

"우리는 역사를 말할 때 '반만년' 운운합니다. 유구한 역사와 더불어 찬란한 문화를 간직한 민족이라고 말하기도 하지요. 저는 우리 민족의 찬란한 문화는 이 땅에 불교가 들어온 이후 만들어지기 시작했다고 봅니다. 우리 문화의 DNA는 불교에 있다고 할 수 있죠. 그런데 일제강점기와 미군정기를 거치며 서양문화가 스며들며 우리 문화의 근간에 혼돈을 가져왔다고 생각합니다. 그 결과 우리 문화를 소홀히 여기게 되고 우리 것은 나쁜 것, 버려야 할 것이라 생각하고 맹목적으로 서양문화를 따라하는 풍조가 만연하게 됐어요. 심지어 불교문화까지 이러한 현상이 나타나기도 하는데 매우 안타까운 일이 아닐 수 없습니다.

우리 문화의 키(key)는 불교문화, 즉 불교와 생활, 생활과 불교라는 생각을 갖고 있습니다. 불교를 기반으로 하는 문화를 연구하기 위해서 불교학을 필수로 공부하는 것은 당연합니다. 그러나 사람들이 살아가는 모습과 그들의 생각에 대한 연구는 민속학이 적합할 것으로 판단했습니다. 삶과 생활, 개인과 집단 등을 깊게 이해할 수 있는 것이 종교민속이라고 보았습니다. 이러한 생각에서 민속학을 시작하게 되었습니다.

문화가 다양한 만큼 민속학의 연구 분야도 다양하게 있는데 그 가운데서 종교민속을 연구한 것은 사람들이 어떻게 생각하고 어떻게 행동하였는지를 해석하는 단초端初를 신앙에서 찾을 수 있다고 생각했기 때문입니다. 그러다 보니 연구 분야가 신앙과 의례에 집중된 것 같습니다."

___ 그렇다면 민속학적 관점에서 불교의례를 어떻게 정의할 수 있을까요?

"일반적으로 종교의례는 그 종교의 사상을 행위로 표현해 종교의 가르침을 널리 전하기 위한 수단으로 설행되는 특징이 있습니다. 그리고 불교의례는 부처님의 가르침을 알리기 위한 '교화의례'와 부처님의 가르침을 체득하기 위한 '수행의례'의 성격을 가지고 있습니다. 그런데 오늘날 불교의례는 교화나 수행의 성격보다는 때로는 기복적인 모습을 보이기도 하고 때로는 형식적이라는 생각마저 드는 경우가 있어 의례의 목적이나 기능적 측면에서 많은 혼란을 초래하고 있어요. 이러한 현상은 의례에 대한 인식에서 쉽게 발견할 수 있습니다.

예를 들면 불교에서 '재齋'는 스님들에게 식사를 제공하는 공양을 의미하였습니다. 따라서 몸과 마음을 깨끗하게 해 스님들께 공양을 올리는 의식을 지칭하는 용어로 '재'의 의미가 보편화되었습니다. 우리나라에서도 스님들에게 공양하는 재齋의식이 '반승飯僧'이라는 이름으로 널리 행해지기도 하였는데 이러한 사실은 『고려사高麗史』에서 확인할 수 있습니다. 그런데 오늘날 재는 어떤 의미로 인식되고 있습니까? 일반적으로 제례와 관련한 의식 또는 법회의식으로 인식되고 있습니다. 흔히 '재'라 하면 망자의 천도의식을 떠올립니다. 아니면 절에 가는 날인 재일과 연관하여 불공 또는 법회로 인식하기도 합니다. 이러한 인식은 결국 각종 의식을 기복으로 생각하는 빌미가 되기도 합니다.

불교에서 재는 재계齋戒의 줄임말로 계율을 지켜 자신의 몸과 마음의 욕망과 집착을 다스리는 것을 말합니다. 따라서 재는 진리를 구현하기 위한 수행의 일환이라는 인식의 회복이 필요해요. 이러한 의미 회복은 스스로의 몸과 마음을 정결하게 하고 더불어 살아가는 모든 이들과 나눔을 통해 부처님의 가르침인 연기법을 깨닫고 실천하는 수행으로 이어질 것입니다. 의례의 의미 회복을 통해 부처님의 가르침을 실현하는 것이 불교의 미래를 담보하는 것이라고 확신합니다."

우리 문화의 키(key)는
불교문화

___ 불교의례 하나하나가 다 의미가 있는 것으로 알고 있습니다. 구체적 예를 소개해 주실 수 있을까요?

"의례에 사용되는 의례문은 물론이고 의식의 행위를 비롯해 행해지는 모든 것이 상징성을 가지고 있습니다. 죽음을 대상으로 하는 장례를 예로 들어 보겠습니다.

죽음과 관련한 세계관과 사상이 죽음의례에 반영되고 있습니다. 상喪 중에 입는 상복喪服의 색상에도 죽음에 대한 사상이 담겨 있습니다. 전통적으로 우리 민족은 흰색 상복을 입었습니다만 오늘날에는 대부분 검은색 상복을 입습니다. 검은색은 동양에서는 암흑, 어둠을 뜻하고 서양에서는 죽음, 종말을 상징합니다. 흰색은 동양에서는 재생, 부활을 상징하고 서양에서는 순결, 순수를 상징합니다. 이런 의미에서 혼례를 서양식으로 할 때 흰색 드레스를 입는 것이죠. 이는 신부가 신랑에게 순수와 순결을 바치는 상징으로 해석할 수 있는 것입니다. 참고로 우리나라의 전통혼례에서는 녹의홍상綠衣紅裳을 입었습니다. 이것은 음과 양이 서로 하나 됨을 의미하였습니다. 즉 부부가 되어 가정을 이루는 것을 상징하였던 것입니다.

오늘날 장례와 상례 의식에서 검은색 상복을 입는데 이는 죽음을 삶의 끝, 종말로 보는 서양의 풍습입니다. 하지만 우리 민족은 죽음은 끝이 아니고 새로운 세계의 또 다른 시작으로 보았습니다. 불교 또한 사람이 죽으면 업에 따라 윤회한다고 봅니다. 공통적으로 죽음을 끝이나 종말로 보지 않고 또 다른 세계의 시작으로 보았다는 것이죠. 그래서 사람이 죽으면 더 좋은 곳에 태어나 새롭게 살아가길 기원하는 뜻에서 부활의 상징인 흰색 상복을 입었던 것입니다.

그런데 오늘날의 현실은 어떻습니까? 절에서 49재를 지낼 때마저도 검은색 상복을 입고 있습니다. 끝을 상징하는 상복을 입고 극락왕생을 바라는 모습이 우습지 않습니까? 이처럼 의례는 아주 조그마한 것에도 의미와 상징을 담고 있습니다."

미등 스님은 의례의 의미를 좀 더 제대로 알고 설행해야 한다고 강조했다. 본래의 의미를 외면하고 '엉뚱한' 의례가 행해지고 있는 것에 대해 많은 아쉬움을 표하기도 했다.

___ 불교의례를 표준화하는 작업도 시급하다고 보여집니다.

"의례는 의미와 상징을 구조적으로 연결해 그 속에서 이야기를 하고 있습니다. 그렇기 때문에 의례의 궁극적 목적이 무엇인지 알고 행하는 것이 매우 중요합니다. 의례는 하나하나는 물론이고 전체적으로도 스토리를 가지고 있습니다. 의미를 모르고 행하는 의례는 기복에 빠질 수 있습니다. 아니면 습관화된 요식행위에 그칠 수도 있고요. 불교의례를 행하며 혹여 부처님의 가르침에 역행하고 있지나 않는지 고민해 봐야 합니다. 의미를 모르고 행하다 보면 부처님의 가르침과는 반대되거나 동떨어진 행위를 할 위험이 크기 때문입니다.

조선시대 백파 성능 스님께 후학들이 찾아와 의례에 대해 정리해 주실 것을 요청하자 처음에 스님께서 사양하시다가 『작법귀감』을 편찬하셨습니다. 그 서문을 보면 '부처님을 공양하는 경사스러운 일이 도리어 부처님의 가르침을 비방하는 큰 허물이 되는 줄 누가 알겠는가?'라고 편찬 배경을 말씀하고 계십니다. 이러한 우려는 비단 조선시대의 일만이 아니고 오늘날에도 생각해 봐야 할 일입니다. 어떤 경우에는 부처님께 공양하는 의례나 찬탄, 예배, 참

우리 문화의 키(key)는 불교문화, 즉 불교와 생활, 생활과 불교라는 생각입니다.

회, 발원하는 의례에서 부처님의 가르침에 역행하는 우를 범하기도 합니다. 때로는 '염불보다는 잿밥에 관심이 있다'는 말이 떠올라 마음이 불편할 때도 있습니다.

  의례를 집전하는 스님은 물론 의례에 참여하는 불자님들의 수행을 위해서라도 의례에 대한 이해가 필요합니다. 한글표준안이 마련되면 의례에 대한 이해가 높아져 기복적으로 흐르는 문제가 상당히 해소될 것으로 기대합니다. 한글표준안을 통해 의례의 목적과 기능이 하루빨리 회복되기를 바랍니다."

── 현재 불교의례 연구는 어느 정도 진행되고 있습니까?

"불교의례는 불교의 교리·사상·역사·문화·예술 등을 담고 있습니다.

의례에 사용되는 의례문은 경전의 내용이나 고승들의 선시까지도 담아 내고 있기 때문에 교리나 사상적 관점은 물론 문학적 측면에서 연구되어야 합니다. 그리고 의식에 수반되는 음악적 요소인 범패와 무용적 요소인 작법의 관점에서도 연구되어야 합니다. 그뿐만 아니라 의식을 펼치는 스님들의 복식, 의례에 사용되는 공양구, 의례를 위한 설단과 장엄 등 예술적 관점에서의 연구도 필요합니다. 나아가서는 의례와 신앙, 의례와 사회상, 의례에 참여하는 사람들에 대한 연구도 이루어져야 할 것입니다. 이처럼 다양한 분야와 관점에서 의례에 대한 연구를 필요로 하고 있습니다.

 지금까지 선행 연구자들에 의해 진행된 불교의례 연구에 대해 어느 정도 평가할 수 있는 부분도 있습니다. 예를 들면 범패와 작법에 대한 연구는 상당히 축적되었다고 평가합니다. 반면 의례의 목적과 기능에 대한 연구나 구조적 관점에서의 연구는 아직 미미하다고 하겠습니다."

스님은 청매불교의례연구원을 통해 불교의례 연구에 매진할 계획이라고 한다. 스님이 밝혔듯이 불교의례가 체계적으로 정리된 뒤 다시 불자들을 만날 수 있는 날이 하루빨리 오기를 바라 본다.

우리나라의 연등회는 문화유산

스님은 '연등회'에 대해서도 많은 관심을 가지고 있다. 연등회는 2012년 중요무형문화재 제122호로 지정되기도 했다. 이 과정에서도 스님은 힘을 보탰다.

"연등회의 국가중요무형문화재 지정을 위한 제반 업무들은 조계종 문화부가 주도적으로 진행하였습니다. 저는 그저 학술적으로 뒷받침하는 역할만 했습니다.

연등회는 삼국시대부터 전승되어 온 전통문화이고 불교문화입니다. 지정 문화재가 되기 위해서는 여러 가지가 검토돼야 하는데 가장 먼저 역사적·예술적·학술적 고증을 필요로 합니다. 그런데 2007년경만 해도 연등회에 대한 연구가 제대로 이뤄지지 않아 공정한 평가를 받기가 어려운 상황이었습니다. 그리고 오늘날의 연등회가 우리의 전통문화인가에 대해서도 의견이 분분한 상태였습니다. 오늘날 행해지는 연등회에서 전통성과 전승성을 찾기 어렵다는 의견이 지배적이었으니까요. 연등회를 제대로 이해할 수 있는 여건이 마런되지 않은 상태여서 장기적으로 계획을 세우고 고증을 필요로 하는 부분은 학술대회를 통해 자료를 모으며 준비해야만 했습니다.

 그 과정을 개략적으로 말하자면, 먼저 연등회의 국가중요무형문화재 지정을 위한 계획을 2007년에 수립했습니다. 그해에 우리나라 연등회의 역사를 정리한 자료집 「연등회 학술보고서」를 발간했습니다. 동시에 현대 연등회에 대한 보고서를 발간하는 작업도 시작했습니다. 무형문화재 지정의 타당성을 확보하기 위한 일련의 작업이 시작된 거죠. 2008년에는 '연등회의 역사와 전통'을 주제로 학술대회를 열어 일제강점기 연등회와 현대 연등회의 차별성을 드러내는 작업을 했습니다. 당시만 해도 연등회를 일제강점기의 잔존문화로 보는 시각이 우세하여 그러한 시각을 바꿔 내기 위한 작업이 필요했어요. 2009년에는 해외 연등회를 알아보기 위해 중국의 연등회를 조사했고 그 연장선상에서 '연등회의 문화재적 가치와 한·중·일 연등축제의 비교'를 주제로 국제학술대회를 개최했습니다. 우리나라 연등회의 특징을 밝히는 작업이었던 것이죠. 그런 후 2009년에 연등회 중요무형문화재 지정 신청서를 제출했습니다. 그런데 문화재청 심의에서 전승에 있어 고증과 재현이 부족하다고 부결되었습니다. 그래서 2010년 각계 전문가를 모시고 '연등회 전통성 규명을 위한 특별 좌담회'를 열었습니다. 부결된 원인에 대한 방안을 다각도로 점검하고 보완하기 위한 작업이었습니다. 연등회의 전승과 형식에 의문을 제기하는 견해를 반영해 연등회에서 설행되는 전통연희 부분을 보충했습니다. 그리고 2011년에 다시 신청서를 제출했고 마침내 2012년 중요무형문화재가 되었습니다."

 매년 부처님오신날을 앞두고 펼쳐지는 연등회는 명실상부한 국민의 축제다. 부처님오신날봉축위원회가 2012년 8월 20일 발간한 보고서 「연등회-외국인 모니터링 조사연구」에 따르면 외국인들이 느끼는 연등회는 '한국과 불교를 경험할 수 있는 장'으로 평가되고 있다. 특히 연등회를 위해 별도로 조성된 공간이 아닌 실제 사찰인 조계사 등을 방문하는 점이 외국인들에게 '진짜'를 경험한다고 느끼게 하는 포인트로 조사됐으며 '평소 쉽게 접할 수 없는 스님들과 직접 소통할 수 있다는 점' 역시 연등회에서 인상 깊었던 점으로 나타나기도 했다.

___ 한·중·일 세 나라의 등 문화는 어떻게 다른가요?

"불 또는 등불과 관련한 문화는 인류와 함께해 온 신앙이고 축제이기 때문에 세계적으로 나타나고 있습니다. 특히 불교문화권의 등불문화는 한·중·일을 비롯해 여러 나라에서 공통적으로 나타나고 있습니다. 따라서 중국과 일본의 등 문화와 우리나라의 등 문화가 서로 어떻게 다른지를 밝혀 우리나라 등 문화의 특수성을 드러내는 작업이 필요했습니다. 이는 중요무형문화재 지정을 넘어 세계문화유산 등록을 위해서도 필요한 것이었습니다.

중국은 음력 정월대보름에 전역에 걸쳐 등을 밝히는 상원연등회를 행하고 있습니다. 일본은 대체로 양력 팔월 초에 열리는 '네부다마츠리(ねぶた祭)', '아키타간등제(秋田竿燈まつり)', '센다이칠석제(仙台七夕祭り)'에서 등을 밝히고 있는데 칠석 또는 우란분과 관련하여 행하고 있습니다. 우리나라는 사월초파일 부처님오신날에 등을 밝히고 있어 그 시기에 있어서 차이를 보이고 있습니다. 등을 밝히는 시기의 차이는 등을 밝히는 이유와 등의 성격이 다르다는 것을 말하는 것이죠.

우리나라의 연등회는 '종교 제의적' 성격과 '민속 축제적' 성격이 공존하고 있는 문화유산입니다. 앞으로 연등회가 불교계를 넘어 범국민적 차원의 축제로 격상되고 세계인에게 가장 한국적인 문화로 인식되기를 바랍니다."

___ 불교문화재연구소는 그간 전국 사지조사사업을 진행했습니다. 지금까지

무관심 속에 방치되다시피 한 사지寺址에 주목하신 이유가 있었나요?

"요즈음은 단체나 기업들이 앞장서서 문화재지킴이운동을 하고 있습니다. 일정 대상을 정해 놓고 문화재 주변을 청소하기도 하고, 방문객을 대상으로 하여 문화재 가치를 홍보하는 모습을 쉽게 볼 수 있습니다. 어떻게 보면 작은 일로 무시할 수 있지만 저는 이런 활동을 통해 국민들의 문화재에 대한 인식이 높아지고 있다고 봅니다.

아쉬운 것은 우리 문화재 가운데 상당 부분을 소유하고 있는 불교계에서 이런 운동을 하고 있다는 이야기를 별로 듣지 못했다는 겁니다. 이러한 현실을 생각할 때 사지寺址 이야기를 하는 것이 조금 어색하기도 하고 부끄럽기도 합니다.

현재 한반도의 전체 사지를 정확하게 파악하는 것에는 한계가 있습니다. 북쪽을 제외하고 남쪽에만 대략 6,000여 곳의 사지가 있는 것으로 파악하고 있습니다. 이렇게 많은 사지들이 알게 모르게 또는 개발논리에 밀려 제대로 그 가치에 대한 평가를 받지 못한 상태에서 점점 사라져 가고 있습니다. 이는 사지와 불교문화재 가치에 대한 인식 부족에서 기인한다고 생각합니다. 사지에 남아 있는, 눈에 보이는 유물은 물론이고 역사적·정신적·문화적 가치까지 주목할 필요가 있습니다. 가치에 대한 인식이 보편화될 때 불교문화의 진정한 보존과 전승이 이루어질 것으로 생각합니다."

불교문화재연구소는 2010년에 시작하여 2014년까지 전국의 폐사지를 종합적으로 조사하는데 2012년 2월에는 『한국의 사지寺址 - 부산·광주·전남·제주 편』을 발간하기도 했다.

"불교계에서 어떤 문제에 접근할 때 경제적 관점에서 출발하는 모습을 종종 보이기도 합니다. 물론 이러한 접근을 무조건적으로 부정하는 것은 아닙니다. 가람수호와 불사의 관점에서 이해가 안 되는 것은 아니니까요. 그러나 중요한 것은 우리의 문화재, 신행공간, 수행공간, 역사공간에 대해서는 신심과 봉사, 본질과 수행의 관점에서 접근해야 한다고 생각합니다. 이런 생각에서 제도적 측면과 신행적 측면의 두 관점을 예로 들어 보겠습니다.

먼저 제도적 측면에서 볼 때, 조계종은 현재 교구본사 중심의 행정제도를 실시하고 있는데 이러한 현실의 제도를 활용하는 겁니다. 현재 사유지로 되어 있는 사지는 별도의 대책이 필요합니다만 소유주가 불교계 또는 국유지, 시유지에 있는 것만이라도 우선적으로 한 사찰에서 한 사지를 정해 문화재 지킴이운동을 전개하는 것이 필요합니다. 그리고 신행적 측면에서 볼 때입니다. 사찰에서 일 년에 한두 차례 성지순례를 갑니다. 대체로 삼사三寺를 순례하고 있는데 이때 사지 한 곳을 반드시 순례하는 겁니다. 그냥 갔다 오는 것이 아니고 기도의 방법으로 주변 정리까지 하고 오면 불자는 물론 국민들도 우리 문화에 대한 인식이 크게 전환될 거라고 확신합니다.

불교계가 역사와 문화를 소중히 여기는 모습을 보여줄 때 종교의 차원을 넘어 국민들도 역사와 문화를 소중하게 여기게 될 것입니다. 그 결과는 굳이 설명하지 않아도 잘 아실 거라고 생각합니다."

스님은 문화재를 바라보는 시각 자체의 변화를 주문했다. 또 무분별하게 진행되고 있는 각종 불사 역시 문화적 관점과 신행적 관점이 중요하다고 설명했다.

___ **전국 사찰에서 수륙재를 봉행하는 곳이 많습니다. 수륙재 연구에도 진력하고 계신 것으로 알고 있는데 수륙재는 무엇인가요?**

"수륙재를 표현할 때 '법계성범法界聖凡', '천지명양天地冥陽', '무차평등無遮平等' 등의 용어가 함께 쓰이는 것을 알고 있을 겁니다. '법계성범'은 말 그대로 온 법계法界의 부처님·보살菩薩·연각緣覺·성문聲聞의 사성四聖과, 지옥계·아귀계·축생계·수라계·인간계·천상계의 육도중생인 육범六凡을 말합니다. '천지명양'에서 '천지'는 하늘은 높아 성聖스럽고 땅은 낮아 속俗스러움을 의미합니다. 성聖은 높고 신성하기에 하늘로부터 강림하고 속俗은 낮고 속스럽기에 땅에 모입니다. 즉 '천지'도 '성범'을 의미한다고 말할 수 있습니다. '명양'은 사후의 세계인 '명계冥界'와 현생의 세계인 '양계陽界'를 말합니다. 따라서 '천지명양'은 깨달은 성인과 미혹한 중생, 죽은 자와 살아 있는 자를 말하는 것입니다.

'수륙水陸'의 의미는 이렇습니다. 『시식정명施食正名』에서 '제선諸仙은 물에 의지해 먹을 것을 얻고, 귀신은 땅에서 먹을 것을 얻는다'고 설명하고 있습니다. 또한 『연담대사임하록』에서는 '사성은 성인이기 때문에 청정하여 물(水)에 비유하고 육범은 평범하기 때문에 더럽다. 그래서 육陸에 비유한다'고 설명하고 있습니다. 이러한 자료를 바탕으로 볼 때 '수륙'이 성인과 중생을 의미하고 있음을 알 수 있습니다. 따라서 수륙재는 시방법계의 성인과 범부, 깨달은 성인과 미혹한 중생, 죽은 자와 살아 있는 자 모두에게 차별 없이 평등하게 법식을 베푸는 재회齋會를 말하는 것입니다. 그런데 이러한 의미의 수륙재가 오늘날에는 '물과 뭍을 떠도는 외로운 영혼을 위한 법식' 또는 '물과 뭍에서 죽은 고혼을 위한 제사' 의식으로 인식되고 있습니다. 안타까운 일입니다."

수륙재는 양무제가 처음 설행한 것으로 전하고 있고 우리나라에서는 고려 광종 19년에 행한 것으로 나타나고 있다. 이후 조선시대 중종 11년 국행수륙재가 폐지되기까지 국가공식의례로 성행했다. 국가가 주도한 수륙재는 민심의 안정, 소통을 통한 사회통합을 이루는 데 목적이 있었다. 국행수륙재가 폐지된 이후에도 조선시대 전반에 걸쳐 사찰이 주도하거나 또는 민간이 주도

한 수륙재의 설행은 계속됐다. 그러다 근현대 들어서 여러 가지 요인으로 수륙재 설행이 약화되었다가 오늘날 다시 성행하는 경향을 보이고 있다고 한다.

___ 부처님 가르침의 핵심은 무엇입니까?

"불교를 상징하는 꽃은 연꽃입니다. 연꽃이 진흙탕에 있으면서 더러움에 물들지 않고 항상 깨끗하듯이 중생이 번뇌에 쌓여 있어도 불성佛性은 번뇌에 물들지 않는다는 것을 비유하는 의미를 지닌 꽃입니다. 불교에서 연꽃은 불성, 부처님, 깨달음을 상징하기도 합니다.

연꽃이 처염상정處染常淨할 수 있는 것은 진흙에 뿌리를 내리고 있기 때문입니다. 연蓮은 진흙을 정화하고 물을 정화하는 기능을 합니다. 이러한 기능이 제대로 되지 않는다면 그처럼 아름다운 꽃을 피우지 못할 것입니다. 깨달음을 연꽃에 비유하면 뿌리는 중생에 비유할 수 있습니다. 따라서 깨달음은 중생을 기반으로 하는 것이라 생각합니다. 즉 상구보리上求菩提와 하화중생下化衆生은 하나라는 말입니다. 따라서 저는 상구보리해야만 하화중생할 수 있다고 생각하지는 않습니다. 오히려 하화중생을 바탕으로 해야만 상구보리가 이루어진다고 생각합니다. 마치 연의 뿌리가 제 기능을 다할 때 맑고 깨끗한 꽃이 피는 것과 같은 이치이지요. 결론적으로 상구보리와 하화중생은 하나이지 별개가 아니라는 생각을 기본으로 수행과 연구에 임하고 있습니다. 이러한 시각은 오늘날 한국불교의 수행 환경으로 볼 때 이론異論이 많을 것이라 생각합니다. 그러나 부처님의 가르침을 실현하는 데 있어서, 불교의 사회적 역할에 있어서, 불교의 미래를 위해 중요한 관점이라고 생각합니다."

인터뷰를 마치고 난 뒤 며칠 지나지 않아 스님은 불교문화재연구소장 소임을 내려놓았다. 많은 일들을 진행해 왔지만 후임자가 더 잘해 줄 것으로 믿는다는 짤막한 얘기만 전했다. 스님은 소임을 내려놓고 산중의 작은 토굴

우리 민족의
찬란한 문화는
불교가 이 땅에 들어온 이후
만들어지기 시작했다고 봅니다.

로 다시 돌아갔다. 여기서 그동안 하지 못했던 연구들을 더 진행할 것이라고 한다.

 불자와 국민들이 좀 더 제대로 된 시각으로 불교문화와 불교문화재를 바라봐 줬으면 하는 바람을 숨기지 않았던 미등 스님이 다시 대중 속으로 나와 한국문화 속 불교 DNA를 더 많이 찾아내어 홍포하고 계승해 주기를 기대해 본다.

智

지혜의 길

慧

智

월암 스님　무상 스님　도일 스님　철산 스님　원영 스님　각묵 스님

慧

월암 스님

문경 한산사 용성선원장

> "부처님 가르침의 핵심은 불이중도不二中道입니다. 나와 너, 작은 것과 큰 것, 미움과 사랑, 비방과 칭찬, 예토와 정토, 번뇌와 보리, 생사와 열반, 중생과 부처가 둘이 아닌 불이중도를 깨치고 실천해야 할 때입니다."

불이중도不二中道의 삶이
곧 수행입니다

문경 한산사 용성선원장

월암 스님

 민족의 영산 백두산의 기상이 뻗어내려 금강, 설악, 오대를 거쳐 태백과 소백의 준령을 넘어 한번 쉬어 간다는 저수령低首嶺 한산봉閑山峰. 그리고 운수납자가 머물러 수행한다는 산인 운수산雲水山 밑자락이 바로 경북 문경시 동로면 석항이다. 이곳에 사부대중 수행공동체 불이不二마을 한산사閑山寺가 자리하고 있다. 한산사에는 비구스님들의 선방인 용성선원과 재가선방인 휴정선원이 사이좋게 위아래로 자리를 잡고 앉아 있다. 앞으로 비구니스님 선방과 외국인들을 위한 선방까지 들어서면 국내 어디에도 없는 명실상부한 '사부대중의 수행공동체'가 될 것 같다.

 선원장 월암 스님이 원력을 세워 수월도량水月道場의 불사를 진행하고 있는

이곳 한산사에서 간화선 수행학교가 문을 열었다. 수행학교의 프로그램은 모두 4단계 과정으로 제1단계 기본과정(4박5일) - 통찰지(通察智: 알아차림, 생각 바라보기 등) 개발, 제2단계 심화과정(6박7일) - 보리심(菩提心: 바라밀) 수행, 제3단계 화두수행 과정(8박9일) - 불이중도(不二中道: 본래면목) 체득, 제4단계 지도자 과정 - 선수행 지도 인턴십 개발, 평화의 봉사자 및 깨달음의 리더십 육성 등으로 구성된다.

처음으로 진행된 1단계 과정에는 모두 20명이 참여해 공부했다. 1단계 과정은 자신의 삶 · 자신(무아) · 감정 · 무소유 · 무상無相 · 무주無住 · 연기緣起 · 집착 · 존재의 본질 · 인간 몸 받은 고귀함에 대한 명상 등으로 꾸며졌고 매 명상이 끝날 때마다 질의 · 응답이 계속됐다. 월암 스님과 한산사 주지 법수 스님, 선감 선법 스님과 예진 스님, 수행학교 교장 혜봉 거사를 비롯한 교선사들이 매일 점검을 했다.

첫 번째 수행학교가 회향하는 날 한산사를 찾았다. 참가자들은 공부 소감을 전하며 서로를 격려했다. 앞으로 이어질 단계마다 계속 참여할 것을 다짐하며 참가자들은 다시 각자 삶의 공간으로 돌아갔다.

선방 한편에 있는 한산사 청규가 눈에 들어온다. '화합하라'를 비롯해 · 깨어 있어라 · 열려 있어라 · 생각을 비워라 · 친절하라 · 모든 생명을 섬겨라 등 한산사의 지향이 깔끔하게 정리돼 있다. 회향법회를 마무리한 월암 스님에게 다른 사찰과는 조금 다른 프로그램 운영 방식에 대해 먼저 여쭈었다.

"사실 지금 초심자들이 간화선 수행에 입문하고자 하여도 자세한 이론과 실참實參 지도가 이루어지지 못하고 있는 실정이며, 간화선 수행의 지도에도 여러 가지 문제점을 안고 있습니다. 기존에 행해지고 있는, 바로 화두를 주어서 의심하라고 하고 하면 된다는 식의 일방적 지도 방편은 재검토돼야 합니다. 한산사는 단계적으로 자세하게 이론과 실참을 지도해 생활과 수행이 일치하는 생활선으로 화두수행이 저절로 이루어지게 하며, 또한 언제나 명료하게 깨어 있고 열려 있는 성성적적惺惺寂寂의 간화정종看話正宗이 이루어질 수 있게 체계적인 방법으로 교육하고자 합니다. 그래서 수행학교에서는 교육 과정을 모두 4단계로 나누어 운영하고자 하는 것입니다."

한산사는 앞으로 수행학교 1단계 과정을 매월 셋째주 수요일부터 4박5일간 계속 진행하며 2, 3, 4단계 과정도 상황에 맞춰 개설할 예정이다. 선교禪敎를 두루 겸비한 몇 안 되는 선승禪僧으로 꼽히는 월암 스님은 제대로 된 수행공동체를 만들고자 2009년 한산사를 창건하기 시작했다.

___ 한산사에 대해서 구체적으로 소개해 주신다면요?

"사부대중 수행공동체 불이마을 한산사 용성선원은 말 그대로 비구, 비구니, 청신사, 청신녀 등 사부대중이 함께 모여 참선하는 수행공동체를 만들기 위해 창건되었습니다. 공동체 명칭이 불이마을이며, 사찰 이름이 한산사이고, 대표선원 이름이 용성선원입니다.

한산사는 용성 선사의 선수행 가풍을 계승하여 간화정로看話正路를 제시하는 간화선 근본도량으로 가꿀 것이며, 아울러 선과 교를 함께 닦는 선교겸수禪敎兼修, 수행과 노동을 함께 하는 선농일치禪農一致, 수행과 실천이 일치하는 해행상응解行相應, 도시의 포교와 산중의 수행을 병행하는 도농상생都農相生의 행화行化를 그 가풍으로 견지하고자 합니다."

한산사는 수행학교 운영과 함께 매년 하안거와 동안거에도 재가자들에게 문을 열어 방부를 받고 있다. 안거 때마다 30여 명의 재가자들이 월암 스님의 지도를 받으며 정진하고 있다. 안거 해제를 앞두고는 월암 스님의 조사어록 특강을 들을 수도 있다.

스님의 지향은 명확했다. 생활선, 불이선이 바로 그것이다.

___ **말씀하신 불이선**不二禪 **운동은 무엇입니까?**

"『유마경』을 보면 유마 거사가 재가자 신분으로 부처님의 경지를 터득해 법을 펴는 장면이 나옵니다. 여기서 유마 거사는 '불이법문不二法門'을 하고 있습니다. 제가 지향하는 것은 참선수행과 일상생활이 하나 되는 생활선입니다. 즉 일상의 생활 그대로가 선의 깨달음으로 승화되어야 한다는 것입니다. 그것이 바로 불이선입니다. 이것은 사부대중 모두에게 적용되는 것입니다."

스님의 지향은 명확했다. 생활선, 불이선이 바로 그것이다. 오래전부터 수행공동체를 꿈꿔 온 스님의 수행 과정이 궁금해졌다.

___ **스님의 출가인연이 궁금합니다.**

"경북 경주에서 쭉 나고 자랐는데, 경주중학교 2학년 때 불교학생회에 가

입하면서 저의 삶이 갑자기 바뀌었습니다. 불교학생회에 가입하고 첫 법회에 참석했는데 그때 법문을 해 주신 분이 바로 저의 은사이신 도문 큰스님이십니다. 스님께서는 그때 경주 분황사 주지를 하고 계셨지요. 당시 은사스님께서 법문 가운데 '나는 무엇을 생각할까? 도道를 생각하리라. 나는 무엇을 말할까? 도를 말하리라. 나는 무엇을 행할까? 도를 행하리라. 하여 도 생각하는 마음 잠깐인들 잊으리까? 나무아미타불'이라는 게송을 읊어 주실 때 가슴에서 진한 감동이 일었습니다. 태어나서 처음 듣는 법문의 첫 말씀에 번갯불이 일어났으니 전생사인지 모르겠습니다. 초등학교 때 책에서 읽은 부처님과 원효, 서산, 사명 등 대사들의 고행하는 수행을 동경해 왔는데 그 법문을 듣고 진짜로 도를 생각하고 도를 말하고 도를 행하면서 살 수 있다면 얼마나 위대한 삶이 될 수 있겠는가라고 생각했죠. 그래서 그때부터 바로 행자가 되었습니다. 엄격히 말하면 학교 반 행자 반의 생활이 시작된 것입니다."

당시에는 절에서 학교를 다니는 학생들이 많았기 때문에 집안 어른들도 절에서 공부한다고 하니 특별히 반대하지 않았다. 물론 스님이 출가를 했으리라고는 상상도 못했지만 말이다.

"그때 그 법문이 저에게는 불교입문이자 행자입문이었습니다. 전설 같은 얘기지만 당시에는 수련대회 중에 은사스님의 법문을 듣고 그 자리에서 손을 들어 출가한 사형師兄님들이 계실 정도였습니다. 부처님 당시에 부처님의 한 말씀을 듣고 출가했던 사람들처럼 말입니다. 분황사에 있다가 영주 부석사로 갔다가 다시 경주 중생사에 와서 정식으로 스님이 되었습니다."

___ 은사 도문 스님은 어떤 분인가요?

"신심과 원력을 가진 분입니다. 지금도 그렇지만 젊으셨을 때는 세상을 삼킬 것 같은 모습이셨습니다. 스님의 원력이 얼마나 대단하신지 당시 영남불교학생회 수련대회에 1,000명 이상이 모였습니다. 제가 출가할 때를 전후해서는 출가 붐이 일어났을 정도입니다. 은사스님께서는 불교와 민족의 역사를 강조하시면서 게으르면 안 된다고 자주 말씀하십니다. 또 '눈에 보이는 것도 잘하지 못하면서 눈에 보이지도 않는 도를 어떻게 깨닫겠느냐'며 이사원융理事圓融을 강조하시죠. 근래 들어서는 용성 큰스님 선양 사업에 매진하고 계십니다."

도문 스님은 정토회 지도법사 법륜 스님을 비롯해 불교계에서 일익을 담당하고 있는 많은 스님들을 제자로 두고 있다.

스님은 고등학교 2학년 때 행자 신분으로 경주불교학생회장과 영남불교학생회장까지 지낼 정도로 학생 불교운동에도 적극 참여했다. 고등학교 2학년을 지나면서 정식 계를 받고는 경주 남산 칠불암에 가서 1년 정도 혼자 정진했다.

"남산 칠불암에서 공부를 하다 마음이 좀 밝아지는 경계를 체험했어요. 그래서 '내가 깨달았나?'라는 좀 건방진 생각까지 했어요. 칠불암에서 내려와 어른스님들께 제가 깨달은 것 같다고 얘기를 했더니 엄청 혼을 내시고는 다시 학교 가서 고등학교나 졸업하라고 하시더군요. 하하."

하여 도道 하는 생각을
잠깐인들 잊으리까

고등학교를 마친 스님은 공주 마곡사, 장성 백양사, 의성 고운사, 구례 화엄사 등지에서 은사스님과 노스님인 동헌 스님을 시봉하는 한편 강원과 선방을 '기웃(?)'거리며 이론과 참선을 공부했다. 이후 군대를 갔다 와서 지리산 칠불사와 화엄사 선원을 거치고 인연이 있는 양산 송학사에서 포교를 했다.

"그때가 30대 초반이었는데 열심히 하다 보니 법회에 300명이 넘는 불자들이 왔습니다. 열심히 살긴 했는데 어느 날 문득 젊은 나이에 신도들에게 대접받고 산다는 것이 부담스럽게 느껴졌습니다. 출가승은 생사生死를 해탈해서 일체 중생을 제도해야 한다고 배웠는데 제가 포교라는 명목에 갇혀 너무 현실에 안주해서 초심을 잃어 가는 것이 안타까웠습니다. 그래서 어려서부터 동경하던 중국에 갈 마음을 내게 됐습니다."

양산에서 포교를 하면서 스님은 중국어를 공부했다. 언젠가는 중국에 가도인을 만나고 중국 선불교를 공부해 보겠다는 생각을 하며 준비를 했던 것이다. 3년 정도 공부해 생활중국어가 어느 정도 가능한 어느 날 대웅전 낙성식을 한 다음 바로 중국으로 건너갔다.

___ 벌써 오래전인데 당시 중국불교는 어땠습니까?

"중국에 가서 몇 년에 걸쳐 200여 곳의 선종 조정祖庭을 참배하기 위해 천하를 행각하였습니다. 중국의 선지식들도 친견하고 또 진여선사, 남화선사, 백림선사, 정거선사, 용천선사 등 중국 선원에서 중국스님들과 같이 정진했습니다. 당시 중국불교가 침체기였지만 그래도 산중에 가면 공부하는 납자들이 적지 않았어요."

월암 스님은 "도가 모양에 있는 것도 아니었는데 그때는 도를 찾아 중국 천하를 헤매고 다녔다"며 웃었다.

___ 중국의 선원을 탐방한 소감을 전해 주신다면요?

"그때에 비하면 지금 중국의 선방은 스님도 늘고 환경도 많이 좋아졌습니다. 제가 갔을 때만 해도 선원의 환경이 너무 열악했어요. 선방에 앉아 있는 것 자체가 고행이었죠. 여름에는 더위와 모기와 싸워야 하고 겨울에는 추위와 싸워야 했습니다. 화두만 잡고 싸워도 이길 수 있을지 없을지 모르는 그때 환경과 싸워야 했어요. 저는 무척 힘들었는데 중국 스님들은 희한하게 무덤덤했습니다. 환경을 초월한 것인지 어떤 것이었는지 모르겠어요. 지금 생각해 보면 그런 환경에서 정진하는 것 자체가 수행이었던 것 같습니다. 어려운 환경을 극복하고 초월해서 화두 공부하는 것도 중요한 일이었습니다. 당시 중국 선원의 스님들은 '염불자시수(念佛者是誰, 염불하는 자가 누구인가?)'라는 화두를 많이 참구하고 있었습니다. 묵묵히 정진하는 스님들을 보면서 중국에 온 이상 나도 아예 중국 스님이 되어 버리자고 생각하니 그나마 마음이 편해졌습니다."

스님은 중국 스님들과 함께 낮에는 울력을 하고 아침저녁에는 참선을 했다. 한국불교와 달리 중국에서는 선농일치禪農一致의 삶을 실천하고 있었다.

___ 중국의 선지식들도 많이 만났나요?

"백림선사 정회 스님, 백장사 불원 스님, 보봉사 일성 스님, 정거사 방장 스님, 오명불원 오명 스님 등을 친견했습니다. 이분들은 70, 80을 넘긴 나이에도 하루 종일 일을 했어요. 일하는 시간 외에는 정진하고 후학을 지도하고 그랬습니다. 정말 온몸으로 정진하는 분들이었습니다.

이분들은 대부분『참선요지』를 쓴 허운 화상의 직계 제자들입니다. 당시 중국 불교계의 큰 어른스님이지요. 참문하면서는 한결같이 인간적이고 진솔하면서도 안과 밖이 똑같은 분들이라는 느낌을 받았습니다."

___ 그렇게 제방을 유력하다가 북경대학에 가신 건가요?

"그렇죠. 처음에는 중국 조정을 참배하고 여러 선방을 다니다가 다시 한국으로 오려 했습니다. 그런데 여러 곳을 다니다 보니 학문적으로 공부하고 싶은 욕심이 났습니다. 제 나름의 선학禪學 이론 체계를 다시 정리하고 싶었거든요. 또 중학교 때 출가하면서 공부다운 공부를 못했던 것도 아쉬웠고요. 그래서 공부를 하게 되었습니다."

스님은 북경문화대학과 북경대 철학과에서 10여 년 동안 공부하면서 중국철학을 전공하고 '종밀의 회통사상이 보조의 정혜결사에 미친 영향'을 주제로 석사 학위를, '돈오선 연구'로 박사 학위를 받았다. 중국에서 공부했지만 한국불교와 중국불교를 함께 볼 수 있는 주제를 잡았던 것이다.

스님은 중국에서 귀국한 뒤 문경 봉암사, 예산 정혜사, 구례 화엄사, 문경 대승사, 함양 벽송사 등의 선원에서 정진했다. 그러던 중 인연이 돼 벽송사 선원장을 맡아 사찰을 중창하고 선회禪會를 열어 납자들이 공부할 수 있도록 도왔다. 매 선회마다 100명 안팎의 스님들이 참여하면서 공부 열기는 달아올랐다.

"벽송사 선원에서 정진하고 있는데 당시 주지스님이 벽송사 사적기事蹟記를 가져와 저에게 한글로 풀어 달라고 부탁을 해 왔어요. 그래서 시간이 날 때마다 틈틈이 풀기 시작했는데 사적기에 엄청난 내용이 담겨 있었습니다. 기록을 보니 벽송사는 1520년 벽송(1464~1534) 대사가 산문을 열었고, 벽송의 제자이자 한국 선불교의 양대 산맥인 청허(서산대사·1520~1604) 스님과 부휴(1543~1615) 대사가 수행했던 곳입니다. 이곳에서 부용(1485~1571) 선사 등 선교겸수 대종장도 108명이나 배출됐습니다. 나중에 주지 겸 선원장을 맡아 선회를 열고 불사를 해서 많은 스님들이 공부할 수 있도록 했습니다."

벽송사 선원장 소임이 끝나고 스님은 한산사를 창건하며 지금까지 한산사에서 주석하고 있다.

___ **중국과 한국의 선원 문화가 좀 다를 것 같습니다.**

"다른 점이 몇 가지 있습니다. 먼저 우리 선방은 좌선 위주 수행을 하는데 중국은 좌선도 하지만 '노동선'을 강조합니다. 그게 제일 큰 차이예요. 또 중국 선방에서는 입실참문入室慘聞이 가능합니다. 완전하진 않지만 방장스님에게 점검받는 시스템이 있습니다. 그런데 우리 선방에서는 거의 가동이 되지 않고 있습니다. 또 하나, 우리의 선방은 풍족합니다. 중국은 열악해요. 이 정도가 차이이지 않을까 합니다."

___ 스님은 어떤 화두로 공부를 하시나요?

"'이뭣고'를 합니다. 처음 어릴 때 동헌 노스님께 시심마(是甚麽 : 이뭣고) 화두에 대해 배웠습니다. 배우기만 배웠지 칠불암에서의 정진 이외에는 제대로 공부하지 못했습니다. 이후 1981년 해인사에서 통합수계 1회로 비구계를 받고 난 뒤 백련암으로 당시 종정이던 성철 큰스님께 단체로 인사를 드리러 갔을 때 큰스님께서 이뭣고 화두에 대해 말씀해 주셨는데, '마음도 아니요, 부처도 아니요, 물건도 아니다. 이것이 무엇인가?'라고 참구해야 한다고 가르쳐 주셨습니다. 그때부터 성철 큰스님께서 내려 주신 '이뭣고'를 하고 있습니다."

'마음도 아니요, 부처도 아니요, 물건도 아니다. 이것이 무엇인가?'

___ 공부가 잘 되십니까?

"중국에서 고행할 때 처음에는 잘 안 되다가 고행이 익숙해지니 화두가 좀 순일純一해지는 것 같았습니다. 요즘 와서 이제야 철이 드는지 공부가 좀 여일한 것 같습니다. 공부하는 재미가 느껴집니다. 그런데 중요한 것은 확철대오廓徹大悟하기 전 공부는 아무것도 아닙니다. 그냥 열심히 하는 것이죠. 삶 그대로가 화두가 되도록 노력하는 거지요. 확철대오 전의 얘기는 다 헛소리입니다. 부처님의 태양 같은 밝음에 반딧불 정도가 빛이라고 할 수 없는 것과 같은 이치입니다."

___ 공부를 할 때 가장 중요한 것은 무엇인가요?

"발심發心이 가장 중요합니다. 발심이 되어야 공부할 수 있어요.『대지도론』에 '만일 처음 발심할 때 마땅히 성불하리라고 서원하면 이미 세간을 뛰어넘은 것이니 응당 세간의 공양을 받을 만하다'고 나올 만큼 발심은 중요합니다. 그 다음이 정견正見입니다. 불교와 깨달음과 공부에 대한 바른 견해, 즉 중도정관中道正觀을 세워야 해요. 달리 말하면 정견이란 모든 언어문자의 개념적인 틀을 벗어나 반야에 의한 직관과 통찰로 중도정관을 수립하여 자아와 세계에 대한 진정견해眞正見解를 획득하는 것입니다. 정견의 확립은 모든 수행자가 반드시 갖추어야 할 필수 전제입니다. 그리고 지속하는 마음이 중요해요. 특히 발심 이후 화두일념의 지속이 제일 중요합니다. 지속하는 마음만 갖춰지면 공부를 잘할 수 있습니다."

___ 스님은 선禪과 교敎를 두루 섭렵하셨습니다.
   선과 교를 어떻게 바라봐야 할까요?

"우리 공부전통은 사교입선捨敎入禪입니다. 교敎를 연찬하고 나중에 교에서 얻은 지견知見마저 버리고 실참實參으로 들어가야 합니다. 제대로 선을 수행하게 되면 모든 것이 다 선이 되는 것이죠. 교教라고 할 때도 경전을 보는데 문자로 보는 것이 아니라 마음으로 보게 됩니다. 어록을 보는 것도 마찬가지죠. 마음을 반조해서 보는 것입니다. 선 따로 교 따로 생활 따로 하는 것은 다 엉터리입니다. 선교일치가 되어야 하고 생활이 선이 되는 생활선이 되어야 합니다. 결국은 선교겸수禪教兼修가 되어야 할 것입니다. 선은 부처님 마음이고 교는 부처님 말씀이라고 하지 않습니까. 부처님의 말씀과 마음이 어떻게 다를 수 있겠습니까."

___ 선지식이 없다고 하는 비판에 대해서는 어떻게 보십니까?
"이 말은 자상하게 지도 점검해 주는 그런 선지식이 드물다는 말이지, 선지식 자체가 없다는 말은 아니라고 봅니다. 지금 계시는 선지식들께서 후학들을 지도하는 데 좀 더 관심을 가져 주셔야 합니다. 그리고 또 중요한 것으로 공부하는 사람들이 간절히 선지식을 구하면 일체가 다 선지식이 됩니다. 공부하는 사람의 마음이 간절하지 않기 때문에 선지식이 없는 것입니다. 간절하면 떨어지는 낙엽, 흘러가는 구름, 마을 아낙의 하소연도 다 염화미소가 됩니다."

우리모두는
친절해야 합니다

___ 최근 『친절한 간화선』이라는 책을 내셨습니다.
여기서 '친절한'이 의미하는 것은 무엇입니까?
"조사어록을 보면 '친절'의 의미가 나옵니다. 제가 말하는 친절은 안으로

불이중도를 깨닫고 수행해야 하고 또 불이중도의 삶을 살아야 합니다.
나와 너, 작은 것과 큰 것, 미움과 사랑, 비방과 칭찬,
예토와 정토, 번뇌와 보리, 생사와 열반, 중생과 부처가 둘이 아닌
불이중도를 깨치고 실천해야 할 때입니다.

는 존재의 실상에 대해 화두일념으로 사무치게 참구하는 것이고 밖으로는 일체 중생을 부처님으로 섬기는 것입니다. 이렇게 안과 밖이 사무쳐야 진짜 제대로 된 친절이라고 할 수 있어요. 그래서 공부를 할 때 '친절'만큼 중요한 것이 없습니다. 이것을 다시 정리하면 견성성불見性成佛이 안의 친절이요, 요익중생饒益衆生이 밖의 친절입니다. 안으로 사무치지 않고 어떻게 견성하겠습니까? 일체 중생을 부처로 보지 않으면 어떻게 부처님의 구세대비救世大悲를 실천할 수 있겠어요? 이런 의미에서 우리 모두는 친절해야 합니다."

『친절한 간화선』에서 선오후수先悟後修를 말씀하셨습니다. 선오후수의 뜻을 설명해 주신다면?

"전체적으로 보자면 먼저 깨닫고 그 깨달음을 바탕으로 닦는 것이라 할 수 있습니다. 여기서는 두 가지의 깨달음이 있습니다. 첫째는 중생의 깨달음인 해오解悟입니다. 둘째는 성인과 보살의 깨달음인 증오證悟입니다. 그래서 해오점수解悟漸修와 증오점수證悟漸修의 방법이 되는 것이고 결국에는 선오후수의 대표적 방법인 돈오점수頓悟漸修가 됩니다. 돈오돈수頓悟頓修가 되면 제일 좋지만 이 시대에 돈오돈수를 하는 것은 쉬운 일이 아닙니다."

스님은 중생과 보살의 깨달음이 다르기 때문에 두 가지의 깨달음이 있다고 말했다.

"『대승기신론』을 보면 비슷한 깨달음인 '상사각相似覺', 분수에 따른 나름대로의 깨달음인 '수분각隨分覺', 완전한 깨달음인 '구경각究竟覺'을 얘기합니다. 최종적으로는 구경각을 성취해야 하지만 천차만별의 중생 근기를 감안하면 구경각으로 바로 가기 어려워요. 그래서 해오도 있고 증오도 있습니다. 우리가 본래 부처지만 현실에서는 깨닫지 못한 중생이기 때문입니다."

___ 그럼 돈오돈수와 돈오점수의 문제는 어떻게 봐야 합니까?

"육조 혜능 대사는 '법에는 돈점이 없다. 다만 사람에게는 영리함과 둔함이 있다(法無頓漸 人有利鈍)'고 하셨습니다. 돈점은 그 관점으로 봐야 합니다. 따라서 돈오돈수가 맞느냐 돈오점수냐 맞느냐는 물음 자체가 맞지 않는 것이라고 봅니다."

___ 참선을 할 때 화두는 어떻게 받아야 할까요?

"화두는 기본적으로 선지식에게 받아야 합니다. 그런데 『단경』을 보면 선지식도 안과 밖의 그것이 있다고 했습니다. 안의 선지식은 자기 자신입니다. 우주와 인생에 대한 자기물음이 있어야 해요. 그 물음을 가지고 밖의 선지식을 찾아가서 고백하고 그 고백에 따라 화두를 결택해야 하는 것입니다. 화두를 받을 때 가장 중요한 것은 역시 간절함입니다. 그것이 없으면 아무리 화두를 해도 공부에 진전이 없어요."

___ 우리 시대에 맞는 화두는 무엇일까요?

"역대 조사들이 공부했던 수많은 화두의 내용은 시대를 초월해 있다고 봅니다. '본래면목'이나 '존재의 실상'은 변할 수가 없습니다. 공부하는 사람이 그것을 어떻게 받아들이느냐의 문제입니다. 다만 이 시대 현대인들이 쉽게 요해할 수 있는 말로 표현된 화두가 필요합니다."

월암 스님은 화두 참구의 방법으로 신심信心과 분심忿心, 의심疑心이 철칙이라고 강조했다.

"간화행자는 참구함에 오로지 화두의심에 전심전력할 뿐 분별로 헤아려서는 안 됩니다. 생각 생각에 간절히 화두에 대한 의심을 지어 나가서 한 티끌의 망념도 일으켜서는 안 됩니다. 어려움이 있어도 한결같이 간절하게 밀고 나가야 합니다. 간절하게 의정이 지속되어 마음의 길이 끊어지게 되면 조사의 관문을 통과하게 될 것입니다."

___ 롤모델로 삼고 있는 선지식이 있나요?

"가장 닮고 싶은 분은 역시 부처님이죠. 또 제 성품에 혁명가 기질이 있어서인지 어려움을 극복하면서 수행했던 대혜 종고 선사나 감산 덕청 선사 같은 분도 존경합니다. 또 마조 도일 선사와 임제 의현 선사도 꼽고 싶습니다. 중국 선방에 있을 때 『마조어록』과 『임제록』을 봤는데 상당한 마음의 변화를 일으켰습니다. 특히 『마조어록』에서 느낀 바가 많았습니다. 우리나라 스님으로는 나옹 선사를 좋아합니다. 청빈한 삶과 고준한 깨달음의 세계를 보여 주신 분이죠."

___ 우리나라 선원 중 정진하면서 기억에 남는 곳이 있다면요?

"여러 군데 다녀봤는데 그래도 봉암사 선원이 제일 기억에 남습니다. 대중도 많고 공부하고자 하는 의지가 다들 강해서 저도 열심히 할 수 있었던 같아요. 정혜사에서 설정 방장스님을 모시고 살 때도 행복했습니다."

___ 공부를 하고자 하는 사람들이 꼭 봤으면 하는 책이나 경전이 있을까요?

"경전으로는 『금강경』 『능엄경』 『법화경』이 좋습니다. 또 조사어록으로는 『육조단경』 『전심법요』 『임제록』 『대혜어록』 등을 추천하고 싶습니다.

『금강경』과 『능엄경』은 선경禪經입니다. 특히 『금강경』은 무념無念, 무상無相, 무주無住를 설하고 있는 『육조단경』과 더불어 선 사상의 정수를 드러내고 있다고 하겠습니다. 무주생심無住生心이란 말은 공적영지空寂靈知와 같은 말로 조사선지를 드러내는 말입니다. 『능엄경』은 참선수행자의 공부 방법과 장애에 대해 상세히 설하고 있기 때문에 반드시 읽어 보아야 합니다. 『법화경』은 일대사인연一大事因緣과 회삼귀일廻三歸一을 설하는 원돈교圓頓敎로서 신심과 원력을 세워 공부하기에 최고로 좋은 경전이라 생각합니다.

『육조단경』은 조사선의 토대가 되는 선 사상의 보고寶庫이므로 반드시 읽어야 할 선적입니다. 『전심법요』와 『임제록』은 조사선의 선지를 극명하게 드러내 주는 어록이며, 『대혜어록』은 화두 공부를 하려는 사람은 꼭 보아야 하는 간화선의 교과서입니다."

___ **수행자에게 회향回向의 진정한 의미는 무엇일까요?**

"회향은 돌이켜 나간다는 뜻입니다. 자기가 쌓은 수행과 공덕을 모든 중생의 이익을 위해 되돌리는 것이 회향이에요. 그런데 오늘날 수행자들의 모습은 어떻습니까? 일체 중생은 그만두고 나와 나의 이웃, 나와 함께 살아가고 있는 동시대 사람들의 아픔이 나와 얼마나 상관이 있다고 생각하는지 모르겠어요. 미망에 사로잡혀 자신만의 안락에 빠져서 다른 사람들의 아픔에는 무관심으로 일관하고 있지는 않는지, 오히려 세상 사람들이 우리 수행자들을 걱정하고 있지는 않는지 되돌아볼 일입니다. '중생이 아프니 나도 아프다'는 말의 의미가 무엇인지, 수행과 깨달음이 궁극적으로 누구를 위한 것인지 성찰해 볼 때가 됐습니다."

스님은 『대승의장』에 있는 세 종류의 회향을 추가로 설명했다. 첫째는 보리회향이니, 내가 닦은 일체 모든 선법을 위없는 깨달음으로 돌아가게 하는 것을 말한다. 둘째 실제회향이니, 일체의 선근공덕을 평등하고 여실한 법의 성품으로 돌아가게 하는 것이다. 셋째는 중생회향이니, 중생을 생각하기 때문에 내가 닦은 일체 모든 선법을 다른 이에게 돌아가게 하는 것을 말한다.

___ 선방과 수행자들의 수행풍토를 어떻게 고쳐야 할까요?

"간화선看話禪은 '일체처一切處 일체시一切時 무처선無處禪 무시선無時禪'입니다. 시간과 공간을 초월해 있는 것이죠. 그런데 지금 선방은 너무 좌선坐禪 위주로 하고 있습니다. 좌선 자체가 나쁘다는 것이 아니라, 생활 그대로가 좌선이 되어야 합니다. 그리고 생활이 너무 풍족해졌어요. 요즘 선방을 보면 청빈淸貧 가풍과는 거리가 멉니다. 청빈의 자세가 되어야 합니다. 맑은 가난이라고 하잖아요. 맑은 가난을 되찾아야 합니다. 서양에서는 요즘 '자발적 가난'이라는 용어를 쓴다고 해요. 그리고 마지막으로 보리행菩提行이 부족합니다. 보리심菩提心이 없으니 보리행이 나올 수 없습니다. 역사와 사회와 대중을 위한 희생과 봉사의 정신이 필요합니다."

월암 스님은 한국불교의 수행 풍토에 대한 제언을 마다하지 않았다. 대중 토론회나 학술발표장에서 했던 얘기들에 비하면 조금 낮은(?) 수위이지만 그래도 스님의 지적은 분명 새겨들을 만한 것들이었다.

___ 부처님 가르침의 핵심은 무엇입니까?

"불이중도不二中道가 핵심입니다. 연기緣起라고도 하고 공空이라고도 하고, 법法이라고도 표현하는데 저는 불이중도라고 말하고 싶습니다. 불이중도를 깨닫고 수행해야 하고 또 불이중도의 삶을 살아야 합니다. 나와 너, 작은 것과 큰 것, 미움과 사랑, 비방과 칭찬, 예토와 정토, 번뇌와 보리, 생사와 열반, 중생과 부처가 둘이 아닌 불이중도를 깨치고 실천해야 할 때입니다."

___ 스님에게 현재 가장 중요한 것은 무엇인가요?

"없습니다. 중요한 것이 뭐가 있겠습니까? (앞의 산을 가리키며) 저기 저 산에 단풍잎이 떨어지고 있습니다. 눈앞에 떨어지는 단풍 그대로가 본래면목의 소식입니다."

___ 앞으로의 계획을 전해 주신다면?

"간화선 수행학교를 잘 운영해야 되겠지요. 결제 때면 제방에 다니면서 열심히 정진하고, 해제하면 인연 따라 법문하고 강의해야 할 것 같아요. 당분간 한산사는 재가 중심으로 간화선 학교와 수행 프로그램을 운영하면서 2~3년 후에 비구선원을 정식으로 개원할 예정입니다. 우리 수행 전통을 지키면서도 뭔가 이 시대가 요구하는 방향으로 새롭게 운영되는 그런 선방이 되도록 해 볼 생각입니다."

___ 20년 후 스님의 모습을 상상하신다면?

"일일시호일一日是好日입니다. 저의 삶을 반조하면서 여러 사람에게 도움을 주면서 회향하고 싶습니다. 그냥 그렇게 살고 싶습니다."

각종 법문과 강연, 학술발표 때와 마찬가지로 스님은 열정적으로 인터뷰에 응했다. 스님 말씀의 골간에는 스님이 평소 지향하고 있는 '생활이 곧 수행이고 선禪인 삶'이 고스란히 나타나 있다. 언제 어디서 터질지 모를 세상과 한국불교를 향한 월암 스님의 할과 방이 다시 기다려진다.

무상 스님

곡성 성륜사 주지

> 제게 가장 중요한 것은
> 안으로는 진실하게 공부해서 견성하는 일이고
> 밖으로는 정통불법이 중흥되어서
> 만 중생이 다 함께 성불하는 것입니다.

정통불법 통해
중생의 행복을 기원합니다

곡성 성륜사 주지
무상 스님

　전남 곡성 성륜사는 평생을 은둔 수행자로 지내며 염불선念佛禪을 주창했던 청화 스님이 세운 절이다. 설령산 자락에 자리한 성륜사를 찾는 불자들이 "이렇게 아름다운 절이 곡성에 있는 줄 미처 몰랐다"고 할 정도로 도량이 멋스럽고 아늑하다.
　평소 '수행' 외에는 관심이 없었던 청화 스님의 가풍을 잇고 있는 절답게 성륜사에서는 안거철마다 50여 명의 대중이 흐트러짐 없이 정진하고 있다. 비구 선방인 금강선원金剛禪院에는 10명의 스님들이, 재가 선방인 정중선원淨衆禪院에도 10여 명의 재가자들이 방부를 들인다. 그리 많지 않은 숫자인데 대중들이 여법하게 공부할 수 있도록 적정 인원을 맞춘 것이라고 한다. 출재가 선원의 정진 시간은 똑같다. 새벽 3시에 정진을 시작해 저녁 9시 마칠 때까지 끊임없이 수행한다. 절 안의 외호대중과 30여 명의 출퇴근 불자들도 공부를 계속하고 있다.

대중들이 여법하게 살도록 살림을 챙기고 있는 성륜사 주지 무상 스님은 이理와 사事를 두루 챙기느라 여념이 없다. 청화 스님의 가르침을 올곧게 실천하기 위해 동분서주하고 있는 무상 스님을 만났다.

___ 절이 소박하면서도 생기가 넘칩니다. 성륜사는 어떤 절인가요?

"성륜사는 불조의 정통정맥인 실상염불선을 수행하고 교화하는 정통불법 극락도량입니다. 벽산당 금타 대존사께서 '보리방편문'의 염불선 수행법으로 순선시대 조사의 정통정맥을 중흥하시고 제자인 무주당無住堂 청화淸華 대종사께서 이를 계승하여 수없이 많은 수선납자들의 안목을 밝혀 주고 견성오도의 대도를 열어 주신 도량입니다. 아산 조방원 화백과 대상그룹 상정 임창욱 거사님, 우성그룹 반야화 보살님을 비롯한 수많은 불자님들의 정성어린 모연과 동참시주로 현재의 성륜사 도량을 이루게 되었습니다."

무상 스님에 따르면 성륜사는 네 가지 소리가 끊이지 않는다고 한다. 첫째는 기도하는 목탁소리다. 하루도 4분 정근을 쉬는 날이 없다. 둘째는 강의하는 법문소리. 매주 토요일마다 청화불교대학을 열고 오후 2시부터 4시까지 강의가 이어진다. 초하루 법문도 물론 계속된다. 셋째는 정진하는 죽비소리다. 재가자들도 비구선원과 똑같이 정진하고 산철에도 주말정진을 쉬지 않으며 매주 토요일마다 철야정진을 한다. 넷째는 천도하는 요령소리다. 청화 스님 당시부터 영가 천도를 많이 해서인지 천도재가 다른 절보다 좀 더 많다.

___ 몇 년 전에는 '성륜사 백년대계'를 밝히셨습니다. 구체적 내용이 궁금합니다.

소박하면서도 생기가 넘치는 성륜사

"천대만년에 걸쳐 전법해야 할 도량인지라 거시적인 안목이 반드시 필요하다고 여겼습니다. 불사의 중복을 막고 효율적으로 도량을 수호하려면 세밀한 계획이 절실했습니다. 그러자면 먼저 부지가 필요했는데 부처님이 가호하시고 은사스님이 호념하셨는지 아산 조방원 화백께서 크고도 아름다운 마음을 내셔서 옥과미술관 산자락에 붙은 아산재단 6만여 평의 토지를 아무런 조건 없이 희사하셨습니다. 참으로 깊은 감사의 합장을 올립니다.

이 토지에 종교, 문화, 복지 단위로 지구화해서 적멸보궁, 염불선문화센터, 템플스테이센터, 성보박물관, 도서관, 전통문화관, IT아쉬람, 실버타운 등을 세울 것을 구상하고 있습니다. 하루아침에 완성될 일들은 아니고 시간을 두고 소임자들이 원력을 가지고 추진해야 할 말 그대로 백년대계입니다. 적멸보궁은 불사를 시작해서 현재 진행 중입니다."

성륜사에 대한 궁금증을 해소하고 본격적으로 스님의 삶과 수행에 대한 이야기를 시작했다. 스님의 한마디 한마디가 진지했다.

진정으로 가야 할 길은
법왕法王의 길

___ 스님의 출가인연이 궁금합니다.

"10대 후반에 『선으로 가는 길』이라는 선서禪書를 봤는데 '인생이 그대로 꿈'이라는 구절을 보고 딜레마에 빠졌습니다. 세상에 빛과 소금이 될 큰 위인이 되는 것이 제 인생의 유일한 목표였는데 정말로 꿈이라면 꿈속에서 아무리 위대한 업적을 남긴들 무슨 소용이 있겠는가라는 절망 아닌 절망에 빠졌습니다. 그래서 스님들을 수없이 찾아가 묻고 많은 선서들을 보았지요. 몇 년을 방황하다가 '인생은 꿈'이라는 확신이 서고 나니까 진정으로 대장부가 가야 할 길은 법왕法王의 길밖에는 없겠구나 하는 생각이 들어 출가하게 되었습니다."

스님이 출가한 곳은 경기도 안성 칠장사다. 출가 당시 청화 스님이 칠장사에서 처음으로 회상을 열고 대중교화를 하고 있었다.

"저는 스승을 찾아서 칠장사로 갔는데 정작 청화 스님께선 상좌를 받지 않는다고 하셨습니다. 이유는 제 사형님들이 상좌를 받고 있어서 위계상 문제가 생긴다는 것이었고 근 십년 넘게 상좌를 두지 않았다는 것이었습니다. 사실 그전에도 청화 큰스님을 은사로 출가하려 했던 분들이 계셨는데 다 제 사형님들의 상좌가 되었습니다. 할 수 없이 저는 '스승을 찾아왔지 절을 보고 온 것이 아니니 상좌로 받지 않으실 것이라면 저는 평생 행자로 지내겠다'고 말씀드리고 나왔습니다. 지금 생각해도 참 당돌했던 것 같아 얼굴이 뜨겁습니다. 그 후 한 달쯤 지나 은사스님께서 저를 부르더니 법의 정통을 위해서는 어쩔 수 없다 하시며 저를 상좌로 받아 주셨습니다. 그 다음 해에 곡성 태안사로 회상을 옮기셨는데 그때 이후로 제 사제님들은 아무런 제약 없이 청화 큰스님을 은사스님으로 모실 수 있었고 또 회상을 여신 관계로 큰스님께서도 인연을 거부하지 않고 상좌를 받으셔서 많은 제자를 두게 되었습니다."

___ 출가 이후 공부 과정은 어떠셨어요?

"곡성 태안사에서 3년 결사를 했고 선방을 다니다가 중앙승가대에서 공부했습니다. 그 후 쭉 은사스님을 시봉했습니다. 은사스님을 모시고 다니는 시자는 따로 있었고 저는 회상에서 소임을 보면서 가르침을 받았고 때론 토굴에서 때론 대중과 함께 정진하고 기도하면서 지내 왔습니다."

___ 공부는 많이 된 것 같으신가요?

"불가향인설不可向人說이라 합니다. 공부경계는 스승 외에는 발설하지 않게 되어 있습니다."

___ 수행 중 기억에 남는 일화를 전해 주신다면?

"해인사 선방에 있을 때 하루는 새벽 정진 중에 은사스님이 평소처럼 작은 소리로 웃으시며 눈앞에서 한참을 격려해 주시고 가신 적이 있었습니다. 입선죽비를 치고 얼마 되지 않아서니까 분명 졸지 않았고 평소에도 저는 정진 중에 혼침이 별로 없는 편입니다. 정중에 간혹 존사님(금타 대화상)을 뵈었다는 스승의 말씀이 실감났습니다."

실제로 청화 스님을 만난 것은 아니었지만 스님은 은사스님의 격려를 받고 더 정진에 진력했다고 한다. 그만큼 은사스님의 지도는 스님에게 수행의 든든한 원동력이 되었다.

___ 수행은 어떻게 해야 합니까?

"대도大道가 무문無門이고 문문門門이 가입可入이라 많고 많은 수행법이 있겠으나 불조의 정설은 오직 '반야바라밀般若波羅蜜에 입각하여 일상삼매一相三昧와 일행삼매一行三昧를 무념無念으로 수修하라'는 말씀으로 이 말씀이 수행의 방법이라고 생각합니다. 이것은 부처님과 조사님들의 일음一音 설법입니다.

반야란 일체 존재의 실상을 비추어 보는 최존 최상의 지혜인 불지견을 말합니다. 정定과 혜慧가 일체이기 때문에 반야정견에 입각하여 정혜를 쌍수雙修하되 조금도 때가 끼지 않는 불염오不染汚의 수修, 즉 무념으로 수행하라는 것입니다. 『대품경』에서 설하시기를 '무소념자無所念者 시명염불是名念佛'이라 하였습니다. 생각하는 바가 없는 것이 바로 불佛을 염한다고 합니다. 즉 불심을 염하는 것을 무소념無所念이라고 합니다.

항상 불佛을 염하여 대상에 끌리는 마음이 일어나지 않으면 상相이 끊어져 무상無相하고 평등하여 둘이 아니게 됩니다. 이렇게 진실로 실상염불을 하게 되면 반야삼매인 무념에 저절로 들게 된다고 하였습니다. 육조대사뿐만 아니라 천하 선지식들이 모두 무념을 강조하셨죠. 갖추어 만행을 수修한다 할지라도 오직 무념을 종宗으로 할 뿐이니 수행의 묘문妙門은 다만 여기에 있을 뿐이라고까지 할 정도로 무념의 의미는 심대하고 중요합니다. 제법이 공空함을 깨달으면 마음은 스스로 무념에 드는 것입니다. 그러기에 견성한 후의 수도는 여실한 무념수인 반야삼매가 되겠지요. 이렇게만 하면 그 어떤 방편으로 수행하더라도 최상승선이 될 것입니다. 지계청정은 기본이고요."

___ 수행은 선오후수先悟後修인가요?

청화 스님도 선오후수를 말씀하신 것 같습니다.

"그렇다고 여겨집니다. 교敎를 빌려 종지宗旨를 깨달으면 일체 중생이 동일 진성임을 믿어 천지우주가 본래 부처뿐임을 여실하게 아는 자교오종藉敎悟宗의 이입理入에 의하지 않고 반야의 정견 없이 무턱대고 닦는 것은 눈을 감고 먼 길을 가는 것과 다를 바 없습니다.

초조 달마 대사의 친설이라 일컬어지는 『이입사행론二入四行論』이나 삼조 승찬 대사의 『신심명信心銘』이나 사조 도신 대사의 『입도안심요방편법문入道安心要方便法門』이나 오조 홍인 대사의 『수심요론修心要論』이나 육조 혜능 대사의 『단경壇經』 등을 보더라도 조사들은 한결같이 고구정녕苦口叮嚀 먼저 반야바라밀을 여실히 듣고 알아서 그 정견正見에 입각하여 정혜를 쌍수雙修하라 하셨습니다.

여기서 선오先悟라 할 때의 오悟란 해오解悟로서 증오證悟가 아닙니다. 먼저 닦고 뒤에 깨닫는 선수후오先修後悟는 부처님만이 하시는 것입니다. 무사자통無師自通이시니까요. 다만 중생들은 모두범부凡夫인지라 머문 바 없이 그 마음을 낼 수 없기에 부득이하여 이독제독以毒制毒의 방편을 제시한 것이 염불이요, 화두요, 주문이요, 그 외 팔만사천의 응병여약법應病與藥法입니다.

부처님께서는 우리에게 당신의 지견을 열어서 보여주고 깨닫게 하고 열반에 들게 하셨습니다. 그러한 부처님의 지견을 나의 지견으로(先悟) 하지 않고 범부의 분별심으로 참선한다고 했을 때 모양은 참선 수행의 모습일지 몰라도 안으로는 참선 수행한다고 할 수 없는 것입니다. 부처님이 일대사인연으로 세상에 나오신 보람이 없는 것이죠. 부처님이 계셨기에 부처님께서 깨달은 불지견佛知見으로 만 중생이 올바로 정진하여 번뇌를 돌이켜 보리로 쓸 수 있었고 생사를 돌이켜 열반으로 수용할 수 있었고 범부를 바꾸어 성자가 될 수 있었던 것입니다. 따라서 공부인에게는 선오후수先悟後修가 정수正修라고 배웠습니다."

___ 그렇다면 선오후수와 돈오점수는 같은 의미인가요?

"같은 의미라 할 수 있습니다. 다만 좀 더 세밀히 구별하자면 선오후수는 견성하기 이전에 공부를 지어 감에 있어서의 정진분상이고 돈오점수는 견성 후 대각까지의 보살만행을 통칭하는 것이라고 생각합니다. 돈오頓悟하면 즉시에 돈수頓修라 하여 더 이상의 닦음이 필요 없다고 돈수를 잘못 생각하시는 분들도 더러 계시는 것 같은데 그렇다면 부처님 이후 삽삼卅三 조사는 물론이고 생사에 자재하고 진리의 하늘에 빛났던 천하의 성자들 가운데 아무도 돈오견성한 분이 없게 됩니다. 오직 부처님 한 분만 견성하신 것이 됩니다.

부처님이 이루신 대각大覺은 자각각타自覺覺他이고 각행궁만覺行窮滿이며 전지전능全知全能이고 만덕구족萬德具足입니다. 천하에 그 어떤 대성보살이라 할지라도 부처님과 같은 무상정등정각을 완벽히 성취하신 분은 단 한 분도 없다고 생각합니다. 돈오하여 생사에 자재하고 제법실상을 여실히 증명했다 하여도 부처님 같은 완전한 대각의 성취, 만덕구족에 이르기까지는 보살만행을 닦아야 하는 여분餘分의 점훈공성漸熏功成이 남게 됩니다. 이것 때문에 성불까지 크게 보아서 돈오점수라 할 것입니다. 돈오하여 본성을 깨달으면 견해는 부처와 다를 바가 없다 할지라도 습기가 남아 있기 때문에 불염오(無念)의 수행으로(頓修) 성불까지 닦아야 한다고 했습니다. 그렇기 때문에 돈수頓修의 의미를 명확히 알 필요가 있습니다. 저는 견성하여 돈오했으면 대각에 이를 때까지 조금도 때가 끼지 않는 불염오의 수행으로 닦는 바 없이 닦는 것이 돈수의 의미라고 스승께 들었습니다. 그렇기 때문에 돈오돈수적인 점수가 정설이라고 배웠습니다. 이 말씀을 뒷받침할 여러 종사의 법어가 있지만 이 돈점의 논쟁거리를 뿌리까지 캐자면 오悟의 한계限界 설정부터 시작하여 끝없는 쟁론을 요하기 때문에 이 정도로만 말씀을 드리겠습니다."

___ 은사 청화 스님은 어떤 분인가요?

"너무 커서 어떻게 표현할 수 없는 존재입니다. 20대 초반 대학에서 이미 비판철학을 꿰뚫으셨고 선의 원리를 아셨기에 지엽말변에 치우친 현재의 공부행법으로는 견성해탈이 요원하심을 알고 행자 시절에 토굴에서 혼자 정진하시려고 산문을 나오는 중에 존사님(청화 스님의 스승인 벽산당 금타 대화상)의 법(보리방편문)을 친견하고 다시 마음을 돌이켜『금강심론』(금타 대화상의 유저)을 독파하고 이후 오직 한길로 용맹정진하신 분입니다.

선각자의 웅지와 혜안이 아니고서는 누구도 품을 수 없는 법을 계승하신 것만 보더라도 숙세의 정법보살이라 아니 할 수 없습니다. 저의 스승이라서 철없이 금칠함이 아니고 보편적이고 객관적인 냉정한 안목으로 보더라도 당대의 선지식임은 물론이거니와 인류의 큰 스승이었음이 분명합니다."

무상 스님은 평소 청화 스님의 모습만 보아도 수행자가 어떤 사람이어야 하는지를 알 수 있다고 밝혔다.

"평소에는 청정하고 자애롭고 엄정하시며 밝고 용맹스러운 분이셨습니다. 낮에는 친견하러 오신 분들을 제접하고 늦은 밤에 손수 당신의 빨래며 방청소를 하실 정도로 일상의 모습 자체가 엄격하셨지만 타인에게는 한없이 자애로운 분이셨어요. 누구라도 가까이서 모시고 살다 보면 아닌 부분들이 눈에 많이 띄고 존경심도 그만큼 없어지게 되는 법인데 은사스님은 모시고 살수록 더 깊고 진한 존경심만 우러났습니다. 20년 훨씬 넘게 모시고 살았는데도 가슴에 남은 것은 오직 감동뿐입니다."

___ 청화 스님께서 스님에게 따로 전해 주신 것이 있으십니까?

"은사스님께서 말년에 편찮으셨을 때 대중들을 다 불러 모으시고 '이제까지 나는 누구에게 시봉을 받는다는 의식이 전혀 없었고 시봉이라 생각해 본 적도 없었고 다만 출타할 때 운전해 주는 기사 정도로만 생각해 왔는데 이제 비로소 무상 수좌를 시봉으로 임명하고 나의 법과 사후를 부촉한다'고 말씀하셨습니다. 저는 그 자리에서 삼배를 올리고 시봉으로서의 역할을 성심으로 받들겠다고 말씀을 올렸는데 스승께서 부촉하신 법의 선양을 제대로 이행하지 못한 것 같아 마음이 무거울 뿐입니다."

___ 청화 스님께서 특별히 강조하신 것은 무엇인가요?

"혜慧해탈과 정定해탈인 구해탈俱解脫이라고 생각합니다. 신앙을 갖고 종교에 귀의함은 오직 영생해탈이 목적인데 더러는 본말이 전도된 신앙생활을 하고 있습니다. 종교를 위한 종교인이 되어 있고 행법을 지키기 위한 수행자가 되어 있습니다. 다시는 생사에 빠지지 않고 영원히 행복하기 위하여 종교가 필요하고 그 영생해탈을 위하여 수행이 필요한 것인데도 목적과 수단이 전도된 신앙으로 인하여 종파 간의 갈등이나 종교 간의 반목이 생기는 것입니다. 반야정견에 입각하지 않으므로 혜해탈을 못 이루고 간단없이 장원長遠하게 수행하지 못하므로 정해탈을 이루지 못한다 하셨습니다. 선오先悟해서 불염오不染汚의 후수後修를 목숨이 다할 때까지 성불이 아니면 잠시도 멈추지 말라고 강조하신 것 같습니다."

청화 스님은 엄청난 수행력을 보인 것으로 유명하다. 하루 한 끼만 먹는 일종식과 눕지 않고 정진하는 장좌불와長坐不臥를 평생 했다고 한다. 그래서 제자들에게도 철저한 정진을 당부했다. 청화 스님이 가장 중요하게 강조한 것은 '정통불법의 중흥'이다. 통불교를 선양하여 염불선을 제창하고 엄정한 계

청화 스님의
유지를 받드는 것은
무상 스님의
중요한 과제가 되었다.

율을 견지하여 해탈을 증득하고 위법망구의 전법도생을 강조했다. 또 청화 스님은 실상사 백장암에서부터 '백장신조百丈信條에 유한청정幽閑淸淨한 도량, 엄정무상嚴正無相한 행지行持, 본증묘수本證妙修의 정진'을 전했다.

이와 함께 삼가 청중에게 이른다는 '근고청중謹告淸衆'을 남겼다. '생사사대 무상신속 촌음가석 신물방일生死事大 無常迅速 寸陰可惜 愼勿放逸', 즉 '삶과 죽음이 가장 큰일인데 덧없는 세월은 빨리 가 버리니, 짧은 시간도 한껏 아끼며 방심하고 게으르지 말라'는 뜻이다.

___ 말씀하신 '정통불법正統佛法'이라는 것은 무엇입니까?

"초조 달마에서 육조 혜능까지를 순선시대라 하고 또 그 시기에 조사들이 이심전심으로 전했던 심인心印을 정통골수라 하고 통칭하여 순선 또는 정통선이라 합니다. 이 시기에는 전법의 표상으로 의발을 전했으나 육조 이후에는 의발이 전해지지 않고 오가칠종五家七宗으로 대변되는 선의 황금기를 맞이하였지만 훗날 심인心印의 올바른 인가認可와 행법상의 문제가 제기되었습니다. 결국 행법상의 다양성과 세세히 정형화된 가풍 때문에 서로 충돌하였고 급기야 상호간에 사선邪禪 외도外道라고 비방하기에까지 이르렀습니다. 그래서 본령으로 돌아가 조사들의 진정대의가 무엇인가 하고 찾게 되었습니다.

이 원칙에 입각한다면 염불선을 안 할 수 없어요. 순선시대 조사들의 사상에 나타난 염불선이라는 내용으로 많은 학자들이 논문을 발표하고 있습니다. 부처님과 조사들이 무엇을 말하고자 했는지를 알아보고 그 말씀에 따르자는 것이 은사스님의 말씀이고 그것이 정통불법의 재천명이라고 생각합니다."

염불하는 마음이
바로 부처

___ 청화 스님이 말씀하신 염불선에 대해 설명해 주신다면?

"염불선은 '시방삼세에 두루한 자성불의 지혜광명을 관하면서 닦는 것'이라고 스승께서 말씀하셨습니다. 『지도론』을 보면 염念은 사람마다 갖추고 있는 마음에 나타나는 현전일념現前一念이고, 불佛은 사람마다 갖추고 있는 깨달은 근본성품입니다. 현전일념이 본각의 참성품임을 깨달아 아는 것이 염불입니다. 그렇기 때문에 부처와 내가 둘이 아닌 불이불不二佛이요, 불이불이기 때문에 부처를 순간 찰나도 떠나지 않는 불리불不離佛인 것입니다.

풀어 말하자면 천지우주와 더불어 모든 사람이 근본적으로 갖추고 있는 불성佛性을 '아미타불' 일념의 염불로 법계에 여실히 드러내는 것이 바로 염불선인 것입니다. 도신 대사 말씀에 염불하는 마음이 바로 부처이고 망념하는 그 마음이 범부라 하였습니다. 그래서 실상염불 자체가 바로 선입니다."

___ 염불선의 핵심을 구체적으로 풀어 주신다면?

"심즉시불心卽是佛이라고 생각합니다. 마음을 떠나서 따로 불佛이 있는 것이 아니고 불佛을 떠나서 따로 마음이 있는 것이 아닙니다. 염불念佛 즉시 염심念心이며, 구심求心 즉시 구불求佛입니다. 왜냐하면 식識이란 본래 형체가 없고 부처 또한 무슨 모양이나 상相이 있는 것이 아니기 때문입니다. 이와 같은 도리를 알면 바로 안심安心이라고 했습니다.

부처님 법문의 대요大要는 안심법문입니다. 부처님께서 대각을 성취하시고 말씀하신 첫 법어가 천지우주 일체 중생이 이미 성불해 있다는 말씀이었습니다. 염연染緣으로 생사대몽에 휘둘려 사는 게 중생이고 정연淨緣으로 실상법계에 자재함이 불佛입니다. 그래서 중생은 생사대몽이라는 꿈속에 잠자는 부처님이요, 부처님은 꿈을 깬 중생이라고도 합니다. 그렇기 때문에 일체 중생이 본래부처라고 하는 올바른 믿음인 반야바라밀에 입각하여 일상삼매와 일행삼매를 무념으로 수修하는 것이 염불선의 핵심이라고 생각합니다."

___ 염불선 수행은 어떻게 해야 합니까?

"법계가 하나의 실상뿐이라는 일상삼매를 순간순간 놓치지 않기 위해 그 마음을 법계에 매달아 순간도 흐트러지지 않게 아미타불을 일행삼매로 염해야 합니다. 아미타불은 법신·보신·화신의 삼신을 자성에 갈무리한 자성삼신불이기에 우주법계의 대생명인 법신불 그 자체요, 진여불성의 당체입니다. 그러므로 아미타불을 염念하는 염불은 자성청정심을 관觀함이요, 자성청정심을 관觀함은 온 법계가 자성청정심으로만 존재하게 하는 것입니다. 천지우주 온 법계가 오직 불성뿐임을 확철廓徹하게 사무치는 것입니다. 쉽게 말해서 일상삼매로서 천지우주가 오직 불성뿐임을 딱 믿고 그 자리를 놓치지 않기 위해 아미타불 염불의 일행삼매로 이어 가는 것입니다.

목마른 사람이 표주박을 받아서 물을 마시고 나면 그 맛이 어떤지 확실히 알 것입니다. 하지만 먹기도 전에 언어와 명상名相으로 물의 맛과 마시는 법과 표주박 잡는 법을 자세히 설명해 주고 꼭 그렇게만 마시라고 한다면 이는 마시는 이의 근기와 인연을 크게 그르치게 되어 정말로 중요한 실제 마셔서 갈증을 해소하는 것은 정작 잊어버리게 될 것입니다. 반야정견에 입각한 원칙에 따라 실참실수實參實修하여 스스로 감득해야 한다고 생각합니다."

___ 염불선의 특징과 장점은 무엇인가요?

"염불선은 청화 선사의 은법사이신 금타 대선사께서 정중定中에 감득하신 '보리방편문菩提方便門'에 그 내용이 있습니다. 보리방편문은 금타 선사께서 견성오도하신 성불成佛의 법문입니다. 특징과 장점이 다 말할 수 없이 많지만 청화 선사께서 친필로 정리하시고 설법하신 몇 가지만 말씀드리자면 열반안涅槃岸에 도달하는 첩경이라 전제하시고 첫째로 불법의 궁극적인 집약적 교설이므로 선오후수의 묘체妙諦라고 하셨고, 둘째로는 불변수연不變隨緣한 체용 성상의 이치理를 도파道破한 묘관찰지로서 설법단의說法斷疑하여 여래의 부동지를 득得한다 하셨고, 셋째로는 정혜균등의 심心을 일경一境에 집주하는 묘결妙訣이라 하셨습니다. 넷째로는 여래의 과상법문果上法門이기 때문에 인과상응하여 범부 위에서 오히려 상사각相似覺을 성취한다 하셨고, 다섯째로는 최고의 세계관 및 인생관과 최선의 생활관을 확립한다 하셨고, 여섯째로는 자력과 타력의 겸수이기 때문에 지정의知情意의 조화적 수행이 되어 법이적으로 안심입명을 속성취速成就한다 하셨고, 일곱째로는 최선의 상념, 최선의 사유, 최선의 사색, 최선의 관조, 가장 궁극적이고 보편적인 행법이기 때문에 성불의 첩경이라 말씀하시고 끝에 가서는 높이 걸어 비로자나 정상에 노닐고(高步毘盧頂) 구경엔 영생해탈인 대안락을 얻노라(究竟大安樂)고 설법하셨습니다."

___ 그렇다면 염불선과 간화선의 관계는 어떻습니까?

"반야바라밀에 입각하여 일상삼매와 일행삼매를 무념으로 수하면 간화선이든 묵조선이든 염불선이든 모두 최상승선이 됩니다. 심지어는 기독교식의 기도나 명상이라 할지라도 최상승선이 될 수 있다고 봅니다. 종파를 초월하고 종교를 초월할 수 있는 진정한 제일의제第一義諦가 여기에 있습니다. 간화선은 의단으로 들어가고 염불선은 절대긍정으로 들어갑니다. 그 차이만 있을 뿐입니다. 들어가는 첫걸음이 달라도 앞서 말한 대전제만 어기지 않으면 되는 것입니다. 그러나 제아무리 큰 화두를 들어도 앞서 말한 대전제에 어긋나면 선禪이라고 할 수가 없는 것이지요. 염불도 앞서 말한 대전제를 어기면 참다운 선이 못 되고 하근기의 구복求福밖에는 안 되는 것입니다."

___ **최근 보면 염불선을 주창하시는 분들이 꽤 많습니다. 어떻게 보십니까?**

"당연한 일입니다. 염불선이 가장 쉽고 가장 빠르며 가장 안전하고 확실한 성불의 직절법문이기 때문입니다. 그런데 더러는 염불선의 참다운 의미와 행법을 잘 모르는 분들이 부처님 명호만 마구 갖다 붙여서 염불선을 한다고 하는 것 같습니다. 그런 분들 때문에 실상염불선 수행법이 같이 매도당할 수도 있습니다. 참 안타까운 일입니다."

___ **청화 스님의 염불선은 그동안 폄하되는 분위기가 강했습니다.**

"과거 은사스님의 염불선을 일반 대중들이 의미 없이 중얼대면서 하는 그런 염불로 생각했기 때문일 것입니다. 제대로 알지 못하고 비판만 한 것입니다. 부처님과 조사스님들의 진정대의에 가장 적실하게 들어맞는 정통에 입각한 최상승선 수행법이 바로 큰스님께서 주창하신 염불선입니다."

최근 불교계 안팎에서의 지적 중 하나는 선지식이 없다는 것이다. 선지식이 없으니 제대로 된 공부를 할 수 없다는 말이다.

"선지식을 알아보는 눈들이 없는 것이지요. 지금도 깊은 산과 계곡에 혹은 저잣거리에 많이 계십니다. 일체 중생이 본래부처라 만나는 사람마다 부처님 아닌 분이 없는데도 중생들이 저마다 업장의 눈으로 자기 저울로 가늠하기 때문이지요. 멀리는 부처님에서부터 가까이는 자신에 이르기까지 선지식 아닌 분이 어디 있겠습니까."

무상 스님은 곳곳에 있는 선지식들을 제대로 보라고 역설했다.

___ **부처님 가르침의 핵심은 무엇입니까?**

"저는 공부가 짧아서 잘은 모르지만 개시오입開示悟入의 중도실상中道實相이 아닐까 생각합니다. 개開란 여래의 지견을 열어서 반야바라밀로 중생의 미망을 제除하고 본래청정을 얻게 함이요(開除), 시示란 여래의 지견을 보여주고 만덕구족을 보여서 신심을 일으키게 함이며(顯示), 오悟란 여래의 지견인 중도실상의 반야바라밀을 깨닫게 하여 생사즉 열반이요 번뇌즉 보리임을 체득하게 하기 위함이며(覺悟), 입入이란 여래의 지견에 들게 하여 일체 중생이 영생해탈에 들어가게 하기 위함(證入)이라고 생각합니다.

다시 말해 천지우주 온 법계가 오직 불성뿐인 중도실상을 부처님의 지혜로 열어서 보여주고 깨닫게 하고 일체 중생으로 하여금 영생해탈에 들게 하는 것이 부처님께서 세상에 오신 일대사인연이요 부처님 가르침의 핵심이라고 저는 생각합니다."

___ 스님에게 현재 가장 중요한 것은 무엇인가요?

"안으로는 진실하게 공부해서 견성하는 일이고 밖으로는 정통불법이 중흥되어서 만 중생이 다 함께 성불하는 것입니다. 또 성륜사 백년대계 대작불사가 원만하게 회향되는 것도 중요한 일입니다."

___ 앞으로의 계획을 전해 주신다면?

"마음먹은 대로 다 되겠습니까? 그저 인연에 순응하면서 살아야지요. 주어진 일과 인연에 최선을 다하고 오직 염불일념 놓치지 않는 것이 유일한 계획이니 무계획이 계획입니다."

___ 20년 후 스님의 모습을 상상하신다면?

"시방과 삼세가 본래 비고 비어서 굳이 있다고 하면 지금 이 순간만 있을 뿐입니다. 일념에 영겁을 살아야 하지요. 20년 후의 모습은 20년 후에 생각합니다."

순선시대의 불교를 강조했던 청화 스님의 가르침은 이렇게 무상 스님에게 그대로 전해지고 있다. 작지만 강한 사찰 성륜사의 대중들에게 '정통선의 향훈香薰'은 어김없이 전해지고 또 전해지고 있다.

도일 스님

순천 송광사 율원장

" 부처님의 평생 발자취가 곧 계율입니다.
계율은 승가의 생명이자
재가 신도의 공경 받는 이유가 되기도 합니다.
계율이 지켜지지 않는다는 것은
목숨이 없는 것과 같습니다. "

계율은
불교의 생명입니다

순천 송광사 율원장

도일 스님

조계총림 송광사는 '승보종찰僧寶宗刹'로 불린다. 보조 지눌 이후 16국사를 배출한 도량이기 때문이다. 근현대 들어서는 효봉 스님과 구산 스님 등이 송광사를 이끌었고 현재는 방장方丈 보성 스님과 동당東堂 법흥 스님, 서당西堂 원명 스님 등이 후학들을 제접하고 있다.

전남 순천 송광사 대웅전 뒤쪽으로 난 오솔길을 따라 율원律院으로 향했다. 나무 하나 돌 하나 반듯하게 제자리를 지키며 오가는 순례객들을 맞는다. 5분여를 걸었을까, 조그만 요사채와 강의실을 좌우로 둔 비니원毘尼院이 보인다. 조계총림 송광사 율원이다. 이곳 율원을 이끌고 있는 스님이 바로 도일 스님이다.

송광사 율원에서는 10명의 학인스님들이 공부하고 있다. 1년차 스님들은

계戒의 구체적인 내용을 적시해 놓은 계목戒目인 '바라제목차'를 주로 연구하고, 2년차 스님들은 수계, 갈마, 의복 등 일상생활의 내용을 담은 '건도'를 공부한다. 주 교재는 『사분율』이다.

『사분율』은 율장을 집성할 때 네 번의 전송傳誦을 통하여 이루어진 것을 말한다. 일분은 비구계, 이분은 비구니계와 수계, 설계, 삼분은 안거와 자자, 사분은 결집 등에 관한 내용으로 구성되어 있다.

학인스님들의 하루 일정은 쉴 틈이 없다. 새벽 3시에 기상해 3시 45분 새벽 예불 및 108예참, 정근, 6시 아침공양, 7시 10분 상강례 후 강의, 10시 50분 사시예불, 11시 사시공양, 12시 자율정진, 13시 율장연구, 17시 청소 및 울력, 18시 저녁공양, 18시 45분 저녁예불 및 계본독송, 19시 20분 논강, 21시 취침 등으로 일과가 계속 이어진다. 율원은 2년제로 안거 3개월과 산철 1개월 등 4개월이 한 학기다.

송광사 율원장 도일 스님은 "선원은 3개월씩 정진을 하지만 안거 때마다 구성원이 바뀐다. 여기저기 제방을 다니기 때문이다. 강원은 예비 수행자들이 부처님 법을 배우는 곳이다. 수행공동체라고 볼 수 있지만 완전한 형태는 아니다. 그러나 율원은 비구계를 받은 스님들이 2년 동안 공부하는 곳이다. 2년 과정이 짧다고 생각되지만 그래도 부처님 당시부터 전해져 오는 계율戒律을 온전히 공부하는 곳이라고 할 수 있다. 율원이 살아 있어야 사찰의 기강이 서고 불법佛法이 오랫동안 전해질 수 있다"고 강조했다.

율원장으로서 종단의 계戒와 율律을 바로 세우기 위해 동분서주하고 있는 도일 스님을 만났다.

___ 법문도 많고 바쁘신 것 같습니다.

"예전과 다름없이 지냅니다. 외부 일정이 늘어나긴 했으나 율원 강의를 우선으로 생각하기 때문에 크게 변동은 없습니다. 외부 일정으로는 매월 첫째주 일요일에 열리는 봉은사 선교율禪敎律 법회에서 모두 36강의를 계획하고 법문하고 있어요. 우리나라에서 선이나 교에 대한 법문은 많이 있었지만 계율을 주제로 매달 지속적으로 3년을 한 경우는 없습니다. 이것을 계기로 불교의 기본이자 영원한 스승인 계율정신이 확산되고 대중화되었으면 하는 바람입니다. 또 일산 여래사의 매월 둘째주 일요일 법회에도 꾸준히 나가고 있습니다. 율원 강의는 주로 안거철에 집중적으로 합니다만 해제철에도 한 달간 강의하고 있습니다. 해제철에는 행자교육과 구족계산림에 갈마와 교수로 참석하여 강의합니다."

선이나 교에 비해 활동폭이 좁은 율 분야에서 도일 스님처럼 바쁘게 다니는 스님은 많지 않다. 이는 율을 공부하는 스님들이 상대적으로 소외되었다는 말일 수도 있고 또는 율 자체가 불교에서 소외되어 왔다는 이야기일 수도 있다. 스님이 왜 계율을 공부하고 가르치게 되었는지 하나씩 정리해 보기 시작했다. 먼저 출가인연부터 듣기로 했다.

"열세 살 때 아버지의 권유로 경남 양산 미타암으로 출가했습니다. 아들이 귀한 집안에 칠삭둥이로 병약하게 태어나 부모님이 늘 걱정하였습니다. 세속에 있는 것보다 부처님을 시봉하는 것이 목숨을 연장할 것이라고 아버지가 생각하신 것 같습니다. 절에 가면 책을 마음대로 읽을 수 있고 마음대로 공부할 수 있다는 말을 듣고 절에서 살아야겠다고 했지만 사실 스님이 된다는 것은 생각지도 못한 일이었어요. 절에서는 『초발심자경문』을 배우면서 염불도 하고 청소나 잡일을 하면서 지냈는데 열다섯 살에 사미계를 받으면서 스님생활을 해야겠다고 결심했습니다. 당시에 저와 연배가 비슷한 사미가 세 명 있었는데 모두 큰스님이 될 종자라고 은사스님이나 신도들로부터 아낌을 받았지요. 그런데 저에게 관심을 갖는 사람은 아무도 없었습니다. 심지어 스무 살이 못 되어 속퇴할 운명의 아이라고 하면서 몇 번씩 쫓겨난 적도 있었습니다. 몸도 약하고 사랑도 못 받고 자라면서 나중에는 제게 주어진 운명과 싸우겠다고 결심하게 됐습니다."

스님의 은사는 현재 조계종 원로의원인 월파 스님이다. 울산 문수사에 주석하고 있는 종단의 어른이다.

___ 출가 이후 수행 과정에 대해 설명해 주신다면?

"양산 통도사, 보은 법주사 강원을 옮겨 다니며 공부하다가 통도사 강원을 졸업하였습니다. 강원을 나온 뒤에 은사스님 절에서 부전 소임을 맡았는데 공부할 인연이 없었는지 은사스님이 외부에서 공부하는 것을 허락하지 않았습니다. 하는 수 없이 혼자 독학하기로 마음 먹고 하루에 책을 여러 권 독파하며 20대를 보냈는데 분야를 가리지 않고 수천 권을 읽었습니다."

___ 책을 그렇게 많이 보셨으면 성과도 많았을 것 같습니다.

"여러 책을 보면서 제 인생의 스승들을 만났어요. 로맹 롤랑이 쓴 『베토벤의 생애』, 노산 이은상 선생이 쓴 이순신 장군 전기, 호메로스가 쓴 『일리아드』와 『오딧세이』, 만해 스님의 책들을 보면서 이분들을 존경하게 됐습니다. 베토벤이나 이순신, 만해 스님의 공통점은 불굴의 의지로 역경을 극복했다는 것이죠. 이분들을 보면서 저도 당시 제가 처한 상황을 극복하고 싶었습니다."

___ 해외유학도 오랫동안 하신 것으로 알고 있습니다.

"1988년 올림픽을 계기로 해외여행이 자유롭게 되자 히말라야에 올라가 3개월 고행을 하고 인도를 여행한 뒤 돌아왔습니다. 그 뒤 대만에 1년 머물다가 다시 영국으로 가서 런던대학에서 4년간 객원으로 연구 활동을 했습니다. 외국에 머무는 동안 도와주는 사람이 없어 많이 고생했던 기억이 납니다. 영국에서는 6개월간 감자만 먹고 살기도 했어요. 나중에 영국의 로스차일드(Rothschild) 집안과 인연이 되면서 물질적 어려움에서 벗어나게 되었지요. 태국 마하출라롱콘대학에서 학사, 석사를 하고 몽골불교대학에서 석사를 하고 동국대 대학원을 수료하였습니다. 지금도 중부대학에서 사회복지학 석사 과정을 밟으며 공부의 끈을 놓지 않고 있습니다."

어렵게 시작한 것이어서인지 스님은 지난한 공부 과정을 거쳤다. 외국에서 돌아온 뒤 스님은 대강백 각성 스님에게 경전을 2년간 사사하여 전강傳講을 받았다. 송광사 율원에서 교수를 하면서는 조계총림 송광사 방장 보성 스님에게 전계傳戒도 받았다. 최근에는 통도사 자장율맥을 혜남 스님으로부터 전수받기도 했다.

___ 송광사 율원의 역사가 궁금합니다.
"송광사 율원은 1969년 조계총림이 성립되고 보성 스님께서 율주를 맡으면서 역사가 시작되었습니다. 1988년부터 학인이 모여서 공부하다가 1998년 원명 스님께서 율주를 맡으시고 지현 스님께서 초대 율원장으로 오면서 본격적으로 율원이 다듬어졌습니다. 현재는 지현 스님이 율주를 하시고 제가 2대 율원장 소임을 보고 있습니다. 2011년부터 율원의 명칭이 바뀌어 율학승가대학원이 되었습니다."

___ 송광사 율원의 가풍을 소개해 주신다면?
"송광사 율원의 원훈院訓이 가풍을 말해 줍니다. 원훈은 '신심과 원력이 크고 깊을 것(信願弘深)', '계율 지니기를 맑고 단아할 것(持律淸雅)', '자비와 인내

율원이 살아 있어야 불법(佛法)이 오랫동안 전해질 수 있습니다.　　　　ⓒ 월간 불광

로 부드럽게 화합할 것(慈忍柔和)'입니다. 간단하게 설명하자면 깊은 신심을 바탕으로 계율을 잘 지키고 자비로운 인격을 기르며 인욕심으로 대중과 화합하라는 것이죠. 일생을 수행자로 사는 데는 무엇보다도 신심이 중요하기 때문이고, 계율은 출가자로서의 근본 의무이자 모든 덕목이 이로 말미암기 때문이며, 승가의 표상인 화합은 자비와 인욕심이 없으면 가능하지 않기 때문에 이 세 가지로써 원훈을 삼은 것입니다."

___ 송광사 율원과의 인연은 어떻게 시작되었나요?

"대구 파계사 율주 철우 스님의 추천으로 송광사에 오게 되었는데 방장 보성 큰스님과 율주 지현 스님께서 흔연히 인연을 만들어 주셨습니다. 부산의 한 절에서 주지를 하던 중 좀 더 공부를 해야겠다고 결심하고 파계사 율원에 갔는데 마침 강원의 강주가 궐석이어서 제가 율장을 보던 틈틈이 『화엄경』을 강의하였습니다. 3개월쯤 뒤에 강원이 문을 닫게 되어 율주이신 철우 스님께서 송광사 율원에 갈 수 있게 추천해 주셨습니다. 잘 알지도 못하던 저를 보성 큰스님과 지현 스님께서 기꺼이 받아 주셔서 교수를 시작하게 되었습니다."

참다운 비구가 되기를 힘쓰라

도일 스님은 2006년 하안거에 송광사 율원 교수사로 온 뒤 2007년 동안거부터 율원장 소임을 맡고 있다.

___ 스님께서 학인스님들에게 강조하시는 것은 무엇인가요?

"'도인이 되기를 힘쓰지 말고 참다운 비구가 되기를 힘쓰라. 도인은 승속 남녀를 가리지 않고 될 수 있지만 비구는 오직 출가한 사람만이 될 수 있다. 그러므로 한 사람의 참된 비구는 만 명의 도인보다 가치가 있다. 참다운 비구란 부처님 법대로 계정혜를 닦아 세간의 안목이 되는 사람이다'라는 말로 학인을 격려하고 있습니다. 비구는 부처님의 혜명을 이어나가야 하는 의무가 있고 중생들의 의지처가 되는 삼보三寶이기 때문에 그 가치를 헤아릴 수가 없습니다. 그렇기 때문에 비구다운 행위를 제대로 하기 위해서는 삼학三學을 잘 익혀야 합니다. 특히 계율을 이해하고 습득하는 것은 비구가 가장 먼저 갖추어야 할 의무입니다. 비구의 생활을 익히기 시작한 스님들에게 이보다 더 중요한 일은 없어요."

___ 교재가 한문 경전이다 보니 학인스님들이 공부하는 것이 쉽지는 않을 것 같습니다. 어떻게 지도하시나요?

"기본 텍스트가 한문이기는 합니다만 근래 율 관련 서적들이 제법 나와 있어서 참고할 만합니다. 또 대만, 일본에서 출간되거나 번역된 율에 대한 서적들도 있어 그다지 어렵지 않습니다."

___ 계戒와 율律은 무엇입니까?

"계는 시라尸羅를 번역한 말인데 '바라제목차'라고도 부릅니다. 계는 삼업三業을 제어하여 수행이 잘될 수 있도록 도와주는 것입니다. 비구스님들이 지켜야 하는 250계와 비구니스님들이 지켜야 하는 348계의 조항이 있는데 이것은 한꺼번에 정해진 것이 아니라 사건이 생길 때마다 제정된 것입니다. 율은 비니毘尼를 번역한 것으로 승가 대중생활에 필요한 물품에 관한 것이나 여러 가지 행동규범을 정해 놓은 것입니다. 흔히 계율 배우는 곳을 비니원毘尼院이라 부르는 것은 스님들이 함께 지내며 규범을 익히는 곳이라는 뜻이 있습니다."

___ 불교에서 계율은 어떤 의미입니까?

"계율은 불교의 생명입니다. 계율이 존재하는 이유가 부처님 법이 오래가기 위한 것이라는 말이 있을 정도입니다. 승가가 가장 중시하는 화합도 그 근본은 청정입니다. 청정은 승가의 구성원 모두가 허물이 없어야 하며, 있더라도 참회하여 청정을 회복해야 하는 조건이 필요합니다. 그러므로 계율이 지켜지지 않는다는 것은 목숨이 없는 것과 같습니다."

___ 부처님께서 계율의 중요성을 여러 번 말씀하셨죠?

"여러 번이 아니라 부처님의 평생 발자취가 곧 계율입니다. 부처님께서는 계율을 제정한 뒤 스스로 보름마다 포살을 하셨습니다. 또 승가에 어떠한 문제가 생기면 승갈마를 통해 이를 해결하셨습니다. 다시 말해 부처님과 제자들의 일상생활이 곧 계율과 관계되는 삶이었어요. 예컨대 안거를 할 때도 경전이나 참선을 하는 스님보다 계율을 잘 아는 스님이 대중의 의지처가 되었는데 이것은 대중에 문제가 생길 때 율법에 의지하여 해결해 나가라는 의미인 것입니다. 또 때때로 일어나는 개인의 허물을 참회하여 청정을 유지하기 위해서 스님들이 갈마를 행하게 되는데 이 역시 율법에 의지하지 않으면 안 됩니다. 그러므로 계율은 승가의 생명이자 재가 신도의 공경 받는 이유가 되기도 합니다. 계율의 중요성은 아무리 강조해도 지나치지 않습니다."

이러한 가치를 가지고 있는 것이 계율이지만 한국불교에서 계율의 처지는 '곤란한' 상황이다. 스님은 비판의 목소리를 높이기 시작했다.

"계율을 잘 지키면 좋겠지만 지킬 수 없는 상황도 많습니다. 그러므로 부처님께서는 파계破戒 시를 대비해서 여러 가지로 허물을 벗어날 수 있게 참회와 갈마법을 만들어 놓으셨습니다. 그런데 지금 한국 승가는 계율을 파하거나 허물을 지어도 율장대로 참회할 곳이 없습니다. 승가의 구성요소 가운데 가장 중요한 기능이 참회와 갈마인데, 이것을 할 수 없는 것은 승가의 기능이 마비된 것입니다. 또 오랫동안 계율에 대한 관심이 적었고 제대로 교육하는 곳도 많지 않았습니다. 그래서인지 지금 우리 종단의 구성원들 가운데 계율에 대한 이해가 높은 스님은 많지 않습니다. 계율은 출가할 때 요식행위 정도로 여겨지고 수행이나 삶 속에 녹아 있지 않습니다. 아직도 많은 스님들이 수행과 계율을 별개로 취급하고 있으니 지금 상황으로 비중을 말하기는 어려울 정도라고 할 수 있죠."

___ 계율 경시 풍조에 대한 우려가 높아지고 있습니다.

"다른 나라 불교도들이 한국 승단을 평가할 때 말세 비구의 타락한 모습을 보려면 한국 비구들을 보라는 말을 한다고 합니다. 이것은 계율을 잘 지키지 않기 때문에 생긴 말입니다. 수행은 신구의身口意 삼업三業을 정화하는 것인데 계율을 경시하면서 어떻게 삼업을 닦습니까?

부처님께서 계율을 어떻게 생각하셨는지를 알 수 있는 일화가 있습니다. 부처님 당시에는 비구가 되면 반드시 5년간 계율을 배워야 했습니다. 어느 날 한 비구가 계율 공부를 2년 정도 하다가 아라한과를 증득했습니다. 그래서 아난존자가 부처님께 계율을 계속 배워야 하느냐고 여쭈었습니다. 부처님께서는 이 얘기를 듣고 '도를 얻은 것은 개인의 일이지만, 율은 대중 공동생활의 요소다. 계속 공부해야 한다'고 말씀하셨습니다. 우리나라에서는 깨달음만 얻으면 다 되는 걸로 인식하고 있는데 부처님께서는 승려로 사는 법과 더불어 사는 승가의 삶을 중요하게 생각하셨습니다. 계율을 경시하는 것은 불교를 망가뜨리는 지름길입니다."

___ 한국불교 수행 풍토를 바로잡기 위한 계율관 정립이 시급한 것 같습니다.

"계율은 선사, 강사, 이판, 사판, 학인을 막론하고 스님이라면 무조건 지켜야 할 규범입니다. 이는 마치 대한민국 국민이라면 헌법을 지켜야 하는 것과 같습니다. 계율에 관한 제반사항은 이미 『사분율』에 잘 설명되어 있습니다. 계율관의 정립이 따로 필요한 것이 아니라 계율을 배우면서 터득해야 합니다. 몇 년을 배우게 되면 저절로 계율에 대한 개념이 정립됩니다. 문제는 승려 교육입니다. 출가하면 승가대에서 경전을 공부하고 선원을 가거나 소임을 맡게 되는데 계율을 선택하여 공부하는 사람은 매우 적습니다. 종단에 도박, 성추문, 재산을 팔아먹는 사건이 생길 때마다 계율 운운하며 쇄신하자고 떠들지만 실제로 출가하는 사람들에게 계율 공부를 철저하게 시키지 않았기 때문에 앞으로도 문제가 될 가능성이 있습니다. 계율 교육은 모든 승려에게 필수가 되어야지 지금처럼 선택이 되어서는 안 됩니다."

도일 스님은 "해결책은 간단하다. 상식적인 불교 교육을 하면 된다. 부처님 말씀대로 출가하면 무조건 5년 계율 공부 하고 그 다음에 경학과 선정을 익히게 해야 한다. 평생 스님으로 수행생활을 할 것인데 시간에 구애받을 필요는 없다"고 강조했다.

지계持戒,
비바람 몰아치는 한밤중에
아늑한 방에 누워 있는 느낌

___ 조계종에서 청규를 새로 만들기 위한 작업을 하고 있습니다.
방향을 제시해 주신다면?

"계율의 기본이 되는 오계五戒부터 안 지켜지는 풍토에서 다른 청규는 큰 의미가 없다고 봅니다. 가령 스님들의 음주 문제만 해결되어도 허물 지을 일이 적어집니다. 그리고 청규라는 말보다는 수방비니(隨方毘尼-때와 장소의 형편에 따라 정하는 계율) 혹은 방면비니方面毘尼라는 단어가 더 적합합니다. 청규는 선원 같은 한정된 곳에서 제정되는 것이지만 대한민국이라는 전체 지역 특성에 알맞도록 제정하는 경우에는 그 지역 스님들의 갈마를 거쳐 일종의 율의 성격을 가져야 하기 때문에 수방비니라는 말이 더 알맞아요. 청규를 만들어도 지키려는 의지가 없으면 법령만 늘어납니다. 근본 계율만이라도 몸에 완전히 익히도록 철저하게 교육하는 것이 중요합니다."

___ 계율이 너무 오래전에 만들어져 현대적으로 바뀌어야 한다는 지적이 계속되고 있습니다. 어떻게 보십니까?

"계율에는 인도라는 지역적 특성과 2,000년이 넘는 시간차가 있어 한국에 적용하기 어려운 것들이 있습니다. 음식이나 의복 등 생활습관이 그러한 것이에요. 이런 것들 중에는 이미 중국에서 불교가 전래될 때부터 중국식으로 된 것을 도입했거나 한국식으로 바꾼 것들이 많습니다. 그렇지만 중요한 계율들, 즉 바라이波羅夷나 승잔僧殘 같은 것은 수행자의 삶에 반드시 필요한 조항들입니다. 이런 것까지 바꾸자고 주장한다면 출가생활을 하기 싫다는 뜻이겠지요. 지금은 부처님 당시와 상황이 다르기 때문에 사는 곳의 상황에 따라 승갈마를 통해 조정할 수 있습니다."

바라이는 승단에서 추방되어 비구·비구니의 자격이 상실되는 가장 무거운 죄를 말하는 것으로 도둑질과 살인, 음란행위, 깨닫지 못하고서 깨달았다고 거짓말하는 것 등 4가지를 말한다. 승잔은 '승단의 화합을 위한 충고를 거역하는 것'을 비롯한 13가지 행위를 말한다.

___ 현대적 계율의 예를 몇 가지 제시해 주신다면요?

"부처님께서 계율을 제정하면서 중요하게 여기셨던 부분은 크게 두 가지에요. 하나는 수행에 도움이 되는 것인지이고 다른 하나는 세상 사람들의 비난을 받지 않는지입니다. 옛날이나 지금이나 할 것 없이 이 두 가지를 아우르는 것이 율장정신이라고 봅니다. 꼭 예를 들지 않아도 지금 스님들이 사람들로부터 비난받지 않을 행동을 하는 것이 현대적 계율이라고 할 수 있습니다."

___ 수행으로서 지계持戒는 어떻게 해야 할까요?

"율장을 다른 말로 '별해탈경'이라 합니다. 즉 계율을 잘 준수하는 것만으

부처님의 평생 발자취가 곧 계율입니다.

계율을 경시하는 것은 불교를 망가뜨리는 지름길입니다.

로도 해탈에 이를 수 있다는 것입니다. 계율을 지키는 것이 곧 수행이지요. 도를 닦는 것과 계를 지키는 것은 별개라는 생각을 가지는 분들이 많은데 지계 없는 도는 없습니다. 그런 도가 있다면 불교가 아니라 외도입니다."

___ **지계를 통해 행복을 얻을 수 있을까요?**

"비바람 몰아치는 한밤중에 아늑한 방에 따뜻하게 누워 있는 느낌이랄까, 계율은 그런 행복을 줍니다. 불행의 원인이 되는 탐진치貪嗔痴 삼독三毒을 방어하고 신구의身口意 삼업三業을 바르게 하는 수단이 계이기 때문에 지계는 행복을 가져다줍니다."

___ **현대인들이 계를 지킬 수 있는 방법이 있을까요?**

"계는 실천할 때 가치가 있습니다. 오계는 사회의 규범과도 일치하기 때문에 꼭 종교가 불교가 아니어도 모든 사람이 지켜야 할 덕목입니다. 방법이 따로 있는 것이 아니라 지키려고 하는 의지만 있으면 됩니다."

도일 스님에 따르면 불교를 실천하는 것 가운데 먼저 선행되어야 할 것이 오계五戒를 받고 이해하는 것이다. 불교는 실천으로 시작해 실천으로 끝난다. 오계를 지키는 것은 곧 부처님의 삶을 그대로 따르는 일이 된다. 기도나 염불을 열심히 하거나 참선해서 깨달았다고 하더라도 저절로 업장이 해소되는 것은 아니다. 업을 소멸할 수 있는 행위를 할 때 업은 소멸될 수 있다. 오계는 업業을 정화하는 가장 좋은 길이다. 도일 스님은 "계율에는 노하우가 없다. 오직 지키려고 하는 의지가 필요할 뿐"이라고 강조했다.

___ **선禪과 교敎, 율律의 관계를 어떻게 정리할 수 있을까요?**

"이 세 가지는 신체의 장기와 같다고 볼 수 있습니다. 이름과 역할은 다르지만 어느 것 하나만 빠지면 몸에 이상이 생기듯 선과 교, 율은 삼위일체가 되어야 하는 요소입니다. 선교율은 요즘 유행하는 단어인데 원래는 계정혜 삼학과 경율론 삼장으로 말할 수 있습니다. 계율이 잘 지켜져야 바른 선정력이 생기고 선정으로 말미암아 지혜가 생기니 이들은 모두 유기적 관계에 놓여 있습니다. 그리고 올바른 교리의 이해, 다시 말해 경에 대한 이해는 부처님의 사상을 제대로 아는 길이기 때문에 참선하는 사람에게도 중요한 일입니다.

조계종이 참선을 종지로 하고 있지만 설령 깨달았다 하더라도 비구법인 계율에 의지하지 않으면 출가인으로 가치가 없고, 경을 모르면 무엇에 의지하여 부처님 법과 같다고 천명할 수 있겠습니까? 그러므로 제대로 된 불교를 말한다면 선교율을 분리해서 생각하는 것은 있을 수 없는 일이지요."

앞서 밝혔듯이 스님은 불교뿐만 아니라 다양한 공부를 해 왔다. 선서화禪書畵에도 조예가 깊은 것으로 이미 소문이 나 있다.

"남방의 스님들과 달리 극동지방의 스님들 중에는 예로부터 여러 기예에 통달한 분이 많았어요. 송대의 설창, 거연 스님이나 명대의 석도, 석계 스님 등이 대표적 인물입니다. 남종화 역시 독실한 불자였던 왕유로부터 시작된 것으로 불교적 배경이 들어 있습니다. 중국이나 일본 스님들이 남긴 서화 작품은 뒷사람들에게 많은 영향을 끼치고 있습니다. 근래 중국의 대표적 율사인 홍일 스님의 서화 작품들은 지금도 깊은 감화를 주고 있죠. 우리나라는 순수한 서화를 남긴 스님이 많이 없습니다만 그 대신 불화를 그린 분은 대부분이 스님들이라는 특징이 있습니다.

과거의 스님들이 사찰의 모든 불사에 직접 참여하였고 예술에 조예가 깊은 전문가였다는 것은 현재 남아 있는 사찰문화재만 보아도 알 수 있습니다. 저는 어릴 때 산속 암자에 살면서 친구 삼아 필묵을 가까이 한 것이 계기가 되어 여가 있을 때 조금씩 글을 쓰거나 그림을 그렸습니다. 스무 살이 넘어서 하나를 하더라도 제대로 해 보자는 생각으로 대만 장대천 선생의 필법을 배우고 멀리 송, 원, 명대 여러 대가들의 법을 따랐습니다. 2011년에 송광사 개금불사 회향 기념으로 송광사 성보박물관에서 전시회를 열기도 했습니다. 율원에 오고 난 뒤 시간이 잘 나지 않아 붓을 잡은 지 오래되었습니다."

___ 부처님 가르침의 핵심은 무엇입니까?

"계정혜戒定慧 삼학三學과 연기법緣起法입니다. 삼학은 부처님 제자라면 반드시 갖추어야 할 수행입니다. 제대로 된 불제자 가운데 삼학을 닦지 않은 분은 없어요. 지혜와 복덕이 원만하신 부처님조차도 삼학을 닦으셨고 제자들에게도 가르치셨습니다. 계정혜를 통해야 올바른 깨달음을 얻게 됩니다. 출가자의 구족계나 재가자의 오계 등은 생활의 근본이 되고 부처님이 닦으신 사선정이나 여러 가지 삼매에 드는 정定은 마음을 밝히며 문사수聞思修로 닦는 혜慧는 진리를 드러나게 하는 방법입니다.

연기법은 부처님께서 깨달으신 진리 가운데 가장 핵심이라고 말할 수 있습니다. 내용은 간단한 것 같지만 실제로 대입되지 않는 곳이 없습니다. 가장 평범한 일부터 물리학적 논리까지 연기법이 적용되지 않는 것이 없기 때문입니다. 연기의 다른 말은 조건이라고 할 수 있어요. 조건이 갖추어지면 어떤 일이든 성립됩니다. 우리가 상상하는 그 어떤 것이라도 조건만 된다면 이루어질 수 있기 때문에 연기법을 진리라고 하는 것입니다. 우주가 생멸하는 과정이나 중생의 윤회나 인류역사의 발달과 발명 등등 연기가 아닌 것이 없습니다."

___ 스님에게 현재 가장 중요한 것은 무엇인가요?

"건강을 살피는 것과 학인들을 잘 가르치는 것입니다."

___ 앞으로의 계획을 전해 주신다면?

"별다른 계획은 없습니다. 매 순간 최선을 다해 사는 것입니다."

___ 20년 후 스님의 모습을 상상하신다면?

"역시 먼 훗날을 생각하기보다 지금 최선을 다하는 것이 중요하기 때문에 20년 후까지는 생각해 보지 못했습니다."

스님은 요즘 매월 첫째주 일요일에 열리는 봉은사 선교율 법회에서 법문을 한다. 2012년 11월 첫째 일요일에 스님의 법문을 듣기 위해 봉은사를 찾았다. 스님은 이날 '계戒와 보시布施'에 대해 법문했다.

"오계 중 '불투도'가 있습니다. 이것은 도둑질을 하지 말아야 한다는 것이죠. 그런데 이것을 반대로 생각하면 보시를 행하자는 것입니다. 보시는 삼륜청정三輪淸淨이 바탕이 되어야 합니다. 첫째는 주는 사람의 마음이 청정해야 하며, 둘째는 주는 물건이 청정해야 하며, 셋째는 받는 사람의 마음이 청정해야 한다는 것입니다. 그러나 보시는 꼭 무엇이 있어야 할 수 있는 것이 아닙니다. 그래서 부처님께서는 무재칠시無財七施를 말씀하셨습니다. 무재칠시는 화색을 띠고 부드럽고 정다운 얼굴을 보여주는 '화안시和顏施', 부드럽고 공손하고 아름다운 말을 해 주는 '언시言施', 착하고 따뜻한 마음을 전하는 마음인 '심시心施', 호의를 담은 눈빛을 주는 '안시眼施', 남의 짐을 들어 주거나 돕는 등 몸으로 베푸는 '신시身施', 자신의 자리를 내 주는 '좌시座施', 상대방의 속을 헤아려 알아서 돕는 '찰시察施' 등을 말합니다."

군더더기 없는 법문에 봉은사 불자들은 연방 고개를 끄덕인다. 법문을 들은 한 불자는 "불교의 진짜 의미를 배운 느낌"이라며 아낌없는 박수를 보냈다.

계율戒律이 결코 삶의 영역에서 벗어난 것이 아님을 강조하는 도일 스님. 스님의 명쾌한 법문과 같이 사람들은 한국불교가 좀 더 청정해져 곳곳에 자비로운 법향法香으로 전해지기를 바라고 있다.

철산 스님

문경 대승사 대승선원장

> " 부처님 가르침의 핵심은
> 본래무일물本來無一物의 도리를 알도록
> 있는 그대로를 바로 보는 것,
> 다른 말로 표현하면
> 중도中道라고 할 수 있습니다. "

'있는 그대로'가
우리의 삶입니다

문경 대승사 대승선원장

철산 스님

꼬불꼬불 이어진 금강송 숲길을 따라 올라간 경북 문경 사불산四佛山. 사불산은 소백산맥을 관통하는 죽령 서남쪽 40리 지점에 있고, 산북면 계곡을 거슬러 올라가다 오른쪽 언덕으로 난 길을 따라가면 대승사大乘寺가 나온다. 사람이 살며 수행하기에 가장 좋다는 해발 600~700m 지점에 자리한 대승사는 불과 몇 년 전까지만 해도 선원과 대웅전을 비롯한 전각 몇 채가 아담하게 앉은 조그만 사찰이었지만 최근에는 하루가 다르게 변하고 있는 곳이기도 하다.

낙엽 굴러가는 길을 따라 흩어졌을 남자들을 대신해 목수들의 망치 소리가 먼저 참배객들을 맞고 있다. 넓게 정리된 주차장에 차를 대고 발길을 대웅전으로 돌렸다. 10여 년 전 처음 대승사에 왔을 때 이 절의 '안주인'이었던

백구가 뛰어나와 대웅전까지 길을 안내했던 기억이 잠시 스친다. 임시건물에 있던 공양간과 재가자들의 참선공간인 안양료, 종을 비롯한 사물四物이 들어설 종각 등을 새로 만드는 불사가 한창이다. 얼마 전에는 선원 뒤편에 무문관無門關을 새롭게 지어 2012년 동안거부터 선객들을 맞았다.

이른 아침이지만 대승사 주지이자 선원장인 철산 스님은 경내 곳곳을 살피며 여법한 불사에 만전을 기하고 있었다. 대승사는 신라 진평왕 때인 서기 587년 창건되었다고 전해진다. 창건과 관련해서는 다음과 같은 이야기가 내려오고 있다.

"사면에 부처님의 상호가 새겨진 바위가 비단 보자기에 담겨 하늘에서 공덕봉 꼭대기에 내려앉자, 왕이 소문을 듣고 그곳에 와서 예배하고 절을 짓게 하고는 『법화경』을 염하는 이름 없는 비구를 주지로 청하여 사면석불에 공양을 올리게 했다. 훗날 그 스님이 입적해 법구를 땅에 묻자 땅에서는 두 송이의 연꽃이 피었다."

지금도 대승선원 건물 외벽에는 '천강사불 지용쌍련天降四佛 地湧雙蓮' 편액이 걸려 있다. 이후 신라의 고승 의상 대사와 원효 대사가 사불산을 사이에 두고 아침저녁으로 만나 서로의 수행을 점검했다고 하며, 고려시대의 대선사 나옹 혜근도 대승사에서 출가했다.

근래 들어 1900년에 경허 스님이 대승사와 윤필암에 들러 선풍을 일으켰으며 1912년경에는 유일강원唯一講院이 개설돼 근대의 선지식들을 배출했다. 근현대사에서 최고의 석학으로 꼽히는 권상로, 안진호도 대승사 강원에 적을 두었었다. 대승사 유일강원에는 전국에서 가장 우수한 학인들이 모였다고 한다.

경허 스님 이후 일제를 거치며 대승사에는 비구 선원이, 윤필암에는 비구니 선원이 개설됐다. 1931년에는 용성 스님을 조실로 모시고 30여 대중이 참선에 들었으며 1934년 선학원에서 열린 선리참구회에 대승사 소속 수좌 김현경, 엄태영, 박초운 스님이 참여했다고 한다.

이후 금오 스님이 조실로서 후학들을 지도했고, 근대 들어 대승사는 한국불교 중흥의 전진기지가 된다. 1944년 청담, 성철, 우봉, 서암, 자운, 월산 스님 등이 대승사 선원에서 동안거부터 함께 수행했으며, 성철 스님은 당시 3년간 눕지 않고 앉아 수행하는 장좌불와長坐不臥를 계속했다. 특히 주목할 것은 1947년부터 '부처님 법대로 살자'고 다짐하며 진행된 봉암사 결사 논의가 대승사에서 이뤄졌다는 점이다.

또 청담 스님의 딸인 묘엄 스님이 광복되던 그해 아버지를 찾아갔다가 도반인 성철 스님 권유로 출가한 곳이 바로 대승사이기도 하다. 성철 스님은 어린 묘엄 스님에게 "너거 아부지하고 나하고는 물을 부어도 안 새는 사이다. 그러니 니도 나를 믿거라"며 가르쳤다고 한다. 최근에는 월산 스님과 법달 스님이 주석했고 월산 스님은 1980년대부터 대승사 조실로서 후학들을 제접했으며, 1995년 현 대승선원大乘禪院을 개원했다.

경내를 돌아본 뒤 철산 스님과 함께 앉았다. 방안에는 발우와 다기茶器가 가득하다. 글씨나 그림의 역할을 다기와 발우도 훌륭히 해 낼 수 있음을 느낀다.

대승사에서 스님에게 인사를 드리면 반드시 거치는 '통과의례'가 있다. 바로 스님이 직접 만든 걸쭉한 경옥고를 마셔야 한다는 것이다. 물론 의무는 아니지만 스님이 직접 큰 발우에 내주는 경옥고를 다 마셔야 본격적인 대화를 할 수 있다.

배가 부를 정도로 경옥고를 얼큰하게 마신 뒤 본격적으로 말씀을 청했다.

"사격寺格이 조금씩 커지다 보니 필요한 시설을 만들고 있습니다. 처음에는 선원만 있었습니다. 그런데 이런저런 요구들이 계속 생겨 구참스님들이 계실 요사채, 재가자들이 수행할 수 있는 백련당, 템플스테이를 하기 위해 찾아오는 사람들을 위한 숙소, 그리고 폐문정진 수행을 하고 싶은 스님들의 요청으로 무문관 등을 만들었습니다. 원래 산철 결제를 해야 하는데 불사를 하고 있어 이번 철에는 쉬고 있습니다. 동안거가 시작되기 전에 마무리할 생각으로 진행하고 있어요."

바꾸어도 대승사
바뀌지 않아도 대승사

수년간 대승사를 다니면서 그간의 변화를 잘 알고 있는 처지지만, 처음 대승사를 찾아가는 사람들은 절의 규모 외에도 놀랄 일이 한두 가지가 아니다.

먼저 도자기다. 대승사 일주문 옆에는 그리 크지는 않지만 공방과 가마가 있다. 이곳에서 대승사의 명품 도자기들이 나온다. 각양각색의 다기는 물론 발우와 항아리, 접시 등을 만든다. 이제는 전국적으로 소문이 나 '대승요'를 찾는 사람들이 꾸준하게 늘고 있다. 이날 새벽에도 스님은 도자기를 빚었다고 했다.

두 번째는 각종 '상품'들이다. 산뽕잎차와 작설차, 발효차 등의 차는 물론 민들레조청과 오미자매실고추장, 오미자칠장된장, 장뇌삼진고 등의 전통식품, 표고버섯과 영지버섯, 장뇌삼 등의 농산물도 직접 만든다. 모두가 스님이 직접 만들고 재배하는 것들이다.

"몇 해 전에 대승영농조합을 만들었습니다. 고령화에 따른 지역 어르신들의 일자리 마련과 더불어 건전하게 발생한 수익금으로 지역의 우수 학생들 장학금과 어르신들의 복지 기금으로 사용하기 위해서입니다."

그런데 스님은 판매에 그리 관심이 없다. 찾아오는 불자와 시민들에게 나눠 주기 바쁘다. 실무자들의 간곡한(?) 요청으로 최근에서야 매장을 만들었다.

"여러 가지 물건을 사람들에게 주면 제가 더 기분 좋습니다. 주는 기쁨이라고 할까요. 그러니까 계속 만드는 거죠. 만약 이윤을 생각했으면 벌써 포기했을지 몰라요."

과묵한 스님이 처음으로 미소를 보여 준다.

___ 대승사 소임은 언제 처음 맡으신 건가요?
"1995년쯤일 겁니다. 그전까지 법달 스님이 주지를 하셨는데 다른 절로 가셨지요. 그래서 저의 노스님인 월산 큰스님께서 저에게 대승사를 맡으라고 하셨어요. 처음에는 제 공부를 다 마치지 못했다며 할 수 없다고 말씀드렸어요. 그때 통도사 선원에서 정진하고 있었는데 큰스님께서는 처음에는 사람을 통해 말씀하시더니 나중에는 직접 오셨어요. 먼 길 찾아온 어른께서 하시는 말씀을 거역할 수 없어 대승사에 오게 됐습니다."

철산 스님은 첫 임기 4년을 마치고 다시 선방으로 돌아갔다. 공부를 계속해야 한다고 생각했기 때문이다. 장성 백양사 운문암과 문경 봉암사, 김천 직지사, 봉화 각화사 선원 등에서 정진한 스님은 2003년 다시 대승사로 돌아왔다.

수행하는 데 쉽고 어려운 것은 없습니다.

중요한 것은 원력과 간절함입니다.

___ 각화사 선원에 계실 때는 대중을 이끌고 15개월 가행정진을 하셨죠?

"각화사에서 고우 큰스님을 선원장으로 모시고 주지를 했습니다. 2002년 동안거부터 이듬해 동안거 해제까지 15개월 동안 가행정진加行精進을 했지요. 하루 3시간 자면서 최소 15시간 이상씩 정진했는데 그때 25명의 수좌들이 선원에 모여들었죠. 주변에서는 '무모하다. 과연 성공할 수 있겠느냐?'며 걱정을 많이 했어요. 그래도 우리는 목숨 내놓고 공부했어요. 우리가 할 일은 그것뿐이었으니까요."

당시 불교계에서 '세상에 알려지지 않은 도인'으로 회자되던 고우 스님은 각화사 태백선원장으로 납자들을 이끌었다. 철산 스님은 선방 살림을 총괄하며 같이 정진했다.

___ 다시 대승사에 오셔서 많은 일을 하셨지요?

"각화사에서 2년 정도가 살다가 다시 대승사로 왔습니다. 그 후 쭉 여기 살고 있죠. 그간 불사를 제법 해서 외형적인 모습은 많이 바뀌었죠. 바뀌어도 대승사고 바뀌지 않아도 대승사입니다. 누가 와도 해야 할 일을 했을 뿐입니다."

철산 스님은 "다른 것보다 대승사 주변 하천 정비를 잘했다는 생각이다. 매년 여름이면 홍수가 나 전 대중들이 고생을 했는데 최근 마무리를 했다"고 전했다.

스님은 대승사 주지와 대승선원장을 함께 하고 있다. 그러다 보니 다른 스님들에 비해 많이 바쁘다. 몸이 두 개라도 모자랄 지경이다. 절의 살림도 챙겨야 하고 선원에서 같이 정진도 해야 한다. 안거철에는 제대로 쉴 시간도 없다. 선방에서 정진하다가도 방선放禪 시간에는 불자들을 제접하며 뛰어다닌다.

"대승사는 선원이 중심인 사찰입니다. 절의 업무도 선원 관련 일이 우선순위죠. 다른 사찰은 주지와 선원장을 각각 다른 사람이 맡아서인지 원활하지 못한 일들이 많습니다. 여기서는 겸직을 하니까 오히려 선원과 절이 유기적으로 돌아갑니다."

___ 그래도 선택하신다면, 주지가 쉽습니까, 선원장이 쉽습니까?
"둘 다 똑같이 어려워요. 대중들 외호하는 일은 어렵지만 중요한 일이잖아요. 힘들어도 감수해야죠. 소임을 산다기보다 제가 그냥 좋아서 열심히 하는 일이라고 보면 될 것 같아요."

___ 선원장으로서 대중들의 공부는 어떻게 도와주고 계십니까?
"다른 것보다 대중들이 정진을 잘할 수 있게 분위기와 여건을 만들어 주려합니다. 정진할 때도 대중들이 화합하는 것이 중요합니다. 함께 공부하는 도반들에게 피해를 주지 않으면서 공부할 수 있도록 같이 노력하려 하죠. 대승사에도 청규가 있지만 글로 된 내용보다 중요한 것은 행주좌와行住坐臥 그대로 본인 공부를 챙기는 것입니다."

___ 대승사 선원 가풍이 엄격하다고 들었습니다.
"수행하는 데 쉽고 어려운 것은 없습니다. 공부를 하고자 하는 마음이 간절하면 주변 환경이 어려워도 충분히 극복할 수 있고, 간절한 마음이 없으면 어디서나 고생일 뿐입니다."

대승선원의 수행은 혹독하다. 일반인이 보기에는 특히 더 그렇다. 가행정진 수행 일과표는 보는 사람으로 하여금 경악을 금치 못하게 할 정도다. 새벽 2시 15분 예불 및 입선, 6시 방선, 6시 15분 조공, 7시 입선, 10시 30분 방선 및 예불, 11시 30분 사시공양, 오후 1시 입선, 5시 방선 및 청소, 5시 15분 약석, 7시 예불 및 입선, 12시 방선.

해제가 끝나고 곧바로 진행되는 산철 용맹정진 역시 대승사 선원의 가풍이 건재함을 알려주는 것으로, 전국의 수좌들이 서로 방부를 들이려고 '경쟁'을 할 정도다. 용맹정진은 잠을 자지 않고 하는 수행이다. 21일간 스님들은 잠도 없이 오로지 정진에만 몰두한다.

___ 21일간 잠을 자지 않는 용맹정진이 가능한가요?
일반인이 보기에는 상상도 할 수 없는 일인 것 같습니다.

"대승사 산철 정진은 안거 해제 일주일 뒤부터 21일간 진행합니다. 1996년 가을부터 시작했습니다. 그때는 정말 분위기가 '살벌'했습니다. 35명이 함께했는데 다들 긴장해서 선방 분위기가 조금 차가웠습니다. 잠을 이기지 못하는 스님들은 등짝에서 피가 날 정도로 경책을 받았습니다. 몇 년간 하다 보니 이제는 그래도 안정적인 분위기 속에서 하고 있습니다.

저도 신도들에게 그런 질문을 많이 받습니다. 21일간 잠을 안 잔다는 것이 가능하냐고요? 저는 가능하다고 말합니다. 또 직접 해 보니 가능합니다. 그동안 산철 용맹정진을 하던 중에 100일 용맹정진도 두 번이나 했습니다. 100일 정진도 다 해냈습니다. 여기에는 이유가 있습니다. 수행은 본인이 간절한 마음을 가지고 하는 것입니다. 좋아서 하는 것이죠. 억지로 끌려와서 하면 2~3일도 버티지 못합니다. 그런데 방부를 들인 스님들은 해냅니다. 원력願力이 있기 때문입니다. 정진에 참여한 스님들은 일주일 정도 지나면 자기 빨래는 직접 할 정도가 됩니다. 원력을 세웠기 때문에 신바람이 나서 할 수 있는 것입니다."

평상시의 안거정진이든 용맹정진이든 중요한 것은 원력과 간절함이라고 스님은 여러 차례 강조했다. 원력과 의지가 있다면 주변의 조건은 얼마든지 극복 가능하다는 것이다. 스님은 "어려움을 극복해야 수행의 맛을 알 수 있다. 수행에 있어서도 고진감래苦盡甘來는 중요한 원칙"이라고 덧붙였다.

대승사는 대승선원 외에 산내암자인 묘적암, 보현암, 관음암, 문수암, 총지암 등지에서도 스님들이 정진을 한다. 선원 큰방은 아니지만 암자에서 정진하는 스님들도 대중생활을 똑같이 해야 한다. 재가자들 역시 안거철에 스님들과 똑같은 일정으로 3개월간 정진하고 있다. 안거 때마다 20명이 넘는 불자들이 화두를 들고 있다.

___ 재가자들은 어떻게 공부해야 할까요?

"원력을 세우면 화두는 저절로 됩니다. 기도를 열심히 하면 뭔가 모를 성취감을 느끼는 것과 똑같은 이치입니다. 화두는 간절하지 않으면 어디로 도망가고 말 것입니다."

___ 공부하는 재가자들에게 어떤 화두를 주실 수 있을까요?

"바람의 방향이 시시때때로 변하듯 생각도 이리저리 변합니다. 몸뚱이 또한 바람 따라 생각 따라 움직이는데, 그 몸뚱이를 움직이게 하는 '이것은 무엇인가'를 한번 참구해 보십시오."

___ 대승사에 오래 살았던 개 '백구'의 영결식과 다비식이 화제였습니다.

"백구는 대승사 대중의 한 사람이었습니다. 절에 오는 사람들을 직접 대웅전까지 안내해 준 친절한 보살이었어요. 불교의 생명 사랑은 사람뿐만 아니라 모든 동물에게 적용할 수 있는 것입니다. 그래서 신도들과 함께 백구의 영결식과 다비식을 했죠."

10년여 동안 대승사를 지켰던 백구는 절의 명물이었다. 신도들과 참배객들의 사랑을 받았던 백구는 2011년 12월 생을 마감했고, 스님과 신도들은 여느 스님의 영결식과 다르지 않게 여법한 장례를 치러 화제가 되었다. 지금 대승사에는 백구의 후임으로 '대승'이가 와서 사람들을 맞이하고 있다.

이야기를 들으며 사찰과 선방을 운영하면서 쉼 없이 정진하는 스님은 어떤 인연으로 출가하게 되었는지 궁금해졌다. 생사生死에 대한 의문이 풀리지 않아 이렇게 열심히 정진하는 것인가 하는 생각마저 들었다.

"제가 자란 동네에는 동갑내기 친구들이 많았습니다. 친구 중 한 명의 외가가 절이었는데 친구를 따라 어렸을 때부터 그 절에 자주 놀러갔어요. 절에 가면 과자나 과일 등 그래도 먹을 것이 많고 놀 곳도 많잖아요. 그렇게 지내다가 자연스럽게 출가를 했습니다. 당시 동네 친구 중 저를 포함해서 5명이 출가해 지금도 제방에서 열심히 정진하고 있습니다."

고등학교를 졸업하고 보은 법주사로 간 스님은 "잘하지 못하면 집에 다시 가라고 할까 봐 한번 절을 하면 1만배씩 했다"고 한다. 1975년 출가해 정진하다가 1980년에 계를 받았다. 출가한 뒤 알게 된 사실이지만 속가 아버지가 집에서 책을 많이 보셨는데 대부분이 부처님 경전이었다고 한다. 이런저런 인연이 이어져 스님은 불가佛家에 귀의했던 것이다.

___ 출가 후 선방에만 계셨나요?

"거의 그렇죠. 주지도 잠시 하긴 했지만 거의 모든 시간을 선방에서 보냈습니다."

첫 안거를 난 범어사 원효암을 비롯해 스님은 경주 불국사, 양산 통도사,

본래 하나의 물건도 없는데,
법도 없고 마음도 역시 없더라.
철로 된 소를 거꾸로 타고 달리니,
앉고 서고 눕고 하는 모든 것이 자유롭다.

문경 봉암사, 공주 마곡사, 부산 묘관음사 등에서 정진했다.

___ 화두는 무엇을 하셨나요?
"월산 큰스님께서 주신 '이뭣고'를 했습니다."

___ 첫 안거가 그래도 기억에 남으실 것 같습니다.
"그렇습니다. 처음으로 간 선방인 원효암 선원에서 공부하던 때가 많이 기억에 남아요. 그때는 정말 정진에 힘이 붙었던 것 같습니다. 그때 '앞으로 1주일 안에 끝내자' 다짐하고 밀어붙였습니다. 며칠 지나니까 뭔가 느껴졌습니다. 그래서 불국사 월산 큰스님께 편지를 보냈습니다. 나중에 답장이 왔는데 큰스님께서는 '아니다'고 하셨어요. 저는 아무리 생각해도 뭔가를 느꼈거든요. 그래서 불국사를 직접 찾아갔어요. 큰스님께서 종이 위에 '들어가도 30방 나와도 30방이라. 어떻게 할 것인가?'라고 쓰셨어요. 그래서 그 종이를 치워 버렸습니다. 그랬더니 다시 또 써 주십니다. 또 치웠어요. 큰스님께서는 '아직 아닌 줄 알고 더 하라' 하셨습니다. 그래서 원효암으로 돌아와 다시 치열하게 했습니다. 이번 철에 마치지 못하면 죽겠다 생각하고 했습니다. 안거 중 며칠 동안 공부가 잘 안 돼 금정산 바위에서 뛰어내리기도 했습니다. 공부가 안 돼 죽으려고요. 불행인지 다행인지 그때 죽지는 못했어요. 하하. 다시 마음을 다잡고 안거를 마칠 때까지 정진했습니다. 해제하고 불국사에 다시 가서 큰스님께 공부한 것을 말씀드렸더니 '내가 3년 걸려 한 것을 너는 한 철만에 했다'고 하셨습니다. 큰스님께서 용돈을 주시면서 5대 적멸보궁을 참배하고 오라고 하셨어요. 적멸보궁에 갔다 와서 한동안 불국사에서 큰스님을 모시면서 살았죠."

스님은 그때 '이제 선방의 문고리를 잡았다'고 생각했다고 한다. 공부할 수 있는 토대를 마련한 셈이다. 그 후에도 스님은 계속 '이뭣고' 화두를 들었다.

"너는 받을 만하다"

___ 대승사에서 정진하던 중 월산 스님께서 법호法號를 주셨다고요?

"1990년대 후반이었습니다. 하루는 사불산 포행을 하다 무덤을 지나게 됐습니다. 그런데 그 순간 뭔가 이상했어요. 그래서 그 소식을 큰스님께 말씀드렸습니다. '본래무일물 무법역무심 도기철우주 기거와자유 本來無一物 無

法亦無心 倒騎鐵牛走 起居臥自由', 즉 '본래 하나의 물건도 없는데, 법도 없고 마음도 역시 없더라. 철로 된 소를 거꾸로 타고 달리니, 앉고 서고 눕고 하는 모든 것이 자유롭다'는 뜻입니다. 그것을 보시더니 큰스님께서는 '잘했다'고 말씀하시며 철산鐵山이라는 법호를 주셨습니다."

스님은 법호를 처음 보고 월산 스님에게 다시 말씀을 올렸다. "조실스님께서 월月 자 산山 자를 쓰시는데, 제가 어찌 '철산'이라는 법호를 쓸 수 있겠습니까?" 월산 스님은 철산 스님의 말에는 아랑곳 않고 "너는 받을 만하다"며 법호를 내렸다고 한다.

___ **월산 스님을 오랫동안 모셨습니다. 어떤 분이셨습니까?**
"공부에 철저하셨습니다. 제가 공부한 것에 대해 다른 큰스님들께서는 어느 정도 맞다고 하시는데도 큰스님께서는 아니라고 하셨어요. 제가 더 공부하기를 바라서서 그랬던 것 같습니다. 그런 큰스님의 가르침 덕분에 지금도 공부를 열심히 하는 것 같습니다. 큰스님께서는 또 마음 씀씀이가 대단하신 분이셨습니다. 본인 스스로에게는 엄하셨지만 다른 스님들이나 재가자들에게는 항상 인자하셨습니다."

월산 스님은 1913년 함경남도 신흥군 원평마을에서 출생해 부친의 가르침을 따라 한학을 수학했다. 그러던 중 부친이 별세하자 인생의 무상함을 절감하고 연변 석왕사 등을 찾아다니며 구도의 길에 올랐다.
도봉산 망월사에서 금오 스님을 친견한 후 출가수행자의 길로 접어들었다. 1948년 청담, 성철, 향곡 스님 등과 함께 봉암사 결사에 참여했으며 1950년대 중반 이후 정화 불사에 나서 많은 역할을 했다.
보은 법주사와 경주 불국사, 대승사 조실을 지냈으며 1968년과 1978년

두 차례에 걸쳐 조계종 총무원장을 역임하고 1986년 원로회의 의장을 지냈다. 평생 수행자의 길을 걸으며 정화 불사와 종단 발전에 헌신했던 월산 스님은 1997년 9월 불국사에서 열반했다.

___ 지금도 화두는 잘 되시나요?

"순일하게 하려고 합니다. 정진뿐만 아니라 일을 하면서 복도 짓고 시은施恩에 보답하려고 노력합니다."

___ 돈오돈수가 맞나요, 돈오점수가 맞나요?

"공부하는 데 어떤 방법이 맞고 틀리다는 것은 적절하지 않다고 봅니다. 둘 다 맞기도 하고 둘 다 틀리기도 합니다. 공부 방법이나 과정은 그리 중요하지 않아요. 큰 원력을 세우지 못했기 때문에 자꾸 방법에 매달립니다. 그렇게 되면 공부가 잘될 수가 없어요. 확철대오廓撤大悟를 하게 되면 어떻게 공부해야 하는지 저절로 알게 될 것입니다."

철산 스님은 이론적 논쟁보다 직접 경험하는 일에 매진할 것을 주문했다. 본인이 직접 경험하면 가장 빠르게 공부할 수 있는 방법을 쉽게 찾을 수 있을 것이라고 했다. 스님은 또 "본인들이 제대로 공부도 안 하면서 선지식이 없다느니 공부방법이 잘못됐다느니 한다. 제대로 공부를 해 보면 그런 것들이 다 소용없음을 알게 된다. 공부를 하다 보면 자연스럽게 선지식도 친견하게 될 것"이라고 지적했다.

___ 그래도 지금 생존해 계신 분들 중 가까이서 모시는 분이 계실 것 같습니다.

"직지사 조실 녹원 큰스님, 조계종 원로의원 고우 큰스님, 월탄 큰스님, 봉암사 수좌 적명 큰스님, 덕숭총림 수덕사 방장 설정 큰스님 등은 어른스님으로서 충분히 존경받을 만한 분들이라고 봅니다. 지금도 시간 날 때마다 찾아뵙고 좋은 가르침을 받고 있습니다."

___ 롤모델로 생각하시는 선지식이 있을까요?

"육조 혜능 스님입니다. 조계曹溪의 문손들이라면 아마 혜능 스님의 가르침을 공부의 기준으로 삼을 것이라고 생각합니다. 혜능 스님은 어려서 아버지를 잃고 어머니를 모시고 살았습니다. 나무를 해 팔면서 생계를 이었는데, 어느 날 나무를 여관에 배달하는 길에 한 손님이 『금강경』 읽는 소리를 듣게 됩니다. 『금강경』 내용 중 '머무는 바 없이 그 마음을 낼지니라(應無所住 而生其心)'라는 구절을 듣고 마음이 밝아져 오조 홍인 스님을 찾아가죠. 홍인 스님을 만나 문답을 하면서 '사람에게는 남쪽과 북쪽의 차이가 있겠지만, 불성에 어찌 남북이 있겠습니까?'라며 그 면목을 드러냈고 훗날 홍인 스님에게 인가를 받고 '육조'가 된 분입니다."

철산 스님은 "역대 조사나 근현대 한국의 선지식들 역시 육조 스님의 가르침을 잘 새겨야 한다고 가르치셨다"며 "육조 스님의 가르침 속에 선의 본질이 다 녹아 있다"고 밝혔다.

___ 추천해 주실 만한 경전이나 조사어록이 있을까요?

"『단경』입니다. 여기에 육조 스님의 가르침이 다 들어 있습니다."

현대 최고의 선지식이라 일컬어지는 성철 스님 역시 『단경』 공부를 강조했다. "『단경』은 육조의 법손인 동토 선종의 근본이 되는 성전聖典이다. 『단경』의 근본사상은 식심견성(識心見性-마음을 알아 성품을 봄)이요, 식심견성은 법신불法身佛인 내외명철(內外明徹-안팎이 사무쳐 밝음)이어서 견성見性이 곧 성불

成佛이므로, 깨달은 뒤에 부처님 행을 수행한다(修行佛行)고 분명히 하였다. 뒷날 교가의 점수사상이 섞여 들어와 오후점수론悟後漸修論이 성행하나 이는 『단경』에 크게 어긋나는 것이니, 육조 대사의 법손인 선가는 『단경』으로 되돌아와 육조 대사의 본연의 종풍을 떨치기 바란다."

___ 부처님 가르침의 핵심은 무엇인가요?

"본래무일물本來無一物의 도리를 알도록 있는 그대로를 바로 보는 것입니다. 다른 말로 표현하면 중도中道라고 할 수 있고요."

___ 스님에게 현재 가장 중요한 것은 무엇인가요?

"어느 것 하나 중요하지 않은 것이 없습니다. 모든 것이 중요하죠."

___ 앞으로의 계획을 전해 주신다면?

"열심히 정진하는 것 말고는 없습니다. 공부하는 사람에게 수행보다 더 중요한 것은 없잖아요. 대승사를 생각한다면 현재 진행하고 있는 종각과 공양간, 재가선방 불사를 원만하게 회향하는 것입니다."

___ 20년 후 스님의 모습을 상상하신다면?

"그때까지 살지 모르겠어요. 죽고 사는 문제가 의지처럼 되는 것이 아니니까요. 죽지 않고 살아 있다면 계속 정진하면서 살고 있으면 좋겠습니다."

스님은 그리 많은 말을 하지 않았다. 얘기를 들어야 하는 사람의 입장에서는 좀 난처한 일이지만, 길지 않은 이야기 속에서도 스님은 불교의 핵심을 내보여 주었다. 산을 내려오면서도 언젠가 다시 스님을 만나러 산에 올라올 생각을 하니 즐거워진다. 대승사와 철산 스님의 매력은 바로 여기에 있었다.

원영 스님

조계종 교수아사리

" 그래서 스님은 수행에 집중하는 불교에서 사회적 자비를 실천하는 불교로 전환하자는 것, 이것은 율의계 또는 선법계에만 머무는 한국불교를 중생계를 실천하는 불교로 만들자는 뜻이라고 설명했다. "

자비는
어머니 사랑과 같은
마음입니다

조계종 교수아사리
원영 스님

　서울의 대표적 관광지 중 하나인 인사동은 항상 붐빈다. 세계 여러 나라에서 온 남녀노소의 사람들이 한번쯤은 들르는 명소이기도 하면서 한국 사람들 역시 많이 찾는 곳이다.
　그러나 길을 하나 건너면 만날 수 있는 조계사는 국내외 관광객의 호기심으로 들떠 있는 인사동의 생동감과는 다소 거리가 있다. 향 내음 그윽한 경내는 스님과 신도들의 염불소리가 끊이지 않고 있지만, 산중사찰과 달리 각종 포교 프로그램이 활기차게 진행되는 현대적 도시사찰이라서 '정중동'의 묘한 분위기를 자아내고 있다.
　어깨를 맞대고 있는 인사동과 조계사는 그렇게 우리 사회와 한국불교를 상징하는 곳이 아닐까 하는 생각을 하면서 인사동을 걸었다. 대부분 어떤 목적지를 향해 가다 지나는 경유지이겠지만 인사동에서 스치는 인연들의 표정은 항상 밝아 보인다. 사람들 사이를 헤쳐 한적한 찻집에 앉았다. 통유리 너머로 보이는 서울의 풍경은 여전히 바쁜 모습이다.

날이 추워 차茶도 금방 식어 갈 즈음 원영 스님의 모습이 보인다. 스님은 『대승계의 세계』라는 책을 펴내고 여기저기서 요청하는 인터뷰를 소화하며 바쁜 일정을 보내고 있었다. 몇 번의 취재 현장에서 스님과 잠시 대화를 나누긴 했지만 계율戒律을 공부하는 흔치 않은 젊은 비구니스님의 열정을 느끼고 싶어 자리를 청했다.

"조계종 불학연구소에서 「선원청규」 편찬과 승가교육 개편 실무를 맡았었습니다. 3년여간 불학연구소에서 일을 한 뒤로는 동국대 선학과에서 강의를 했고 지금은 「불교신문」에 칼럼을 연재하면서 공주 동학사 승가대학에서 '세계불교사'를 강의하고 있습니다. 올해 제 목표가 『대승계의 세계』 발간이었는데 2012년이 가기 전에 작업을 마무리해서 다행입니다."

맑고 밝은 모습의 스님은 환한 표정으로 근황부터 소개했다. 1974년생으로 비교적 어린(?) 스님은 이제 막 사회생활을 시작한 새내기처럼 활기가 넘쳤다. 그간 스님이 공부해 온 과정과 박사 학위를 마치고 쓴 책의 내용들이 많이 궁금했지만 출가 이야기부터 천천히 듣기로 했다.

___ **스님의 출가인연이 궁금합니다.**

"어려운 집안 형편, 저의 건강 문제 등 여러 가지 원인이 함께 작용해 출가를 한 것 같습니다. 저는 5남3녀 중 막내로 태어났어요. 저를 낳기 전 어머니가 산에서 여러 번 뛰어내렸다고 합니다. 저를 낳지 않으려고요. 식구도 많은데 더 낳는 것은 감당이 안 됐기 때문입니다. 그 정도로 가난했어요. 제가 죽을 별로 좋아하지 않는데 어릴 때 주식이 죽이었어요. 그런 환경에서 자라면서 감수성이 많이 예민했나 봐요. 집 근처에 있던 부여 백마강을 보면서 사색에 잠기곤 했는데 좋은 기억은 별로 없던 시절이었습니다. 그렇게 지내다 보니 제가 많이 아팠어요. 스님들이 탁발을 하러 와서 저를 보면 절로 보내라고 말씀하셨는데 절에 잠깐 가 있으면 거짓말처럼 몸이 아프지 않았어요. 열일곱 살 때 집 근처 절에 머물다가 열여덟 살에 은사스님을 만나 지금의 대구 화성사로 갔습니다."

스님은 이후 대학을 졸업하고 사회생활을 하던 중 정식 출가를 결심했다.

___ 꽤 오랫동안 절에서 살다 출가를 하셨네요?
"그런 셈이죠. 출가를 결심하고는 통영에 있는 절에서 행자생활을 했어요. 그러다가 삭발을 하게 됐죠. 절에 오래 있어서인지 삭발할 때도 특별한 감정의 변화가 없었어요. 그냥 담담하게 출가를 받아들인 것 같습니다."

스님은 출가한 뒤 계戒를 받고 1년 동안 기도를 했다. 그러고는 청도 운문사 승가대학에 입학했다.

___ 승가대학 생활은 어떠셨어요?
"좋은 기억만 있는 곳이죠. 운문사 승가대학 4학년 졸업반 스님들은 청도 군수와도 바꾸지 않는다는 말이 있을 정도예요. 승가대학 시절을 돌아보면 이리저리 불려 다니며 꾸중도 듣고, 벌레를 무서워해 소름이 돋아 가며 배추밭에 쪼그리고 앉아 배추벌레를 잡기도 했어요. 저녁에 몰래 나가 라면 끓여 먹다 들킨 적도 있고 아침공양 때 발우를 펴다가 줄어서 밥을 받지 못한 적도 있고요. 그래도 『화엄경』을 사경寫經하기도 했고 관절이 상할 정도로 절을 하기도 했죠. 특히 기억에 남는 것은 3학년과 4학년 때 승가대학 도서관에서 '사서'라고 할 수 있는 장주藏主를 맡아 보면서 다양한 책을 봤던 겁니다. 2년여 동안은 정말 원 없이 책을 보고 만졌지요. 또 책을 통해서이긴 하지만 위빠사나에 대해서도 공부를 할 수 있었어요. 전체적으로 불교를 공부하는 데 많은 도움이 됐던 시기가 바로 장주 소임을 볼 때였습니다."

__ 당시 봤던 책 중에서 기억에 남는 것이 있나요?

"두 권 정도가 기억에 남아요. 하나는 법륜 스님의 『반야심경』입니다. 책을 보면서 제가 알고 있던 불교지식이 하찮고 부끄럽게 느껴졌습니다. 또 하나는 정화 스님의 『삶의 모습을 있는 그대로』라는 책입니다. 유식학唯識學에 관련된 책이었는데, 어렵기는 했지만 저에게는 무척 진지했던 책이었습니다. 삶을 바라보는 통찰력을 배웠다고 할까요?"

스님은 두 책을 보고 저자를 만나기 위해 직접 찾아갔다고 한다. 법륜 스님이 있는 서울 정토회와 당시 정화 스님이 정진하던 남원 실상사 백장암 선원에 가 인사를 드렸다. 긴 시간은 아니었지만 '나중에 나도 저 스님들처럼 살아야겠다'고 생각했다. 그리고 스님은 선원에 방부를 들였다.

"은사스님께서 추천해 주셔서 양산 내원사 선방에 갔어요. 거기서는 다각茶角 소임을 보며 정진했습니다. 다각은 다각실을 관리하고 차담을 담당하는 소임이에요. 출가 전부터 절에서 살아서인지 선원생활은 그리 어렵지 않았어요. 선방 가기 전부터 들었던 화두도 잘 됐고요. 정진하면서 제 마음이 불안해지거나 힘들 때 화두를 들면 저와 제 주변이 안정됐던 것 같습니다. 짧은 시간이었지만 저에게는 큰 힘이 됐던 시기입니다."

은사스님은 선방에서 더 정진하기를 원했지만 스님은 다른 길을 택했다. 특히 비구니계를 받으면서 계율을 공부해야겠다는 마음을 먹기 시작했다.

대승불교,
어떻게 사람들의 삶 속에서
함께 해야 하는지

"비구니계는 모두 348개의 계목으로 이루어져 있습니다. 모두 중요하긴 한데, 이것을 다 지킨다는 것은 현실적으로 어려워요. 현실적인 계율이 필요하다고 생각했고, 그래서 계율에 관심을 갖기 시작했어요. 전해 내려오는 계율보다는 이것을 현대적으로 어떻게 응용할 것인지에 대한 관심이 컸던 것 같아요."

계율 공부를 하겠다고 마음먹은 지 얼마 안 돼 기회가 찾아왔다. 순천 송광사에서 계를 받고 운문사로 가 어른스님들께 인사를 드리려는데, 그 중 한 분이 일본에서 공부할 수 있는 기회가 있으니 가 보는 게 어떠냐는 말씀을 해주신 것이다. 스님은 은사스님에게 말씀을 드리고 바로 유학길에 올랐다. 목적지는 일본 교토의 하나조노대학이었다.

___ 유학 전 일본어 공부를 따로 하셨던 것은 아니죠?
"그렇죠. 가서 1년 동안은 일본어학원을 다녔어요. 그래서 언어와 문화를 공부했습니다. 그런 뒤에 하나조노대학 석사 과정에 입학했습니다."

___ 하나조노대학에는 유명한 불교학자가 많지 않나요?

"네. 야나기다 세이잔, 사사키 스즈카, 오키모토 가츠미 선생님 등 불교 전반은 물론 계율을 통달하고 있던 석학들이 계셨습니다. 다른 학교와 달리 대승계와 소승계를 연구하는 분들이 다 계셨기 때문에 계율 공부를 하기에는 최고의 조건이었죠. 제가 공부하는 데 그 선생님들의 지도가 많은 도움이 됐습니다."

일본어를 익히면서부터 스님은 '독하게' 공부했다. 주변의 만류를 뿌리치고 왔기 때문에 더 열심히 해야 한다는 생각뿐이었다. 그렇게 공부한 결과 2년 만에 석사 학위를 받았다. 그것도 외국인 최초의 수석 졸업이었다. 연구 주제는 『범망경』의 자서수계에 관한 연구'였다. 또 석사를 마치고 3년 만에 '대승계와 남산율종'으로 박사 학위를 받았다.

___ 정말 '독하게' 공부하셨나 봐요?

"어릴 때부터 자존심이 강한 편이어서인지 일본 학생들에게 지기 싫었거든요. 또 제가 어렵게 공부하고 있다는 것을 알고 여러 어른스님들께서 도와주셔서 열심히 하지 않을 수 없었습니다."

___ 석박사 학위의 연구 주제를 '대승계'로 정한 이유가 있었나요?

"우리 불교가 대승불교이기 때문에 자연스럽게 대승계를 공부하게 됐죠. 대승불교의 계율은 어떠해야 하는지, 그리고 대승불교는 어떤 지향을 가지고 사람들의 삶 속에서 함께 해야 할지가 저의 큰 연구 주제였거든요."

___ 유학 중에도 적지 않은 일들이 있었다고 들었습니다.

"2004년 한 해에 작은오빠와 아버지, 큰오빠, 외삼촌, 외할머니가 돌아가셨고, 3년 뒤에 어머니가 돌아가셨습니다. 그야말로 '줄초상'이었죠. 얼마 살지 않았지만 지금까지를 돌아보면 그때가 제 인생에서 가장 큰 고비가 아니었나 싶어요. 석사 논문을 거의 비행기에서 썼다고 할 정도로 한국과 일본을 왔다 갔다 했습니다. 장례뿐만 아니라 49재까지 모셔야 했기 때문에 정신적·육체적으로 많이 힘들었어요. 그래도 이를 악물고 논문을 정리했습니다."

가족의 연이은 죽음으로 석사 학위 직후 스님은 극심한 슬럼프를 겪기도 했다. 그렇지만 그대로 주저앉을 수는 없었다. 특히 어머니를 보내 드리면서 본 삶과 죽음은 스님에게 또 하나의 화두가 되었다.

"박사 학위 논문을 제출한 직후에 어머니가 급성폐암 선고를 받았어요. 그때부터 한 달 정도 어머니를 간호했습니다. 어머니뿐만 아니라 같은 병동에 있던 사람들의 죽음을 봤죠. 삶과 죽음, 그리고 존엄사 문제에도 관심을 갖게 됐습니다. 계율의 틀에서 존엄사를 어떻게 봐야 할지는 아직도 풀지 못한, 더 공부해야 할 숙제입니다."

그렇게 박사 학위를 취득하고 스님은 중국에서 중국어를 공부한 뒤 귀국했다. 그리고 인연이 돼 조계종 교육원 불학연구소에서 상임연구원으로 근무했다.

___「선원청규」 편찬 실무를 하셨습니다.

"유학을 마치고 7년 만에 한국에 와서 처음 일한 곳이 불학연구소입니다. 거기서 선원청규편찬위원회 일을 맡았어요. 전국선원수좌회에서 '선원청규편찬위원회'를 만들어 일을 진행하고 있었는데 뒤늦게 합류한 셈이죠. 편찬위원회는 선원장급 스님들이 구성원으로 참여해 결제 기간에는 정진하고 해제

때를 이용해 일을 진행했습니다. 종단 차원에서 한국불교 최초의 선원청규를 만들었다는 것에 큰 의미가 있는 일이었습니다. 선원장 스님들께서 공력을 들인 만큼 잘 활용됐으면 좋겠어요."

2010년 11월에 발간된 「선원청규」는 조계종의 수좌스님들이 지켜야 할 생활규칙이자 종합 수행지침서라고 할 수 있다.

「선원청규」는 조계종의 종지宗旨와 역사, 율장 등을 다룬 1부와 선원의 수행과 생활 전반에 관한 내용, 장례의식 절차 등을 다룬 2부로 구성됐다. 방장과 주지를 비롯한 선원 내 46개 조직 및 소임, 안거를 하기 위해 방부를 들일 수 있는 자격, 안거 중 소임을 써 붙이는 용상방 구성 절차, 선원의 일과와 제반수칙, 선방, 요사, 법당, 지대방, 해우소 등에서 지켜야 할 수칙까지 상세하게 설명했다.

또 울력으로 불리는 스님들의 노동과 관련한 수칙, 수행자의 재산소유 문제, 문화 생활, 복지 대책, 스님들이 입적했을 때의 절차, 생명나눔을 위한 장기기증과 시신기증 방법 등도 담고 있다. 당시 편찬위원회는 송나라와 원나라 시절의 청규를 기본으로 중국과 일본의 청규, 최근의 것인 대만 불광사 규칙과 프랑스 플럼빌리지의 비구계 개정판, 가톨릭 베네딕토회의 규범까지 두루 참고해 청규를 발간했다고 밝힌 바 있다.

___「선원청규」 발간 작업을 마치고 승가교육 개편 실무도 하신 거죠?

"그렇습니다. 저 개인적으로도 승가교육 개편에 찬성을 했기 때문에 적극적으로 일을 했어요. 우리 승가대학 시스템을 보면 대중생활 등 사찰문화를 습득하고자 하는 기본적인 측면에서는 긍정적인 부분이 많아요. 그러나 교육의 목표를 놓고 생각해 보면 비효율적인 측면이 많지요. 한문 위주로 공부를 하다 보니 학습효과가 떨어집니다. 4~5년을 공부해도 높은 수준의 교양과 지식을 얻지 못해요. 최소 승가대학을 졸업하면 일반 시민들에게 불교에 대해 명확하게 설명해 줄 수 있는 실력을 갖춰야 하는데 그렇지 못한 것이죠. 이런 문제들을 고쳐야 하는 것이 시급했기 때문에 열심히 하려 했습니다."

스님은 불학연구소에서 『계율과 불교윤리』『세계불교사』『조계종법의 이해』 등 교과과정 개편에 따라 신설되는 과목의 승가대학 교재를 만들었다. 또 초기불교, 선불교, 대승불교, 한문불전, 계율과 불교윤리, 응용불교, 불교사 등 7개 분야 48과목에 대한 강의계획서를 발간했다.

___ 앞으로 승가 교육은 어떻게 변해야 할까요?

"구체적 방법론에 대해서는 많은 이야기가 있으니 그것에 대해서는 논의를 모으면 될 것 같고요, 저는 무엇보다 지知와 행行이 함께 가는 교육이 되어야 한다고 봅니다. 스님으로서의 기본적인 자질도 중요하지만 일단 불교와 사회에 대한 지식이 있어야 합니다. 지식이 있어야 지혜도 나올 수 있어요. 또 이를 바탕으로 스님들이 다양한 사회분야에서 실제 실천할 수 있도록 교육이 되어야 합니다. 지금 신문·방송을 통해 나오는 무수한 사건사고에 대해 불교가 대안을 제시할 수 있어야 하는데 현재의 교육 시스템으로는 어렵습니다. 시대적 과제에 부응하는 교육이 이루어져야 합니다."

조계종 교육부장 법인 스님은 2012년 7월 '조계종의 활동과 전망'을 주제로 열린 세미나에서 앞으로의 승가 교육은 기본교육 교재의 한글화 및 교수법의 현대화, 수행과 품성을 겸비한 종교지도자 육성, 전문교육기관을 통한 전문가 양성, 재교육 프로그램의 상설화, 전통과 현대의 조화를 이루는 교육, 불교관과 수행법에 대한 지속적인 연구 등을 강화하는 방향으로 개선돼야 한다고 강조하기도 했다.

저는 무엇보다 지知와 행行이 함께 가는 교육이 되어야 한다고 봅니다.
스님으로서의 기본적인 자질도 중요하지만 일단 불교와 사회에 대한 지식이 있어야 합니다.

___ 지난 2011년에는 『부처님과 제자들은 어떻게 살았을까』라는 책을 내셨습니다.

"계율 개론서를 만들어 본다고 생각하며 썼습니다. 계율이 가지고 있는 딱딱한 이미지에서 벗어나 쉽게 대중들에게 계율 이야기를 전하고 싶었어요."

『부처님과 제자들은 어떻게 살았을까』는 '출가'·'수행'·'생활'·'사찰'·'행사'·'계율' 등 모두 여섯 개의 장으로 구성되어 있다.

'출가' 편에서는 어떤 이를 출자가로 받아 줄 것이며 어떻게 수계를 받고 어떤 사람을 은사로 정하고 어떻게 교단에서 화합할 것인가에 대한 내용이 들어 있다. 부모의 허락을 받았는지, 밀린 빚은 없는지, 노예는 아닌지, 성불구자나 동성애자가 아닌지, 몰래 비구 행세를 하려는 자가 아닌지 등 율장 곳곳에 나타난 출가자의 조건들은 상당히 흥미롭다. 이런 규정 대부분은 2,600년이 지난 현재까지 한국의 대표 불교종단인 조계종에서도 그대로 출가자를 선별하는 기준으로 차용하고 있다.

'수행' 편에서는 당시 수행자들이 얼마나 혹독하고 엄한 규율 속에서 수행했는지를 엿볼 수 있는 글들이 들어 있다. 시주의 은혜를 잊지 않기 위해 부처님이 제자들에게 가르치는 장면은 감동적이다. 이밖에 어느 날 해가 저물고 비 오고 천둥 치는 험한 날씨에 한 비구가 임신한 장자부인의 집에 걸식하러 갔다가 부인이 그만 비에 젖은 비구를 보고 놀라 낙태를 하자 오전에 탁발을 마칠 것을 이야기하는 장면 등은 주목할 만한 대목이다.

'생활' 편에는 가사나 발우, 울력에 대한 내용들이 들어 있다. 가난한 집이나 부잣집이나 구별 없이 탁발을 나가야 한다는 내용부터 남은 음식을 어떻게 처리할 것인가, 탁발을 하지 못한 수행자를 위해 이를 어떻게 분배할까에 대한 내용까지 먹고 입는 문제 등에 대해 부처님이 제자들에게 지시한 내용들이 있다.

'사찰' 편은 주로 주거에 대한 문제를 다루고 있다. 방은 어떻게 배치했으며 사원을 유지하기 위해 재가자들의 보시가 들어왔을 때 어떻게 처리해야 하는지 등이 들어 있다.

'행사' 편에는 주로 포살과 자자 등 수행자가 잘못을 범했을 때 어떻게 처신해야 하는지 등의 내용이 담겼고 마지막으로 '계율' 편에는 부처님 당시의 율이 현대에 어떻게 지켜지고 있고 어떻게 변천되어 있는지 등의 내용이 담겼다.

___ 여러 이유가 있을 수 있겠지만 한국불교에서 계율을 경시하는 풍토는 여전합니다.

"한국불교에는 무애행無碍行이 만연해 있습니다. 자기 합리화의 근거를 무애행에서 찾고 있어요. 무애행을 할 수 있는 경지가 어느 정도인지는 자신만이 알 수 있다고 봅니다. 완전한 깨달음을 얻은 것도 아니면서 무애행으로 합리화하는 것은 바람직하지 않습니다."

___ 아직도 팔경법八敬法을 얘기하는 사람들이 있습니다.

"팔경법은 부처님 당시 인도 상황에서는 필요했습니다. 쉽게 얘기하자면, 남자학교가 남녀공학으로 바뀌면서 생긴 것이라 할 수 있어요. 새로 입학한 여자 신입생들에 대한 생활규칙이 필요했던 것입니다. 선배 남학생들이 신입 여학생 후배들을 잘 챙겨 주기 위해 필요했던 것이죠. 그러나 지금은 상황이 다릅니다. 팔경법으로 폄하하거나 하대하는 것은 옳지 못합니다. 이제는 승가 구성원들 서로가 서로를 배려하고 존중해야 합니다."

팔경법八敬法은 비구니가 지켜야 할 여덟 가지 규범을 말하는 것으로 보름마다 비구의 지도를 받아야 함, 비구의 지도에 따라 안거安居해야 함, 안거의 마지막 날에는 비구를 초청하여 그동안 저지른 자신의 허물을 말하고 훈계를 받아야 함, 식차마나式叉摩那는 비구·비구니에게 구족계具足戒를 받아야 함, 비구를 꾸짖어서는 안 됨, 비구의 허물을 말해서는 안 됨, 무거운 죄를 저질렀을 때는 비구에게 참회해야 함, 수계受戒한 지 100년이 지난 비구니라도 방금 수계한 비구에게 공손해야 함 등을 담고 있다. 남녀가 평등한 현대사회에서는 쉽게 이해하기 어려운 내용들이다.

불교 자체가 자비

___ 최근에는 『대승계의 세계』를 발간하셨습니다.

"앞에서도 얘기했지만 이제 불교는 사람들에게 구체적이고 직접적으로 도움을 줘야 한다고 봅니다. 그런데 그 도움의 바탕에는 자비가 있다고 생각해요. 자비야말로 불교를 구체적 현실에 구현할 수 있는 대승계의 정신이라고 생각해 책으로 정리하게 됐습니다. 앞으로는 대승계의 정신이 현대사회 윤리 영역의 다양한 문제들과 만나 현실에 유용하게 쓰여 정의로운 사회, 도덕 경제가 이끄는 사회가 현실적으로 이루어졌으면 좋겠어요."

___ '자비'를 어떻게 정의할 수 있을까요?

"어머니가 자식을 사랑하는 마음이 아닐까 합니다. 지금 우리 사회에 필요한 것은 이런 어머니의 마음이라고 생각해요. 범위를 좀 더 넓혀 보면 자비는 자신의 편협함에 갇혀 세상의 억압된 질서에 복종하는 질서가 아니라 모든 존재의 신성한 권리인 생명권부터 존중해 가는 보편적 윤리입니다. 다시 말해 불교라고 하는 종교가 주장하는 한 부분으로서 자비가 있는 것이 아니라, 불교 자체가 자비라고 할 수 있습니다."

___ 대승계에 대해 좀 더 설명해 주실 수 있을까요?

"대승보살계는 성립 과정에서 '율의계律儀戒', '선법계善法戒', '중생계衆生戒'의 삼취정계三聚淨戒로 정리되어 자비사상에 입각한 이타적 생명관을 전개했습니다.

구체적 내용을 보면, 먼저 종교를 믿는 사람이라면 누구나 가지고 있는 도덕의 개념과 성스러운 영역으로 분류되던 승가의 규율을 조화롭게 적용시켜서 율의계의 개념을 정립시켰습니다. 여기에는 불교 교단의 전 구성원이 지켜야 할 계와 율이 모두 포함됩니다.

선법계는 몸과 입과 뜻으로 쌓아 가는 모든 선을 말합니다. 이는 인간을 고통으로 몰아가는 탐냄과 성냄과 어리석음(三毒)에서 벗어나기 위한 행위 전체를 가리키는 것으로, 자신의 욕망을 내려놓기 위해 절을 하고, 어리석음을 일깨우기 위해 법회에 참석하여 법문을 듣고, 참회를 위해 포살을 하며, 깨어 있는 상태를 유지하기 위해 경을 독송하고 명상을 하는 등 자신의 선업善業을 위해 행하는 모든 종교적 행위를 말합니다.

마지막으로 중생계는 대승계는 물론 대승불교의 핵심사상이라고 할 수 있습니다. 모두를 이롭게 한다는 순수한 목적 아래 제시된 요익중생계는, 내가 갖게 될 이익이 다른 사람의 이익보다 더 중요하다고 생각하는 우리의 자연스러운 판단을 완전히 부정합니다. 내 이익이 남의 이익보다 우선시되어서는 안 된다는 윤리적 결정을 확실하게 내리고 있다고 할 수 있지요. 도움이 필요한 다른 중생을 위해 자비의 마음을 내 적극적으로 돕는 것을 말합니다."

___ 『대승계의 세계』를 통해 전하고 싶은 메시지가 있습니까?

"대승계에서는 모든 행위의 가치판단을 '그것이 과연 중생을 위한 일인가'에 둡니다. 모든 판단의 기준이 모두를 위한 행위인지에 달려 있다는 말이죠. 그래서 대승보살의 계는 출가를 하고 안 하고를 문제 삼지 않아요. 대승보살의 삶은 있는 그대로의 삶을 긍정하면서 바로 그 자리에서 실천하는 것에 더 큰 의의를 두기 때문입니다. 이렇게 깊은 뜻을 가진 대승계의 정신이 더 이상 낡은 것이 아니라 우리 삶의 현장에서 생생하게 체화될 수 있는 현대윤리로 거듭나기를 기대하면서 정리했습니다."

___ 대승계의 정신에 비추어 한국불교의 방향을 제시해 주실 수 있을까요?

"그동안 불교는 '악惡을 짓지 말고 선善을 행하라', '괴로움을 없애고 즐거움을 얻는다'는 주제로 2,000년이 넘는 시간 동안 중생들에게 설법해 왔어요. 과거엔 이런 직관적 가르침이 유효했지만 지금은 공허한 철학적 동의반복처럼 들릴 위험이 큽니다. 계율을 '~하지 마라'로만 알기 쉬운데 대승계에는 '~해라'는 적극적인 권유가 있습니다. 대승계는 금지가 아닌 너와 내가 함께 보살행을 하자고 말합니다. 이런 보살정신을 바탕으로 현대사회의 구체

한국의 미래를 짊어져야 할 사람들이 많아 아파하고 있다는 것을 알았습니다.
사람들의 아픔을 만져 주는 일을 계속하고 싶어요.

ⓒ 이태훈

적 문제에 응답할 수 있어야 해요."

그래서 스님은 수행에 집중하는 불교에서 사회적 자비를 실천하는 불교로 전환하자는 것, 이것은 율의계 또는 선법계에만 머무는 한국불교를 중생계를 실천하는 불교로 만들자는 뜻이라고 설명했다.

___ 얼마 전에는 조계종이 주최한 '청년출가학교'에서 젊은 청춘들을 만나셨습니다. 어떠셨어요?

"한국의 미래를 짊어져야 할 사람들이 너무 많이 아파하고 있다는 것을 알았어요. 그럼에도 불구하고 그 아이들과 함께 하는 것이 너무 행복했습니다. 저 스스로도 살아 있는 느낌을 받았다고 할까요. 많은 도움을 주지는 못했지만 제가 살아왔던 이야기를 해 주면서 같이 울고 웃었지요. 그들을 만나면서 포교에도 관심을 갖기 시작했습니다. 사람들의 아픔을 만져주는 일을 계속하고 싶어요."

___ 부처님 가르침의 핵심은 무엇입니까?

"부처님의 가르침은 지혜와 자비에 대한 상세한 법문이라고 생각합니다. 지혜란 삶과 세상에 대한 연기적 통찰을 통해 자유와 해탈의 경지를 확보하는 것이며, 자비란 이웃과 사회와 함께하는 마음입니다. 자비의 영역이 바로 '대승계의 세계'이지요. 하하."

___ 스님에게 현재 가장 중요한 것은 무엇인가요?

"한 순간 한 순간 중요하지 않은 순간이 없습니다."

___ 앞으로의 계획을 전해 주신다면?

"글쓰기를 통해서나 직접 사람들을 만나면서 부처님의 가르침을 전하는 것입니다."

___ 20년 후 스님의 모습을 상상하신다면?

"글쎄요. 20년 후쯤엔 비구니 총무원장이 되어 있지 않을까요? 하하. 농담이고요, 후배들을 가르치고 젊은이들과 함께하는 여전히 철없는 스님이 아닐까요?"

원영 스님은 정토회 지도법사 법륜 스님을 '롤모델'로 생각한다고 한다. 법륜 스님을 통해서 모든 사람은 누군가를 살릴 수 있는 존재라는 것을 알게 됐다고 한다. 계율의 현대화를 평생의 과제로 설정하고 이를 실천하는 방법으로 강의와 집필을 계속할 것이라고 밝힌 원영 스님이 나중에 또 어떤 연구 성과와 책으로 대중들에게 다가올지 많은 사람들이 눈을 크게 뜨고 기다리고 있다.

각묵 스님

초기불전연구원 지도법사

> 모든 나무에 뿌리가 있듯이
> 불교 2,600년의 전개에도 그 뿌리가 있습니다.
> 뿌리를 거부하고 나무가 살아남을 수 없듯이
> 뿌리를 모르는 불교는
> 역사를 아는 이 시대의 외면을 받게 될 것입니다.

한국불교의 중심에서
초기불교를 외치다

초기불전연구원 지도법사
각묵 스님

　부처님 원음原音을 고스란히 담고 있다고 전해지는 초기불교에 대한 관심이 높아지고 있다. 대승大乘과 선禪 중심인 한국불교 지형에서 '부처님 당시'를 궁금해하는 사람들이 직접 남방으로 가서 정진하거나 아니면 한국에서 다양한 그룹을 만들어 공부하고 있다. 조계종단 차원에서도 교구본사인 전북 고창 선운사에 초기불교를 전문적으로 공부하는 승가대학원이 생길 정도로 많이 개방되는 추세다.
　이 과정에서 초기불전연구원 지도법사 각묵 스님은 초기불교 경전의 번역과 다양한 강의를 통해 초기불교 대중화에 '한몫'을 단단히 하고 있다. 평상시 소박한 모습이지만 강의나 법문에서는 유쾌함과 진지함으로 불자들을 이끄는 스님을 만났다.

스님은 '4부 니까야 완역 봉헌법회'를 회향하고 조금은 한가한 마음으로 지내고 있다고 했다. 그래도 매주 화요일과 금요일에는 남원불교대학과 서울 봉은사 경전학교에서 '초기불교 이해'를, 매주 수요일 오후와 저녁에는 서울 대원불교대학에서 '불교와 유식' 강의를 하고 있다. 그 외 시간에는 초기불전연구원 카페 회원들의 공부를 돕고 또 빠알리 삼장 번역을 구상하고 관련 자료를 정리하고 있다. 겨울 석 달 동안에는 태국에 나가 논장 번역에 집중할 계획이라고 한다.

___ 초기불교를 공부하고 싶어 하는 사람들이 많이 늘었지요?

"그런 듯합니다. 몇 가지 사례를 들어 보겠습니다. 첫째, 교계 여러 학술대회를 보면 지나친 관심을 가진다는 생각이 들 정도로 초기불교가 중요한 주제가 되었습니다. 둘째, 2002년 12월에 초기불전연구원 인터넷 카페를 만들었는데 지금 회원 수가 6,700명을 넘었습니다. 회원들 가운데 200명 정도는 동호회를 결성해 한 달에 한 번씩 공부모임을 갖고 있습니다. 동호회 결성 2년이 지났는데 벌써『초기불교 이해』『가려뽑은 앙굿따라 니까야』『아비담마 길라잡이』를 발제와 토론 형식으로 공부했고 계속해서『맛지마 니까야』와『청정도론』등도 공부할 계획이라고 해요. 셋째, 약 7년 전에『청정도론』완역 봉헌법회를 할 때는 230명 정도가 동참했는데 이번에 '4부 니까야 완역 봉헌법회'를 할 때는 1,000명에 가까운 대중들이 동참하였습니다. 넷째, 조계종 교육원에서 실시하는 연수교육에서 매년 두 번 '초기불교 이해' 강의를 하는데, 매번 정원 80명을 넘길 정도로 스님들께서도 초기불교에 대한 관심이 아주 많습니다. 다섯째, 지난 11월 초에 있었던 3급 승가고시에 제가 면접관으로 참여했는데 개인면접에서 자신의 수행과 관심이 위빠사나와 초기불교라고 답한 스님이 제가 면담한 50여 명의 스님 가운데 절반에 달했습니다."

대단한 열기가 아닐 수 없다. 초기불전연구원 카페에 올라온 토론 글들을 보면 거의 '도인' 급이다.

사실 스님은 화두 공부를 하기 위해 출가했다고 한다. 그러다 초기불교를 접했고 현재에 이르고 있다. 그 사연을 자세히 들어 봤다.

___ 어떤 인연으로 출가하신 건가요?

"저희 집안은 대대로 불교에 귀의해 왔습니다. 어머니께서는 딸 셋을 낳고 아들을 얻기 위해 절에 가 기도를 하셔서 저를 낳았다고 합니다. 그러니 저는 그야말로 요즘 말하는 모태신앙인 셈이지요. 중학교 3학년 때 어머니가 돌아가셔서 죽음의 문제에 눈을 뜨게 되었고, 그래서 대학에 들어가서부터 본격적으로 불교공부를 시작했습니다. 1학년 2학기 때부터는 간화선 수행을 하셨던 삼묵 노스님과 인연이 되어 매주 법회에서 『육조단경』『신심명』『증도가』 등을 배웠는데 특히 저는 『증도가』를 좋아해 다 외우기까지 했습니다.

3학년 1학기 때 삼묵 스님으로부터 '무無' 자 화두를 받아 본격적으로 공부하기 시작했습니다. 바로 화두에 집중이 되면서 의정이 일어났고 한 달 정도 화두가 거의 끊어지지 않는 상태가 지속되었습니다. 이미 불교에 심취해 있던 상황에 화두가 그렇게 들리니 세상살이에 관심이 없을뿐더러 의미를 찾을 수도 없어 6월부터는 삭발한 채 고무신 신고 학교를 다니는 괴짜 생활을 했습니다. 세속생활에서도 이렇게 화두가 들리는데 출가해서 한 달만 선방에서 밀어붙여 정진하면 확철대오廓徹大悟할 것 같은 확신이 생겼습니다."

그해 여름방학에 스님은 부산대학교 대불련 회원들과 함께 순천 송광사로 5박6일 수련회를 가게 되었고 수련회 중 3박4일은 용맹정진을 했다. 수련회가 끝나는 날 새벽 3시 도량석 목탁 소리에 잠이 깼는데 가슴이 환하게 시원해지면서 출가해야겠다는 결심과 함께 환희심이 일었다고 한다. 스님은 그 길로 출가했다. 스님은 구례 화엄사로 갔다. 거기서 도광 스님을 은사로 구도의 길을 걷기 시작했다. 스님은 당시를 회고하며 "출가자들은 모두 화두가 들려 세상에서 살기가 어려워져 출가하는 줄로 알았다"며 웃었다.

___ 은사스님은 어떤 분이셨는가요?

"한마디로 청정한 분이셨습니다. 계행戒行도 청정하셨고 청정한 마음으로 소임을 사셨는데 제가 아는 것만으로도 해인사, 통도사, 용주사, 화엄사 등 4개 본사 주지 소임을 보셨습니다. 열심히 정진하라고 항상 따뜻한 마음으로 격려해 주셨습니다. 제가 출가한 지 5년 만에 입적하셔서 시봉을 제대로 못한 것이 늘 아쉬움으로 남아 있습니다. 그러나 은사스님께서는 늘 제 마음에 큰 그늘이 되어 주십니다."

스님은 출가한 뒤에도 화두를 계속했다. 조금만 더 하면 뭔가 해낼 수 있 겠다는 자신감이 있었다.

___ 선원에서의 생활은 어땠나요?

"출가해서 바로 군대 갔다 오고, 드디어 3년 만에 기다리고 기다리던 선방에 갔습니다. 처음 간 곳이 순천 송광사 선원이었어요. 그런데 어찌된 일인지 선방에 앉았는데 화두가 들리지 않는 것입니다. 거의 미칠 지경으로 화두가 들리지 않았습니다. 왜 '무'라 했는가 하고 애를 써도 딱 의정에 걸리지 않았습니다.

그러더니 결국 졸음이 몰려왔습니다. 구참스님에게 잠에서 벗어날 길을 여쭈었더니 오후불식午後不食을 해 보라고 하셔서 그렇게 했죠. 20대 중반의 나이에 저녁을 굶으니 배가 고파 견디기 어려웠는데 그래도 잠은 안 와 오후불식을 계속하면서 약 7년 정도 선방생활을 했습니다."

도대체
불교가 무엇인가

　공부에 진전을 느끼지 못하면서 스님은 스스로에게 "도대체 불교가 무엇인가?"라고 묻기 시작했다. 이에 대해 불교는 '부처 불佛'에 '가르칠 교敎', 즉 부처님 가르침이고 부처님은 역사적으로 실존하셨던 석가모니 부처님이며 그분의 가르침이 불교라는 당연한 결론에 도달하게 됐다. 그래서 스님은 늘 가지고 다니던 『숫따니빠따』를 다시 정독했고 출가 전에 보았던 마쓰다니 후미오 교수의 『아함경 이야기』와 『불교개론』 등을 다시 봤다.

___ 처음에 초기불교를 공부한다고 했을 때 주변에서 그리 좋아하지 않았을 것 같습니다.
"그런데 그렇지 않았습니다. 오히려 아이러니컬하게도 제게 초기불교를 권하고 가르침을 주면서 큰 영향을 주신 분들이 모두 선방에서 정진하시는 스님들이셨습니다. 사실 저는 승려는 선방에 가서 화두를 타파해 견성성불見性成佛해야 한다고 확고히 믿었기에 강원에서 공부한다는 생각은 해 보지도 않았습니다. 출가해서 인연이 된 스님들은 모두 선객禪客이었어요.
　제가 초기경전을 번역하게 된 데는 세 분의 영향이 있었습니다. '고요한소리'의 활성 스님과 수좌 철오 스님, 전 봉암사 주지 함현 스님이 그분들입니다. 또 결정적으로 초기불교를 공부해야겠다고 결심하게 된 것은 『What the Buddha Taught(부처님의 가르침)』라는 스리랑카의 대석학 월폴라 라훌라

(Walpola Rahula) 스님의 책 때문이었습니다. 얼마나 감동을 받았는지 초기불교에 대한 확신을 갖게 되었습니다."

스님이 결심을 굳힌 뒤 인연이 찾아왔다. 인도 유학의 기회가 생긴 것이다.

"1987년 하안거를 마치고 작은 포교당에 있었는데 함현 스님이 찾아왔습니다. 활성 스님께서 함현 스님에게 초기불교를 공부해 빠알리 삼장을 번역할 스님을 찾아보라고 했다며 말입니다. 그래서 활성 스님을 찾아뵈었습니다. 스님께서는 왜 인도 유학을 가야 하는지를 말씀해 주셨고 초기불교를 제대로 하려면 빠알리어보다 산스크리트어와 베다(Veda)부터 공부해야 한다고 하셨습니다.
 스님의 말씀을 듣는데 어찌나 감동이 되는지 진정으로 역경 불사에 신명을 바쳐야겠다는 다짐이 섰습니다. 그리고 제게 냐나몰리 스님이 영어로 번역한 『청정도론』 영역본을 보내주시면서 영어 공부부터 하라고 하셨습니다. 사전을 찾아가며 열심히 이 책을 공부했어요. 이후에는 서울로 올라와 법련사에서 청년법회를 지도하면서 학원과 영국문화원에 다니며 영어 공부를 했습니다.
 그렇게 준비를 해서 1989년 3월에 인도로 유학을 갔습니다. 그 당시 인도로 유학 가는 것은 어려웠습니다. 그런데 지금 생각해 봐도 저는 참 쉽게 갔습니다. 아무리 생각해도 인연이라는 말밖에 할 수 없을 듯합니다. 제 인생에서 첫 번째 외국행이었으며 첫 여행의 행선지가 바로 인도였습니다."

인도에 도착해서 스님은 먼저 성지순례를 했다. 보드가야 보리수 앞에 서니 주르륵 눈물이 흘렀다. 그때 스님은 "부처님! 빠알리 삼장을 한국어로 다 번역하고 나서 죽게 해 주십시오"라고 서원했다.

___ 인도에서의 공부는 힘들지 않으셨어요?

"인도에서 저는 주로 베다와 제의서(祭儀書·브라흐마나)와 초기 우빠니샤드 등을 읽는 데 치중했습니다. 석사 공부도 베다를 전공으로 했죠. 인도 제의서 가운데 가장 중요한 『샤따빠타 브라흐마나』(주석서 포함 5권)를 일주일에 세 번씩, 3년에 걸쳐 지도교수였던 티테 교수님의 개인지도로 읽었는데 아마 외국인으로서는 전무후무할 것입니다. 이렇게 고층 산스크리트어를 공부한 것은 불교가 생기기 이전이나 직전의 인도문헌들을 공부해서 초기불교를 보다 더 근원적으로 이해하기 위한 것이었습니다.

인도에서 제게 교학공부의 중요성을 일깨워 준 것은 돼지새끼였습니다. 대학 수업 시간에 『청정도론』을 강독할 때였습니다. 『청정도론』 제1장에서 붓다고사 스님은 '윤회에서 두려움을 본다고 해서 비구라 한다'라고 정의하였습니다. 강의 중에 이 글을 읽고 실소를 금할 수 없었습니다. '윤회 또한 본래 없는 줄 알아야지, 윤회에서 두려움을 보는 게 비구라니! 이러니 소승小乘이라는 말을 듣는구나'라고 생각했어요. 이때가 아마 유학 3년째였을 겁니다.

그런데 그날 숙소로 돌아오는 길에 오물범벅이 된 채 먹이만을 찾아 이리저리 허우적대는 돼지새끼 한 마리를 보았습니다. 그놈을 보는데 '먹고 살겠다고 오물 구덩이에서 발버둥치는 저 돼지새끼나 확철대오 광도중생이라는 미명으로 세세생생 사바세계로 돌아와서 윤회하면서 세상의 단물을 쪽쪽 빨아먹겠다고 원력을 세우는 내 꼴이나 무엇이 다른가. 내가 저 돼지새끼와 다를 바가 무엇인가' 하는 강한 반성이 일어났습니다. 제 인생에서 아주 강하게 제 가슴을 파고든 사건 가운데 하나라 할 수 있습니다. 며칠을 괴로워하면서 성찰하다가 '진정으로 윤회에서 벗어나는 길을 찾자. 그러기 위해서는 부처님 원음을 제대로 공부하자'라는 다짐을 하게 되었고 그래서 초기불교를 저의 가치체계와 신념체계로 확고하게 받아들이게 되었습니다."

___ 현지에서 공부한 불교는 어땠나요? 한국불교와 차이가 있었습니까?

"사실 저는 인도에서 불교 공부에 치중하지 않았습니다. 오히려 인도 고층 언어요 인도 문화의 근간이 되는 베다 공부에 더 관심을 기울였습니다. 지금 인도학계의 불교 교학에 대한 이해는 그리 높지 않다고 생각합니다. 빠알리 문헌에 대한 불교적 이해도 깊지 않았고 상좌부 불교의 근간이 되는 상좌부 아비담마에 대한 이해도 역시 그러하다고 생각됩니다. 그들의 불교에 대한 주된 관심은 빠알리어에 대한 언어학적인 이해였던 듯합니다. 물론 언어적으로 빠알리어와 초기불전을 깊이 이해하기 위해서는 빠알리어와 고층 산스크리트어의 비교연구가 중요합니다. 빠알리어를 언어적인 관점에서 베다와 산스크리트와 비교해서 공부하는 데는 인도가 탁월하겠지만 불교 교학을 공부하기 위해서 굳이 인도로 갈 필요는 없다고 생각합니다."

스님은 10년이 넘는 기간 동안의 유학을 마치고 2001년부터 1년2개월 정도 미얀마의 사가잉 시따구(Sitagu) 사원에 머물면서 아비담마를 공부하고 니까야를 번역했다. 스님은 그때 대림 스님과 함께 초기불전연구원을 설립해 빠알리 삼장을 완역해 내기로 발원했다.

___ 초기불전연구원을 소개해 주신다면?

"빠알리 삼장의 완역을 발원하고 2002년 10월에 초기불전연구원을 만들었어요. 모든 나무에 뿌리가 있듯이 불교 2,600년의 전개에도 그 뿌리가 있습니다. 뿌리를 거부하고 나무가 살아남을 수 없듯이 뿌리를 모르는 불교는 역사를 아는 이 시대의 외면을 받게 될 것입니다. 지금 열과 성을 다해 빠알리 삼장의 완역 불사를 진행하고 있습니다. 그리하여 지금까지 4부 니까야를 완역하고 『청정도론』과 『아비담마 길라잡이』 등 모두 29권의 번역서를 출간하였습니다."

부처님의 원음을 고스란히 담고 있는 4부 니까야를 우리의 언어로 완역 출간하였습니다.

___ 최근 4부 니까야를 완역하셨습니다. 소감을 전해 주신다면?

"솔직히 말씀드려 부처님 원음 가운데 핵심이 되는 4부 니까야를 완역했다는 자부심이 없는 것은 아닙니다. 경전 번역의 중요성은 아무리 강조해도 지나치지 않습니다. 중국불교가 동아시아불교의 근본으로 자리 잡을 수 있었던 것은 두말할 필요도 없이 중국에서 500여 년간 지속적으로 전개된 역경사업 때문입니다. 티베트불교가 중국불교권에 휩쓸리지 않고 중국과 더불어 대승불교의 양대 산맥이 된 것도 전적으로 7세기 손첸캄포왕 시대부터 티베트어 문자를 창조하여 그들 고유의 언어로 경전번역 불사를 했기 때문입니다. 한국불교도 이제 1,700년 만에 우리의 언어로 부처님 원음을 고스란히 담고 있는 4부 니까야를 완역하였기 때문에 저희들의 번역 불사는 한국불교사에 의미 있는 기여를 했다고 생각합니다.

그러나 이러한 기쁨과 자부심보다는 솔직히 두려움이 훨씬 더 큽니다. 혹시 오역과 탈역을 해 부처님과 직계 제자들의 원음을 잘못 전달하지는 않는가 하는 걱정이 있어요. 그래서 4부 니까야를 더 다듬어 좀 더 완성된 형태로 고쳐 나갈 수 있도록 할 것입니다."

4부 니까야는 『디가 니까야』(長部, 길게 설하신 경), 『맛지마 니까야』(中部, 중간 길이로 설하신 경), 『상윳따 니까야』(相應部, 주제별로 모은 경), 『앙굿따라 니까야』(增支部, 숫자별로 모은 경)를 말한다. 4부 니까야는 각각 한역『장아함』『중아함』『잡아함』『증일아함』의 4아함에 해당한다.

번역 불사를 하면서는 크고 작은 난관이 앞을 막았다. 초기불전연구원장인 대림 스님과 스님은 큰 고비를 넘기기도 했다. 대림 스님은 미얀마에서『청정도론』을 공부하고 번역하면서 이질에 걸려 일주일간 사경을 헤맸다. 각묵 스님은 2010년 겨울에 10시간이 넘는 뇌종양 수술을 받기도 했다.

부처님의 가르침이 바로
초기불교

___ 왜 초기불교가 중요합니까? 왜 초기불교입니까?

"저는 오히려 불교가 무엇인가를 되물어 보고 싶습니다. 불교가 무엇입니까? 불교는 '부처 불佛' 자에 '가르칠 교敎' 자입니다. 즉 부처님의 가르침이 불교입니다. 부처님이 누구입니까? 바로 역사적으로 실존하셨던 석가모니 부처님입니다. 그래서 한국불교를 대표하는 조계종의 종헌 제1장 종명 및 종지 제2조에서 이렇게 규정합니다. '본종은 석가세존의 자각각타 각행원만한 근본교리를 봉체하며…', 그리고 제2장 본종 기원 및 사법 제4조에도 '본종은 석가모니불을 본존불로 한다'고 명시하고 있습니다. 다시 제5조에는 '①본종은 석가모니불의 기원을 단기 1789년(서기 기원전 544년)으로써 기산한다'고 명시하고 있는데 이것은 세계불교도우의회(WFB)에서 공인하는 기원전 543년 설과도 같습니다. 이처럼 조계종의 종헌에도 명시되어 있듯이 석가모니 부처님의 가르침이 바로 불교입니다. 그리고 석가모니 부처님의 가르침이 바로 초기불교입니다. 그러므로 초기불교가 불교 그 자체입니다. 초기불교를 모르면 불교를 모르는 것이 됩니다. 그래서 초기불교는 중요합니다.

초기불교, 즉 부처님 원음은 남북방에 고스란히 남아 있습니다. 남방에서는 빠알리 니까야로, 북방에서는 한역 아함으로 남아 있습니다. 놀랍게도 이 두 가르침은 같은 내용을 담고 있습니다. 이것은 기적이라고 생각합니다. 그리고 이처럼 남북방 불교에 그 소의경전이 다 남아 있는 불교가 어디 있습니까? 반야중관입니까? 화엄경입니까? 오직 초기불교밖에 없습니다."

___ **한국 내에서 초기불교의 위치는 어느 정도라고 보십니까? 인식이 많이 나아지기는 했지만 아직도 '서자' 처지 아닌가요?**

"서자라니요? 초기불교가 서자라면 나머지 후대 불교는 가문도 없는 주워 온 자식들이 되나요? 하하. 농담입니다. 불교역사 전체로 보자면 초기불교야말로 종손이고 맏형입니다. 물론 한국불교에서는 막내지만요.

처음 초기불전연구원을 개원한 10년 전과 지금을 비교해 보면 한국불교에 있어서 초기불교의 위상은 엄청나게 달라진 게 분명합니다. 가까운 장래에 분명히 초기불교가 한국불교 중흥의 토대가 될 것이라고 확신합니다. 요즘 들어 영어불교가 본격적으로 한국에 소개되고 있습니다. 영어불교의 토대는 누가 뭐래도 초기불교입니다. 초기불교가 바로 석가모니 부처님의 가르침이라는 상식이 구미에서는 당연하게 통하기 때문입니다. 영어불교의 영향도 한

가까운 장래에 분명히 초기불교가 한국불교 중흥의 토대가 될 것이라고 확신합니다.

국에 초기불교를 뿌리 내리게 하는 데 큰 역할을 할 수밖에 없을 것입니다."

___ 한국불교 지형에서 볼 때 초기불교의 장점은 무엇일까요?

"세계의 불교석학들은 불교가 2,600년 동안 초기불교, 아비달마, 반야중관, 유식, 여래장, 정토, 밀교, 선불교의 여덟 가지 중요한 흐름으로 전개되어 왔다고 정리합니다. 이 가운데 반야중관부터 선불교까지의 여섯 가지 흐름, 혹은 아비달마부터 선불교까지의 일곱 가지 흐름은 한국에 전래되어 한국불교 역사에 큰 족적을 남겼습니다. 그리고 통불교로 대표되는 한국불교에는 이 일곱 가지 불교가 혼재해 있습니다. 이제 초기불교가 한국에 들어와서 이러한 불교 전개의 역사가 무엇을 그 토대로 하고 있는지를 정확하게 볼 수 있게 해 줍니다. 이것이 통불교 전통을 가진 한국불교에서 초기불교가 가진 큰 장점이 아닐까 생각됩니다."

___ 초기불교를 공부하신 입장에서 볼 때 한국불교가 시급히 개선해야 할 것은 무엇입니까?

"첫째, 한국불교에 만연한 무속불교를 정리해야 합니다. 한국불교에 있는 사주, 관상, 점, 부적 등과 같은 비불교적인 행태를 제거해야 합니다. 둘째, 무엇보다도 마음을 실체화하거나 '참나'나 '진아'나 '대아'나 '주인공'을 찾는 것을 불교라고 우기는 것은 바꿔야 합니다. 이것은 힌두교이지 불교가 아닙니다. 이렇게 나아가면 한국불교는 외도라는 소리를 면치 못할 것입니다.

이렇게 비판을 하고 있지만 사실 제 출가생활과 제 불교관은 선방생활과 화두참구의 영향을 많이 받았습니다. 그리고 지금도 화두를 놓지 못하고 있습니다. 저는 개인적으로 한국 선원의 장점은 담백한 삶과 간단명료한 가치관에 있다고 생각합니다."

간화선을 통해 불교를 시작한 스님의 비판에는 애정이 묻어난다. 그래서 더 조심스러웠고 더 단호했다.

___ 초기불교가 한국불교 발전에 기여할 수 있는 것에는 무엇이 있을까요?
"초기불교는 한국불교에 대략 여섯 가지 정도로 기여할 수 있다고 생각합니다. 그것은 종손의 역할을 통한 기여, 맏형의 역할을 통한 기여, 막내의 역할을 통한 기여, 계행의 중시를 통한 기여, 봉사를 통한 기여, 우리말과 우리글을 통한 기여입니다."

스님은 이에 대해 구체적으로 설명했다.
먼저 초기불교는 한국불교에서 '종손'의 역할을 해야 한다. 종손이 가문의 법통을 이어가는 것처럼, 초기불교는 비불교적 요소를 바로잡고 무속불교를 준엄하게 비판하고 구별해 불교의 법통을 정확히 제시해야 한다.
두 번째는 '맏형'의 역할이다. 초기불교가 한국에 들어왔으니 이제는 '한국불교'다. 한국의 초기불교는 자애와 연민, 자비희사의 마음으로 부처님 초기 이후에 전개된 모든 불교를 끌어안고 함께 나아가야 한다.
초기불교는 맏형임과 동시에 '막내'가 돼야 한다. 가장 최근에 들어온 막내로 이전에 정착된 반야중관부터 선불교까지의 '형님들'과 함께 합심해 한국을 불국토로 만들어야 한다.
초기불교는 또 '도덕 불교'가 돼야 한다. 도덕성을 상실한 집단은 지탄을 받기 마련이며 도덕적이지 않은 종교가 '세상의 등불'이 된다는 것은 어불성설이다. 튼튼한 계율과 계행으로 한국불교가 도덕불교가 되는 데 기여해야 할 것이다.
다음은 '봉사 불교'다. 혹자들은 초기불교가 '상구보리'는 하지만 '하화중생'은 하지 않는다고 말하는데, 상구보리와 하화중생 둘 다를 강조하지 않는 불교는 세상 어느 나라에도 없다. 초기불교가 한국에서 진정한 봉사정신을 보여주는 것이 중요하다.

초기불교의 마지막 역할로는 '우리말 우리글 불교'다. 우리 불교는 한자와 중국식 사유로 전개된 후에 한글로 받아들여져 왔다. 아직도 제대로 된 한글로 정착된 불교가 없다. 우리 불교역사에서 우리말과 글로 시작된 불교는 초기불교밖에 없다. 초기불교의 이러한 전개를 본받아서 한국의 모든 불교가 진정한 우리말과 우리글 불교가 될 때 불교는 진정한 한국불교가 될 것이다.

___ 초기불교에서 설하는 깨달음의 핵심은 무엇입니까?

"초기불전에 나타나는 깨달음은 오온과 12처의 무상, 고, 무아를 통찰하는 것, 사성제를 보는 것, 12연기로 대표되는 연기의 이치를 깨닫는 것, 혜해탈과 양면해탈을 체득하는 것, 중도인 팔정도를 깨닫는 것 등으로 정리할 수 있습니다."

___ 스님께서는 항상 '해체'에 대해 강조하고 계십니다.

"저는 초기불교의 핵심을 '열반의 실현', 원어로는 '닙바나 삿치끼리야(nibbāna sacchikiriya)'라고 말하고 싶습니다. 열반을 실현하는 구체적 방법은 해체해서 보기라고 생각합니다. 해체로 옮긴 빠알리 원어는 위밧자(vibhajja)입니다. 중국과 일본에서는 분별分別로 옮겼는데, 폄하하는 뜻이 있는 듯해 저는 이 번역어를 별로 인정하지 않습니다. 초기불교를 2,600년 동안 단절 없이 전승해 온 상좌부 불교는 초기부터 스스로를 위밧자와딘(Vibhajja-vādin)이라 자부하는데 이것은 해체를 설하는 자들이라는 뜻입니다. 초기불교의 교학적 체계는 온·처·계·근·제·연(蘊處界根諦緣), 즉 5온, 12처, 18계, 22근, 4제, 12연기로 정리되고 수행은 37보리분법으로 분류됩니다.

5온은 '나'라는 존재를 색·수·상·행·식(色受想行識), 즉 물질, 느낌, 인식, 심리현상들, 알음알이로 해체해서 가르치는 가르침이고, 12처, 18계는 세상의 일체를 12가지, 18가지로 분류해 가르치는 가르침이고, 22근은 인간이 가지고 있는 능력을 22가지로 해체해서 가르치는 가르침입니다. 진리는 4성제를 통해 4가지로 해체해서 가르치는 가르침이고, 괴로움의 발생구조, 소멸구조는 12연기로 해체해서 가르치는 것입니다. 특히 이 가운데 불교의 존재론은 온·처·계(蘊處界)의 가르침인데 이야말로 해체해서 보기의 대표적인 가르침입니다.

이처럼 초기불교의 가르침은 해체해서 보기입니다. 왜 해체하느냐 하면, 해체하면 무상無常, 고苦, 무아無我가 드러나기 때문입니다. 이것을 3특상이라 합니다. 이 셋은 다시 한 가지로 귀결되는데 그것이 바로 무아이고 이 무아를 반야중관에서는 공空이라고 설명합니다. 무상이나 고나 무아를 봄으로써 염오厭惡가 일어나고 염오가 일어나야 이욕離欲이 일어나고, 탐욕이 없어야 해탈한다는 가르침입니다. 해탈이 바로 열반의 실현입니다. 이것은 초기불교의 수백 군데에서 부처님이 강조하시는 가르침입니다. 저는 이처럼 해체해서 보기를 통한 열반의 실현이 초기불교의 궁극적인 목적이라고 이해하고 있습니다."

스님의 설명은 명쾌했다. 말씀을 들은 김에 초기불교를 공부하고 싶은 사람이 봤으면 하는 책을 추천해 달라고 했다.

"당연히 부처님의 최초설법이면서 중도中道인 팔정도八正道와 진리인 사성제四聖諦를 천명하시는 『초전법륜 경』(S56:11)과 부처님의 두 번째 설법인 『무아의 특징 경』(S22:59)과 부처님의 세 번째 설법인 『불타오름 경』(S22:61), 그리고 부처님의 아들인 라훌라 존자와 천신들에게 설하시는 『라훌라 경』

(S35:121) 등을 추천하고 싶습니다. 이 책들을 통해 부처님의 초기 설법을 알 수 있고 불교의 근본인 깨달음과 해탈열반을 어떻게 실현하는지를 명쾌하게 알 수 있으며 왜 해체해서 보기가 초기불교의 핵심인지를 분명하게 알 수 있기 때문입니다.

단행본으로는 월폴라 라훌라 스님의 『What the Buddha Taught』를 추천하고 싶습니다. 영어로 된 초기불교의 베스트셀러이면서 초기불교의 입각처를 명쾌하게 설명하고 있습니다. 그리고 초기불교를 체계적으로 심도 있게 이해하기 위해서는 니까야의 종합적 해설서와 주석서로 정평이 나 있는 붓다고사 스님의 『청정도론』과 초기불교를 심도 깊게 이해하는 방법론이 되는 『아비담맛타 상가하』(아비담마 길라잡이)를 권하고 싶습니다. 그리고 초기불교의 교학과 수행을 체계적으로 이해하는 데는 제가 지은 졸저 『초기불교 이해』도 도움이 되지 않을까 생각합니다."

___ 앞으로의 계획을 전해 주신다면?

"초기불전연구원의 근본 서원인 빠알리 삼장의 완역에 매진하는 것입니다. 10년 만에 4부 니까야를 완역했는데 이것은 분량으로 보면 전체 빠알리 삼장 가운데 3분의 1 정도에 해당합니다. 남은 것은 『율장』 다섯 권과 『논장』 일곱 권, 『쿳다까 니까야』(소부)의 15개 경經입니다. 이들을 모두 완역하는 것이 앞으로의 가장 중요한 계획이에요. 그리고 조금의 여력이 있다면 초기불전연구원에서 윤문팀, 미디어팀, 전법팀, 봉사팀을 결성해 이 땅에 부처님 원음이 바르게 전승되도록 조그마한 기여라도 하고자 합니다."

___ 스님에게 현재 가장 중요한 것은 무엇인가요?

"역시 오역과 탈역을 최소화하면서 빠알리 삼장을 완역하는 것입니다. 제 역량을 생각하면 역경 불사는 참으로 지난한 문제라 여겨지지만 빠알리 삼장을 완역하고 죽게 해 달라고 부처님께 늘 발원하고 있습니다."

___ 20년 후 스님의 모습을 상상하신다면?
"죽어서 다른 곳에 태어나 있을 듯합니다. 아이고, 역경譯經하는 사람의 똥은 구린내가 너무 나서 개도 안 먹는다는데 20년 뒤에는 악도에 떨어져서 신음하고 있지나 않을지 모르겠습니다. 창천 창천(蒼天 蒼天)!"

'주류'에서 '비주류'가 되는 것은 쉽지 않은 일이다. 누릴 수 있는 것들은 물거품처럼 한순간에 사라지고 수많은 '소외'가 항상 주변을 맴돌게 된다. 엄청난 인내가 필요한 것은 물론이다. 그래서 사람들은 주류에 속하거나 또는 그 언저리에 머물기를 바란다.

부처님 역시 주류의 중심에서 비주류를 선택했다. 수많은 고난을 겪고 정진한 끝에 구경각究竟覺을 성취했지만 요즘 사람들이 부처님처럼 살기는 쉽지 않다. 위대한 포기는 꿈같은 얘기다. 어찌 보면 각묵 스님도 주류에서 출발해 비주류에 한참이나 머물러 있었다.

주류와 비주류를 나누는 것 자체가 어리석은 일이겠지만, 신심信心과 원력願力으로 주류의 중심에 서고 있는 각묵 스님을 보면 절로 기분이 좋아지는 것을 이제 부인하기 어렵게 됐다.

傳法

전법의 길

傳

정념 스님 마가 스님 선재 스님 금강 스님 능행 스님 원철 스님 혜민 스님

法

정념 스님

서울 홍천사 주지

> 가을 햇살이 한가로운 날
> 홍천사興天寺를 찾았다.
> 일요법회를 마치고 절 한편에서
> 단체줄넘기를 하고 있는 어린이들의 웃음소리와
> 법당에서 들려오는 염불소리가 묘하게 조화를 이루고 있다.

원력願力과 신심信心으로
만드는 행복

서울 흥천사 주지

정념 스님

원력願力의 뜻을 다시 확인하기 위해 포털을 검색해 본다. '부처님에게 빌어 목적目的하는 바를 이루려는 염력念力', '부처님이 보살菩薩이었던 시절에 세운 서원의 힘. 또는 부처님에게 빌어 원하는 바를 이루려는 마음의 힘'. 정리하면 무엇인가를 이루려는 의지 또는 힘이라고 할 수 있을 듯하다.

그래서인지 불자들이 어떤 일을 할 때 가장 중요한 것으로 꼽는 것이 원력이다. 원력 없이 무엇을 한다는 것은 불가능하기 때문이다.

서울 흥천사 주지 정념 스님은 '원력 보살'로 통한다. 불사든 기도든 원력으로 하면 안 될 것이 없다고 말해 왔고 또 실천으로 보여줬기 때문에 불자들이 붙여준 별명이다. 불자들이 가장 많이 찾는 성지 중의 하나인 설악산 봉정암을 대중들이 편하게 기도할 수 있는 곳으로 변모시켰고, 화마火魔가 휩

쓸고 간 양양 낙산사를 반듯하게 다시 일으켜 세웠다. 봉정암과 낙산사를 다녀가는 수많은 불자들은 과거와 너무나 다른 절의 모습에 깜짝 놀라고 있다.

스님이 다시 도전에 나섰다. 서울 한복판에 있지만 그동안 사찰로서 제 역할을 하지 못했던 흥천사를 여법한 도량으로 만들기 위해 팔을 걷어붙인 것이다.

가을 햇살이 한가로운 날 흥천사興天寺를 찾았다. 일요법회를 마치고 절 한편에서 단체줄넘기를 하고 있는 어린이들의 웃음소리와 법당에서 들려오는 염불 소리가 묘하게 조화를 이루고 있다. 전각마다 기도하는 불자들도 적지 않다. 흥천사를 맡은 지 1년도 안 됐지만 뭔가 '절이 돌아가고 있다'는 생각이 들 정도로 활기차다.

차 한 잔을 나누며 먼저 정념 스님에게 원력에 대해 여쭈었다.

"사찰은 사찰로서, 불자는 불자로서 각자 자기 자리에서 행복하게 살 수 있게 도와주는 것이라고 할 수 있을 것 같아요."

간단했다. 군더더기 없는 평소 스님다운 표현이다.

___ 절이 생각보다 큽니다. 흥천사는 어떤 절인가요?

"전통적 의미의 '절'이라고 하면 보통 산이 있고 역사와 문화가 있는 곳입니다. 서울의 한복판에 이런 조건을 갖춘 곳이 거의 없는데 흥천사는 그런 절입니다. 말 그대로 보석 같은 절이 흥천사지요. 여기 오시면 그런 느낌을 받지 않나요? 서울 하면 고층 빌딩과 대규모 아파트 단지를 말씀하시는 분들이 많은데 흥천사 경내는 시간이 멈춘 듯 자연 그대로의 모습을 고스란히 간직하고 있습니다."

정념 스님의 말과 같이 보통 절은 역사와 문화, 신앙이 공존하는 곳이지만 흥천사는 역사만 있는 사찰이었다. 땅의 소유는 조계종이지만 50년 넘는 세월 동안 다른 종단 스님들이 거주했다. 이렇게 애매한 관계 속에서 사실상 방치됐기 때문에 절의 기능은 제대로 발휘되지 못했다. 그러던 중 2011년 말 정념 스님이 부임하면서 흥천사가 본래 모습을 서서히 되찾아 가고 있다.

흥천사는 1395년 조선 태조가 부인인 신덕왕후 강씨가 죽자 능지를 정릉에 정하고, 왕비의 명복을 빌기 위해 1396년 창건하기 시작하여 1397년에 170여 칸이나 되는 대가람으로 완성시킨 절이다. 그 후 승당을 설치하여 선禪을 주관하는 참선 도량으로 발전했다. 흥천사는 창건 이후 억불의 시대적 조류 아래에서도 왕실의 지원과 장려를 받으며 꾸준히 법통을 이어갔다. 왕실의 제사나 왕족의 치병治病을 위한 기도가 이루어졌고, 가뭄에는 기우제가 열리기도 했다. 그러나 성종 이후 왕실의 지원이 줄면서 퇴락하기 시작했다.

1569년에 왕명으로 함취정유지含翠亭遺址로 절을 옮겨 짓고 신흥사神興寺라 이름을 고쳤고 1794년에는 성민·경신 스님 등이 새롭게 중창하면서 지금의 자리로 다시 옮겼다. 1865년에는 흥선대원군의 지원으로 대방을 짓고 절을 중창한 뒤 다시 흥천사라 했다. 1885년 대방을 중수하고, 1891년에 42수手 관음상을 개금하였으며, 1894년에 명부전을 중수하였다.

근대에 들어와 새롭게 전각이 들어서면서 가람이 크게 확장되었다. 사찰 내에는 대한제국의 마지막 황태자인 영친왕이 다섯 살 때 쓴 글씨가 남아 있고, 조선의 마지막 왕비인 순정효황후가 6·25전쟁 때 이곳에서 피란생활을 하기도 했다.

___ 흥천사에는 어떻게 오시게 됐나요?

"사실 흥천사 소임을 맡기 전까지는 절의 사정을 자세하게 몰랐어요. 와서 절의 지난날을 들어 보니 종단에서 땅 문제로 시비가 끊이지 않은 사찰이었습니다. 최근에도 전에 살던 소임자가 종단 허가 없이 땅을 팔아 큰 문제가 되었습니다. 그렇게 말썽 많은 사찰이 흥천사였는데 신흥사 조실 오현 큰스님, 총무원장 자승 큰스님께서 역사와 전통이 있는 흥천사를 방치해서는 안 된다며 가서 정상화해 보라고 말씀하셨습니다. 그래서 2011년 말에 오게 됐어요. 와서 절 경내지에 살던 80여 가구를 이주시켰고, 이제 서서히 절을 정상화시키고 있습니다."

정념 스님은 흥천사에 오자마자 그동안의 사건사고 뒤처리를 시작했다. 각종 고소고발 사건들부터 하나하나 정리하고 있다. 금전적으로도 적지 않은 비용을 부담하고 있다. 그렇지만 스님은 서두르지 않고 원만하게 절 주변 문제를 해결해 나가고 있었다. 스님은 사찰 정비를 하면서도 불자들이 기도하고 시민들이 쉬어 갈 수 있도록 다양한 프로그램을 진행하고 있다. 불자

저희가 복福을 지을 수 있게 해 주셔서 감사합니다.

들과 함께 매주 일요일 법회를 봉행하는 것을 비롯해 불교대학을 열어 '금강경', '천수경' 강좌 등을 열고 있다. 또 정기적으로 설악산 봉정암과 낙산사 홍련암에 가서 함께 기도하고 있다.

___ 일요법회를 오후에 하십니다. 이유가 있나요?

"절에 와서 신도님들에게 물어봤어요. 어떤 시간에 법회를 하는 것이 제일 좋을 것 같으냐고요. 그랬더니 오전에 볼일 보고 오후에 하자는 의견이 많았습니다. 그러면 오후에 와서 법회 하고 저녁은 제가 책임질 테니 소풍 오듯 가족들과 다함께 오라고 했지요."

홍천사의 일요법회는 오후 3시에 시작된다. 3시에 절 마당에 모여 정릉을 산책한다. 오순도순 이야기를 나누고 명상도 한다. 그리고 절에 돌아와 108배 참회를 올린다. 법문 시간에는 정념 스님이 부처님 말씀과 근현대 선지식들의 말씀을 전하며 불자들의 마음을 어루만진다. 법회가 끝나면 다 같이 공양실에서 저녁을 먹으며 하루를 정리한다.

전임자 시절 몇 명 되지 않던 법회 참석 인원은 정념 스님이 일요법회를 시작한 후 100명 이상으로 늘어났다.

___ 매월 어르신 초청 잔치를 열고 있던데요.

"우리 스님들이 고민해야 할 것이 있습니다. 시골 사찰들을 보면 현지 주민들과의 교류가 적습니다. 지역 주민보다 외지의 신도들과 더 가깝게 지냅니다. 외지 신도들이 더 많이 보시를 하기 때문입니다. 전혀 이해 못할 일은 아니지만 그렇게 되면 지역 주민들과 거리감이 생깁니다. 이것은 다시 절의 발전을 저해하는 요소로 작용합니다. 인도의 불교성지들이 파괴되고 방치된 것 역시 이런 것과 무관하지 않다고 봅니다.

절이 수천 년 동안 자리를 지킬 수 있었던 것은 지역 주민들이 절을 지켜 줬기 때문이에요. 바람 불면 걱정하고 비가 오면 기도해 주신 분들은 지역 주민들입니다. 이 지역 어르신들은 젊었을 때부터 절을 지켜 주신 분들입니다. 그래서 절에 모셔서 공양을 올리고 있습니다."

스님은 2012년 4월에는 1,500여 명, 9월에는 600여 명의 어르신을 초청해 공양을 대접했다. 지금도 매월 어르신 초청 잔치는 계속되고 있다.

스님은 잔치에 초대됐던 어르신들이 고맙다는 인사를 하자 "오히려 제가 고맙다"고 인사를 전했다.

"어르신들께 제가 복福을 지을 수 있게 해 주셔서 감사하다는 인사를 드렸습니다. 지금도 마찬가지입니다. 어르신들이 안 계시면 제가 어떻게 공양을 올리겠습니까?"

원력으로 하면
안 될 것이 없다

___ 흥천사의 '내 꿈이 이루어지는 108배'가 화제입니다. 어떤 프로그램인가요?

"서울에 와서 놀랐던 것 중 하나는 서울의 불자들이 당당하지 못하다는 것이었어요. 불자라고 밝히는 사람들도 많지 않고 또 불자라고 해도 '불교는 불교, 나는 나'라는 인식이 강합니다. 왜 이런 경향이 있는지를 생각하다가 불자들이 어디서든 편하게 기도하지 못하는 것이 이유가 아닐까 싶어서 집에서도 기도할 수 있게 좌복(방석)과 보시함, 108참회 기도문, 부처님 액자 등을 선물하기 시작했습니다. 홍천사 불자들이 정말 기분 좋게 받아주고 있어 저 역시 기쁜 마음으로 기도를 하고 있습니다."

'내 꿈이 이루어지는 108배'는 세안, 불단을 향해 3배, 108참회, 관세음보살 정근, 가족 축원, 기도발원문 독송, 불전함 보시 등으로 진행한다. 기도 기간은 100일을 기본으로 한다. 100일 기도 후 보시함을 홍천사에 가져 가면 보시금액의 50%는 신도들의 백일기도 동참금으로, 40%는 소외된 이웃 보시금으로, 10%는 연말에 불자들한테 돌려줘 어려운 이웃을 돕는 데 사용하도록 권유한다. 기도는 스스로 100일 단위로 계속 이어갈 수 있다.

___ 낙산사는 시골에 있는 절이고 홍천사는 도심 한가운데에 있는 절입니다. 포교 방법이 다를 것 같습니다.

"다르지 않습니다. 스님들이 열정만 있다면 큰 차이가 없어요. 도시와 시골의 특징을 찾아 거기에 맞게 포교하면 됩니다. 시골에 마땅한 장소가 없다면 마을회관에서 주민들을 만나면 됩니다. 그렇게 하면 언젠가 마을 회관에서 반야심경 봉독하는 소리가 나오게 됩니다. 도시에서도 사람들이 원하는 프로그램을 만들어 다가가면 됩니다. 요즘 사람들의 관심사인 심리 상담이라든가 요가 같은 프로그램으로 시민들에게 얼마든지 쉼터를 제공할 수 있어요. 이런 프로그램이 정착되면 한 차원 높은 단계의 프로그램을 진행하면 됩니다."

스님은 시골과 도시의 포교 차이는 크지 않다고 강조했다. 다만 구체적인 프로그램으로 접근하는 것이 중요하다고 밝혔다. 스님은 홍천사 인근에 시민과 불자들을 위한 문화센터를 열 준비를 하고 있다.

"포교에는 우공이산愚公移山의 정신이 필요합니다. 당장 성과가 나지 않아도 꾸준하게 하다 보면 언젠가 사람들의 마음을 얻을 수 있습니다."

___ 흥천사를 어떤 절로 만들고 싶으신가요?

"사람들이 흥천사 하면 자연과 역사, 문화, 사람이 있어 향기가 있는 절이라는 이야기를 해 주었으면 좋겠습니다. 시민들이 언제라도 찾고 싶은 절로 만들고 싶어요."

정념 스님은 "절이 대중과 함께 하지 않으면 제 역할을 못하는 것이다. 부처님과 중생은 하나라는 마음으로 원력을 세워 이웃과 함께해야 한다"고 말했다.

흥천사와 관련한 얘기를 나눈 뒤 낙산사 불사로 화제를 돌렸다. 2005년 낙산사 화재는 전 국민의 가슴을 아프게 하였다. 인터뷰를 하다 보니 낙산사 이야기는 스님의 출가인연부터 제대로 알아야 전체적으로 이해를 할 수 있는 내용이었다.

___ 스님의 출가인연이 궁금합니다.

"출가하기까지 특별한 일이나 인연이 있었던 것은 아닙니다. 초등학교 5학년 때 어머니가 돌아가셨습니다. 큰 충격이었지요. 그때 어린 마음이었지만 이 세상에서 영원한 것은 없다는 생각을 했어요. 저를 낳아 주신 어머니도 돌아가시는데, 저 역시 죽음에서 자유로울 수 없을 거라는 생각을 하게 됐습니다. 그러다 뇌염에 걸려 고생을 했어요. 죽다 살아났지요. 다시 태어난 것입니다. 그때부터 삶과 죽음 문제를 조금씩 생각했던 것 같습니다.

어머니가 생전에 가깝게 지내던 보살님들이 계셨는데, 그분들을 통해서 자연스럽게 불교와 가깝게 됐습니다. 나이를 먹으면서 학교 졸업하고 결혼해

가정을 이루는 평범한 삶보다 출가해서 사는 것이 더 좋겠다는 생각을 하게 됐고 스물한 살에 출가했어요."

스님은 출가 후 1982년과 1987년에 자운 스님을 계사로 사미계와 구족계를 수지했다. 그 후 통도사 강원을 졸업하고 보광전에서 정진했다. 은사스님 입적 후에는 신흥사 조실 오현 스님에게 가르침을 받고 있다.

___ 오현 스님과 각별한 인연이 있다고 들었습니다.
"오현 큰스님은 늦게 만났어요. 출가 후 강원을 졸업하고 기도정진하다가 1988년 5월 31일 오세암에 들어갔습니다. 강원 다니던 시절에 오세동자 얘기를 듣고 오세암에 가서 기도를 하자는 생각을 했습니다. 오세암에 가 보니 '수행자가 살 곳이 바로 이곳이구나'라는 생각이 들었습니다. 오세암에 가서 불사佛事를 돕고 기도하면서 몇 년을 살았습니다. 그러다 잠깐 해인사 용탑선원에 가서 고암 노스님을 시봉한 뒤 1992년 오세암 주지스님이 봉정암 주지로 가신다며 같이 가자고 해서 봉정암에서 살게 됐지요. 거기서도 기도하고 불사하면서 5년여를 같이 살았습니다. 제가 봉정암에 있을 때 오현 큰스님이 백담사에 계셨는데 어디서 제 얘기를 들었다며 봉정암 주지를 하라고 하셨어요. 저는 큰스님을 잘 몰랐는데 조금 당황스러웠습니다. 그때 3개월 주지를 하면서 큰스님을 본격적으로 뵙기 시작했습니다. 신흥사에 가서 총무국장 소임도 봤습니다."

그렇게 인연이 이어지고 시간이 지난 뒤 오현 스님은 정념 스님에게 금곡金谷이라는 법호法號를 내렸다. '묵묵히 자리를 지키고 있는 설악산처럼 신흥사 대중을 잘 외호하고 가람을 수호하라'는 뜻으로 주신 것이라고 한다.

___ 오현 스님은 어떤 분인가요?

"어른에 대해서 뭐라 말할 수는 없지만 큰스님은 이 시대의 진정한 선지식이자 정말 대단한 원력을 가진 분입니다. 큰스님께서는 신흥사와 백담사에 선원을 개원하셨고 폐사지로 있던 진전사를 복원하셨습니다. 만해 스님의 가르침을 널리 알리기 위해 만해사상실천선양회를 만들어 만해축전을 개최하고 만해대상을 시상하는 등 불교 포교의 장도 넓혔습니다. 또 만해 스님이 펴냈던 「유심」지를 복간하고 「불교평론」을 창간하는 등 출판 불사에도 앞장서고 계시죠. 이런 활동을 통해 큰스님께서는 한국의 진보와 보수 문학가들을 하나로 묶어 냈어요. 해마다 여름이면 백담사와 만해마을에 수많은 문인들이 모여 상생을 위한 다양한 길을 찾고 있습니다. 여기서 다 설명드릴 수 없을 만큼 무수한 일을 하고 계십니다. 큰스님은 우리 사회와 시대가 무엇을 필요로 하는지를 보고 항상 그에 부응하기 위해 정진하고 실천하시는 그런 분입니다."

___ 오현 스님이 평소 강조하시는 것은 무엇인가요?

"출가 초심을 잊어선 안 된다고 자주 말씀하십니다. 매일 일어나면 아침에 세수하듯이 하루 한번은 초심에 대해 생각하고 꼭 대승보살의 삶을 살라고 하십니다. 또 아무리 삶이 힘들고 어려워도 남을 원망하거나 미워하지 말라 하시고 중생에게 고통을 주거나 눈물 흘리게 하면 안 된다는 말씀을 많이 하십니다."

___ 봉정암 불사 과정이 궁금합니다.

"말씀드린 대로 1990년대부터 봉정암과 인연이 있었습니다. 본격적으로 불사를 한 것은 2003년부터 3년여간 주지를 하면서부터입니다. 우리 불자들은 법당을 짓는다고 하면 시주를 잘 하는데 화장실이나 절의 주변 시설을 만든다고 하면 시주를 잘 안 해요. 그래서인지 봉정암은 이런 기반시설들이 약했어요.

그래서 해우소 불사를 시작했습니다. 지금이야 좋아졌지만 그때까지만 해도 근심 푸는 곳이 아니라 근심이 쌓이는 곳이 봉정암 해우소였습니다. 그리고 기도객들이 쉴 수 있는 방을 더 마련하고 커피도 무료로 마실 수 있게 했습니다. 또 산행을 하다 보면 식사시간에 맞춰 절에 오는 것이 쉽지 않으므로 밤 10시 전에 오면 누구나 공양할 수 있게 했습니다. 이와 함께 식수 문제를 해결하고 봉정암 진신사리탑으로 가는 계단과 계곡 등을 정비했어요."

불사는 도량과 전각과
사람이 어우러져야

간단한 것처럼 보이지만 깊은 산중에 있는 암자 불사는 그리 쉬운 일이 아니었다. 3년여에 걸쳐 진행한 불사에는 "사람들이 편하게 기도하고 쉬어 갈 수 있어야 한다"는 스님의 방침이 깔려 있었다. 그렇게 봉정암 불사를 하면서 스님은 잠시만 한다는 생각으로 낙산사 주지를 겸했다.

____ 낙산사 주지를 맡자마자 화재가 발생했습니다. 당시 어떠셨나요?

"낙산사 주지를 맡은 지 보름만에 불이 났습니다. 낙산사에 어려운 문제가 일어나 그것을 정리하러 갔는데 더 큰 문제를 만난 셈이죠. 솔직히 그때 3개월 내지 6개월만 하고 주지를 그만두려 했었거든요. 2005년 3월 20일에 주지 임명을 받았는데 4월 5일에 불이 났습니다. 그때 심경은 말로 표현할 수 없습니다. 모든 국민들이 슬퍼했지만 주지였던 저는 슬픔과 참담함을 생

천년고찰의 원형을 찾아 가는 낙산사

각할 겨를이 없었습니다. 그때 저는 오히려 화재를 전화위복으로 삼자고 생각했습니다. 낙산사가 한국전쟁 때 일곱 번째로 전소되었는데 사천왕문은 전소되지 않았어요. 원통보전은 제자리를 찾고 나머지는 불사가 제자리를 찾지 못하고 필요에 따라 복원되었지요. 이 기회에 낙산사를 원형대로 복원해 잃어버린 천년의 역사를 찾자고 마음 먹었습니다."

2005년 4월 양양 일대를 덮친 대형 산불로 낙산사는 보물 제479호 낙산사 동종을 비롯해 전각 20채 중 14채가 불타고 경내 80%가 소실되는 중화상을 입고 말았다. 말 그대로 절 전체가 '잿더미'로 변한 것이다.

___ 낙산사 불사를 원만하게 마무리하셨는데, 회향의 힘은 무엇이었나요?

"부처님의 가피와 낙산사 대중과 불자들의 원력, 국민들의 따뜻한 마음이 삼위일체가 되었던 것이라고 생각합니다. 부처님께서는 낙산사가 자비의 도량으로 거듭나게 해 주셨고 낙산사 대중들에게는 천년고찰의 원형을 찾도록 했고 국민들은 천년고찰의 모습을 다시 보게 했습니다."

___ 낙산사 복원 불사의 원칙은 무엇이었나요?

"앞에서 말했듯이 대원칙은 천년고찰 회복이었습니다. 17~18세기에 김홍도 화백이 그린 낙산사도洛山寺圖가 있습니다. 우리는 그 그림에 충실하려 했습니다. 그래서 낙산사복원추진위원회를 구성하고 발굴을 시작했지요. 발굴 작업부터 하는데, 한쪽에서는 또 빨리 복원하라고 했습니다. 재촉하는 말씀들이 많았지만 기본부터 다시 세운다 생각하고 복원을 진행했습니다. 그때 생각은 시간이 걸리더라도 제대로 복원해 낸다면 불자와 국민들이 더 좋아할 것이라고 봤습니다."

___ 복원 불사는 이제 마무리된 것인가요?

"거의 마무리되고 있습니다. 2013년 가을쯤 복원 불사를 마무리하는 법회를 하려고 생각 중입니다."

낙산사는 2007년 11월에 관음보살을 모신 대표적인 법당인 원통보전을 비롯해 홍련암, 범종각, 홍예문 등 12개 전각과 시설을 1차로 복구했다. 2009년에는 빈일루, 응향각, 설선당 등을 비롯해 무산지역아동센터 등 12개 전각과 시설을 복원했다. 낙산사는 2013년 이전에 지장전 등을 새로 마련하고 경내 조경까지 마무리할 방침이다.

스님은 낙산사 복원 불사를 얘기하면서 불교계 불사 풍토에 대한 쓴소리를 마다하지 않았다.

"불교계 현실을 보면 불사의 아쉬운 점이 많습니다. 어떤 절을 보면 한 공간에 있음에도 전각들이 제각각입니다. 또 도량은 아담한데 전각은 크게 지으려 합니다. 이것은 정말 절의 모습을 혼란에 빠뜨리는 것입니다. 불사는 조화와 균형이 중요합니다. 도량과 전각과 사람이 어우러져야 합니다. 사람이 다니는 길이 있듯이 바람도 다니는 길이 있습니다.

낙산사는 야산에 있는 절입니다. 이 산을 중심으로 왼쪽에는 동해바다, 오른쪽에는 설악산이 있고 앞쪽으로는 오대산으로 이어지는 준령들이 있습니다. 저는 가능하면 바다와 산과 문화와 부처님이 어우러지는 곳으로 만들려 했습니다."

스님은 불사를 마무리한 뒤 후배스님들이 절을 맡아 더 아름다운 낙산사로 가꾸어 주기를 발원한다고 했다.

___ **낙산사 주지 때부터 회주인 현재까지도 지역 사업을 계속하고 계시지요?**

"아까 말씀드렸지만 지역 주민이 부처님입니다. 스님들은 임기 마치면 그만이지만 지역 주민은 대대손손 낙산사를 지켜 갑니다. 그분들이 실제 주인인 셈이죠. 그렇기 때문에 지역 포교를 계속합니다. 현재 낙산사 복지재단을 통해서 노인복지관과 노인요양원, 주간보호센터, 시니어클럽 등을 운영하고 있습니다. 어르신들이 일도 하고 또 쉴 수 있는 시설들입니다. 양양읍내에는 아이들을 위해 유치원과 청소년 방과후 교실 등을 열었습니다. 크고 넓은 공간에 도서관까지 갖춰 아이들이 뛰어놀면서 공부할 수 있도록 했어요. 지역 학생들에게 매년 장학금도 지원하고 있습니다."

낙산사 홈페이지에 들어가면 바로 보이는 글이 '꿈이 이루어지는 낙산사'다. 뜻이 궁금했다.

"꿈이란 무엇입니까. 꿈의 출발은 바로 설렘입니다. 설렘은 삶의 원동력이자 추동력입니다. 설렘이 없는 삶은 죽은 삶입니다. 아이에게는 뛰어노는 설렘, 젊은 사람에게는 미래를 설계하는 설렘, 불자들에게는 서원을 이루겠다는 설렘이 있어야 합니다. 설렘은 이 힘든 사바세계를 건너갈 수 있는 긍정의 힘이 됩니다. 이 설렘을 잃지 않고, 이 설렘을 삶의 원력으로 삼는 사람은 누구보다 먼저 꿈을 이룰 수 있을 것입니다."

___ **낙산사 홍련암은 대표적인 기도 도량입니다. 지금도 봉정암과 홍련암에서 기도를 하신다고 들었는데, 불자들은 어떻게 기도를 해야 할까요?**

"기도는 복을 짓는 것(作福)이 되어야 하는데 우리 불자들은 복을 받으려고만 하는 경향이 있습니다. 항상 일상을 참회하면서 기도를 했으면 좋겠습니다. 다들 아시지만 기도의 힘은 엄청납니다.

낙산사 복원 불사를 할 때도 홍련암에서 천 일 동안 매일 24시간 기도를 했습니다. 매월 관음재일에는 전국에서 버스 50대를 타고 불자들이 왔습니다. 그때 많은 불자님들이 다녀갔습니다. 그분들이 기도를 해 주셨기 때문에 복원 불사가 원만하게 진행됐다고 생각합니다."

___ **한국의 종교 지형에서 불교의 영향력은 하락하고 있습니다. 포교는 어떻게 해야 할까요?**

"제일 중요한 것은 스님들이 냉철하게 지금 현실을 파악하는 것입니다. 자신이 정말 어떻게 살고 있고 무엇을 해야 하는지 점검해야 합니다. 주지로서 무슨 일을 할 것인지 스스로 원력을 세워서 고민해야 합니다. 그러면 진정성이 나오고 대중들도 그 진정성을 믿게 됩니다. 그냥 4년 적당히 살면 된다는 생각은 철저하게 버려야 합니다.

꼭 대외적으로 무슨 일을 하지 않더라도 사찰 안에서 신도님들과 함께하며 일주일에 한 번은 봉사를 한다고 생각하고 실천하면 주지 소임이 재밌어집니다. 나중에는 그거 하느라 시간이 없어요. 요즘에는 봉사할 수 있는 방법이 너무 많습니다. 시골과 도시 가릴 것 없이 눈만 돌리면 대중들에게 봉사할 수 있는 곳입니다."

정념 스님은 "스님과 불자들의 시선이 결코 절 안에 머물러서는 안 된다. 지역의 주민들, 소외된 이웃들에게 눈을 돌려야 불교도 살고 절도 살 수 있을 것"이라고 단언했다.

___ 도박사건 등 승풍 실추 사건이 계속되고 있습니다.
근본적인 대책이 있을까요?

"모든 일은 지나치면 허물이 됩니다. 올해 들어 승풍 실추 사건이 계속된 것에 대해 매우 안타깝게 생각합니다. 이런 일들이 발생한 것을 두고 누구를 탓할 것이 아니라 우리가 스스로 점검을 해야 합니다. 그러면 해답이 나옵니다. 스님으로서 불자로서 열심히 살고 있는지 반성해야 합니다. 사부대중 모두가 자기 자리로 돌아가 스스로를 부끄러워하고 경책하는 삶을 만들었으면 합니다. 누구를 향해 탓만 하다 보면 갈등과 반목만 있을 뿐이고 불교는 더 추락하게 됩니다."

정념 스님은 조계종 집행부에서 소임을 맡기도 했다. 그래서인지 말을 아꼈지만 불교계가 참회와 반성으로 다시 국민들에게 다가가야 한다고 지적했다.

___ 부처님 가르침의 핵심은 무엇입니까?

"불이不二의 정신이라고 봅니다. 모든 생명은 둘이 아닙니다. 그래서 저는 항상 이웃을 부처님처럼 받들어 모시라고 불자들에게 말합니다. 보살행을 하지 않으면 부처님의 가르침은 경전 안에만 있게 됩니다. 처처불상 사사불공處處佛像 事事佛供이라 했습니다. 부처님 안 계신 곳이 없습니다. 또 모든 생명을 부처님 대하듯 해야 합니다. 자비와 봉사의 보살행을 실천하는 것이 지금 우리 시대에 필요합니다."

___ 스님에게 현재 가장 중요한 것은 무엇인가요?

"자신을 돌아보는 것입니다. 일과 불사를 핑계로 제가 허물을 만들고 있는 것은 아닌지, 저로 인해 상처 입은 사람이 없는지 제 삶을 돌아보는 것이 중요합니다. 이를 통해 참회와 점검의 시간을 갖는 것이 필요하다고 생각하고 있어요."

___ 앞으로의 계획을 전해 주신다면?

"앞으로의 계획보다는 그동안 맡았던 소임을 정리하고 싶습니다. 낙산사도 그렇고 홍천사도 앞으로 좋은 후배스님들에게 소임을 살 수 있는 기회를 주고 싶은 생각이에요. 지금 포교 일선에서 활동하시는 스님들 가운데 열심히 하는 분이 많아요. 또 드러나지 않았지만 역량 있는 스님들이 많습니다. 그분들을 발굴해서 소임을 맡겼으면 합니다. 그렇게 정리를 하고 나서 참회의 시간도 갖고 또 수행에 정진하고 싶습니다."

___ 20년 후 스님의 모습을 상상하신다면?

"아침에 일어나서 부처님 전에 향을 사를 수 있는 삶이면 족합니다. 어쩌면 당연한 것일 수 있는데 지금 제 모습을 보면 수행자의 삶이 너무 힘든 것 아닌가 하는 생각이 들 때가 있습니다. 20년 후에도 수행자로 살고 싶습니다. 더 바랄 것은 없습니다."

스님의 모습은 '쿨'했다. 여느 스님 못지않게 포교하면서 불사를 했지만, 큰 미련은 없어 보였다. 절 하나 차지하기 위해 어떤 일도 서슴지 않는 세태와는 거리가 멀었다.

정념 스님은 흥천사 주지를 맡으면서 불자와 시민들에게 "서울에서 자연의 바람이 그리우면 흥천사에 들르십시오. 또한 역사의 흥망성쇠 앞에 자신을 돌아보고 싶으면 차 한 잔 하러 오십시오. 그리고 묵묵히 기도하고 싶으면 저를 찾아 주십시오. 부처님 도량이 보석 아닌 곳이 없지만 (흥천사를) 서울에서 진정으로 보석 같은 부처님 도량으로 변모시키겠습니다. 화려하고 거대해서 아름다운 곳이 아닌 수백 년의 자연을 오롯이 간직하는 도량, 서울 시민의 가슴이 따뜻해지는 도량을 이룩하겠습니다"라고 다짐한 바 있다.

원력으로 하루하루를 살아가는 정념 스님의 다짐이 흥천사에서 실현될 날이 머지않아 보인다.

마가 스님

자비명상 지도법사

" 행복은 지금 이 순간
살아 있음에 감사하는 생활입니다.
일어나는 지금 이 순간 마음을 잘 살피는 사람을
마음의 주인이라 합니다.
마음의 주인은 행복한 삶을 살아가게 됩니다. "

우리 모두는
아름다운 꽃입니다

자비명상 지도법사

마가 스님

　스님은 바쁘다. 불러 주는 곳은 어디든 달려간다. 한 달을 기준으로 보면 쉬는 날이 며칠 없다. 몸도 마음도 지칠 때가 있지만 그래도 사람들을 만나면 스님의 얼굴에는 어느새 미소가 피어난다.
　스님이 동국대 정각원에서 법문한다는 소식을 듣고 달려갔다. 법당을 가득 메운 사람들이 기도 후 자리를 잡고 앉았다. 정각원 지도법사 제정 스님이 마가 스님을 소개했다. '한국불교의 보석 같은 존재', 이 한마디로 정리했다.
　마가 스님이 법단에 올랐다. 법문에 앞서 스님이 불쑥 손수건을 하나 꺼내든다. "혹시~?" 하는 순간, 스님이 마술을 선보이며 장미꽃 하나를 '딱' 내놓았다. 몇 년간 스님을 만나 본 경험에서 나온 예상이 빗나가지 않았다. 이렇게 스님은 사람들이 즐거운 마음으로 법회에 임할 수 있도록 한다. 스님은 꽃을 들어 보이며 "우리 모두는 아름다운 꽃입니다"라고 말한다. 불자들이 웃는다.

　스님의 법문은 이렇게 웃음으로 시작됐다. '행복명상'을 주제로 열린 이날 법회에서 스님은 "가슴에 손을 얹고 '미안합니다' '고맙습니다' '사랑합니다'를 반복합니다. 행복해지고 싶은데 행복과 반대되는 일들이 너무 많지요? 오늘 이 순간부터 우리는 행복해집니다"라며 법문을 이어나갔다.

　스님은 "내가 나를 보는 것을 명상, 내가 남을 보는 것을 망상이라고 한다"며 스스로를 돌아보는 삶을 주문했다. 스님은 불자들과 1시간 30분 동안 함께 노래도 부르고 마음을 나누며 웃음이 끊이지 않는 법회를 만들었다. 주장자를 들고 근엄하게 하는 법문이 아닌, 스님과 불자가 함께하는 놀이 같은 법회가 이날 정각원에서 펼쳐졌다.

　법회가 끝나자 불자들이 몰려와 기념사진을 찍자고 재촉한다. 스님은 스스럼없이 옆자리를 내어 준다. 공양을 마친 뒤 동국대 캠퍼스를 거닐며 스님에게 삶이 즐겁고 행복해질 수 있는 '비법'을 여쭈었다. 항상 맑고 밝은 마가 스님은 과연 어떤 출가인연을 가지고 있을지가 먼저 궁금했다.

"제 출가인연은 정말 눈물겹습니다. 불교를 알고 출가한 것도 아니에요. 속가 가정 형편이 어려웠는데 제가 어머니 뱃속에 있을 때 아버지가 집을 나가셨어요. 아버지 없이 태어난 거죠. 아버지 없이 산다는 게 쉽지 않았습니다. 또래 친구들과 있으면 저도 모르게 항상 열등감이 느껴졌어요. 아버지에 대한 그리움이 컸습니다. 시간이 지나고 고등학교에 진학하기 위해 아버지를 찾아갔어요. 그런데 막상 아버지를 만나고 보니 뭔가 모를 반항심만 커져 갔던 것 같아요. 고등학교를 졸업하면서 저는 목사가 되겠다는 생각을 했어요. 고등학교 때부터 열심히 교회를 다녔거든요. 그런데 아버지는 제가 목사 되는 것을 반대했습니다. 되는 것이 아무 것도 없었죠. 그래서 주변을 정리하고 제 고향인 전남 고흥에서 제일 먼 곳이라고 생각한 오대산에 가서 자살을 시도했어요. 그런데 그것도 운명인지 죽지 않고 3일 만에 깨어났어요.

저를 거둬 주신 노스님이 저를 보시고는 다시 태어났으니 출가하는 것이 어떻겠느냐고 말씀하셔서 그냥 자연스럽게 출가하게 됐어요. 삭발 득도했지만 오대산과는 인연이 아니었나 봅니다. 스님들을 가까이서 보면서 내가 생각하는 스님상과 조금 다른 것 같아 번민이 일어났죠. 그때 탄허 큰스님께서는 '금을 얻기 위해서는 온 산을 다 부수어야 한다. 그래야 금 한 조각을 얻을 수 있다. 그래서 선불장選佛場이라고 한다'고 하셨어요. 하지만 그때는 탄허 큰스님의 말씀을 온전하게 이해하지 못했습니다. 해인사, 범어사 등을 거쳐 최종적으로 간 곳이 도선사였어요."

출가를 결심하고 전국의 사찰을 다닌 지 3년 만에 스님은 도선사에 갔다. 도선사에서 스님은 은사인 현성 스님을 만났다. 현성 스님은 청담 스님의 상좌다. 행자생활을 하고 계戒를 받으려 했지만 일명 '신흥사 사건'이 나면서 종단 차원의 수계가 무기한 연기됐다. 그래서 스님은 바로 군대를 갔다. 당시 군대를 갔던 스님들이 환속하는 경우가 많아 현성 스님은 급히 군대를 가는 것에 대해 걱정이 많았다고 한다. 그러나 마가 스님은 다시 돌아올 것을 약속하였다. 제대를 한 뒤 1985년에 계를 받았다.

___ **청담 스님 문도가 되신 거네요.**
"청담 큰스님은 한국불교를 위해 살신성인하신 분이에요. '인욕보살'이자 한국 최고의 스님이셨어요. 지금도 큰스님 영향으로 도선사는 복지, 교육, 포교 등의 분야에서 많은 역할을 하고 있습니다."

스님은 스물다섯 살 때 도선사 어린이법회 지도법사를 했는데, 여름불교학교에 1,000명이 넘는 학생들이 올 정도로 성황을 이뤘다고 한다. 또 승가대 4학년이던 스물아홉 살에 도선사 재무 소임을 맡았다. 서울을 대표하는 큰 절의 살림을 사는 것이 쉽지는 않았을 터, 하루는 '내가 수행자가 맞나?'라는 생각이 들었다. 그래서 스님은 은사스님에게 허락을 받아 바랑을 챙겨 속리산 복천암선원으로 갔다.

___ 선원에 다닐 때는 어떠셨어요? 공부가 많이 되셨어요?

"출가자이기에 당연히 선방에 가야 한다고 생각해 가긴 갔는데 참 힘들었습니다. 그리 공부가 잘된 것 같지는 않아요. 항상 헐떡거렸습니다. 더 예민해지고 날카로워졌던 것 같아요. 문경 봉암사, 부산 해운정사, 예산 정혜사 등에서 다섯 철을 보냈는데 얻은 건 별로 없고 상기병에 많이 시달렸습니다. 선방에 다니다 공부에 진전이 별로 없어서 도반 세 명과 인도 순례를 갔어요. 도반들과 같이 다니다가 나중에는 저만 따로 순례를 했는데, 그때 '무엇이 이렇게 나를 불안하게 만드는가?'를 화두 삼아 몰입했습니다. 내 마음 안에 있는 두려움의 원인을 알고 싶었던 거지요. 그런데 7일쯤 지나니까 아무 것도 아닌 나를 보게 됐습니다. 그 전까지만 해도 폼 잡고 다니던 내 모습, 내가 최고이고 나는 수행자라며 과시하던 것들이 허상에 불과하다는 것을 알게 된 것이죠. 인도에서 정말 개미보다 못한 나를 발견했다고 할까요?"

스님은 이런 경험을 하고 난 뒤 갑자기 세상이 밝아졌다고 한다. 그래서 자유롭게 인도 성지 순례를 했다. 거리에서 만나는 사람들에게 "헬로!"라고 웃으며 인사하자 사람들도 같이 웃어 주는 모습이 좋았다고 한다.

"인도를 다니면서는 정말 매일매일이 좋은 날이었습니다. 내가 웃고 상대방도 웃어 주는 그런 것이 바로 공부인 것 같다고 생각했어요. 상불경보살常不輕菩薩이 이런 것이라고 실감했습니다."

인도에 다녀온 뒤 스님은 가평 현등사로 가 정진했다.

___ 선원에서의 정진 일화도 많았을 것 같습니다.

"가평 현등사 현등선원에 들어가는데 어떤 할머니가 절 신도들에게 '법문'을 하고 있었어요. '나무관세음보살'을 주제로 얘기하고 있었는데 내용이 재밌었어요. 그 할머니가 말하기를, 왜 저 나무가 관세음보살인 줄 아느냐고 신도들에게 말하는 게 아니겠어요? 그래서 그 할머니한테 가서 잘못된 얘기를 하면 안 된다고 말할까 하다가 그냥 선원에 방부를 들였습니다. 그런데 이상하게도 선원에 앉자마자 저의 화두는 사라져 버리고 '나무가 진짜 관세음보살인가?'라는 화두 아닌 화두가 들렸습니다. 정말 시간 가는 것도 모를 정도로 집중했습니다. 그러다가 반 철 정도 지난 어느 날부터는 나무가 관세음보살로 보이기 시작했어요. 선원 안의 미물들도 관세음보살로 보였습니다. 부처님께서 '일체 유정무정 개유불성一切 有情無情 皆有佛性'이라고 하셨는데 정말 두두물물頭頭物物이 모두 관세음보살님이었습니다. 그렇게 되니까 환희심이 났습니다. 그렇게 해제를 하고 큰스님들을 찾아다니며 공부를 여쭙고 그랬습니다."

___ 그렇게 만행을 하다가 청화 스님을 만난 것인가요?

"몇몇 어른스님들을 뵙고 난 뒤 마지막이라 생각하고 곡성 태안사에 계시던 청화 큰스님을 찾아갔어요. 큰스님께 인사를 드렸더니 '자네는 출가 전에 어떻게 살았나?'라고 물으세요. 그 순간 숨이 막혔어요. 그동안 잊고 지냈던 내 안의 '아버지'가 다시 올라와요. 그렇게 한참을 있었는데 큰스님께서 같이 살며 공부하라고 해서서 그때부터 한 달 반 정도 곁에 있었습니다. 그러던 어느 날 한없이 눈물이 쏟아졌어요. 그러면서 저도 모르게 '아버지 고맙습니다' '큰스님 고맙습니다' '부처님 고맙습니다'라는 말을 하고 있는 겁니다. 일주일을 울었어요. 가슴은 환희로워졌습니다. 그때부터 인생관이 바뀌기 시작한 것 같습니다."

'공부'는
나를 먼저 정화시키는 것

___ 인생관이 어떻게 바뀐 건가요?

"불평불만만 가득했던 제가 세상에 대해 감사한 마음을 갖게 되었고 또 세상을 아름답게 보게 됐어요. 인도에서 느꼈던 것과는 또 다른 느낌이었어요. 내 마음속에 들어 있던 아버지에 대한 미움이 고마움으로 바뀌니까 세상이 완전히 달리 보였습니다. 아버지가 결국 나를 수행자로 만들기 위해 그동안 고통을 주신 것이라고 생각했습니다. 그때 '공부'는 나를 먼저 정화시키는 것이라는 것을 알게 됐습니다.

또 청화 큰스님 회상에서 선지식에 대해서도 많은 생각을 했습니다. 가까이에 있는 것만으로도 마음의 변화를 이끌어 내는 분들이 바로 선지식이라고 생각합니다. 정말 청화 큰스님께 감사합니다. 큰스님께서 항상 따뜻한 기운을 보내 주신 것 같아요. 지금 생각해도 큰스님을 모신 것만으로도 저에게는 큰 행운이었던 것 같습니다."

마가 스님은 삼보三寶에 대한 감사, 시은施恩에 대한 감사, 부모님에 대한 감사 등 이 '감사함'을 어떻게 회향할지를 고민하기 시작했다. 그래서 세상과 소통하고 사람들의 아픔을 치유할 수 있는 프로그램을 만들기 시작했다.

"정말로 중요한 것은 사람들이 마음속 응어리를 풀지 않고서는 관념적인 공부만 하게 된다는 것입니다. 마음의 세탁이 필요한 거죠. 사람들의 근본적인 문제를 해결하고 치유하고자 공부하고 또 방법을 찾기 시작한 것입니다."

이런 과정을 거쳐 탄생한 것이 바로 '자비명상'이다. 사람들이 '자비명상이라 쓰고 마가라고 읽는다'라고 말할 정도다. 그런데 당시 스님이 자비명상에 대한 밑그림을 완성하긴 했지만 실천할 수 있는 공간이 없었다. 작은 공간이라도 있었으면 좋겠다는 생각을 할 때쯤 고향에서 연락이 왔다. 속가 어머니가 위독하다는 전갈이었다.

"소식을 듣고 출가 20여 년 만에 다시 고향에 갔습니다. 오랜 세월 어머니를 뵙지 못했는데 아프시다는 얘기를 듣고서야 어머니를 찾아가는 것이 너무 슬펐습니다. 내려가면서 많이 울었던 것 같아요. 고향집에 가니 어머니가 그렇게 몸이 아프신데도 밥을 해 주셨어요. 밥을 앞에 두고도 먹지 못했어요. 많이 죄송했습니다. 그때는 정말 제가 살 수 있는 절이 생긴다면 거기서 어머니께 따뜻한 밥을 해 드려야겠다고 다짐을 했죠. 그런데 참 인연이 되었는지 그즈음 공주 마곡사에서 연락이 왔습니다. 포교국장을 맡아 달라고 말입니다. 그렇게 마곡사에 가게 됐습니다."

마가 스님이 템플스테이 '전설'을 만들기 시작한 때가 바로 이즈음이다. 2002년 가을 마곡사로 간 스님은 소임에 대한 밥값은 해야겠다는 생각에 할 수 있는 일을 찾기 시작했다.

"처음에는 할 일이 별로 없었어요. 그래서 찾아오는 사람들에게 차라도 한 잔 대접하려고 차담을 시작했어요. 사람들은 절에서 차를 마시는 일을 즐거워했어요. 반응이 괜찮은 것 같아 사람들에게 절에서 하루 자고 가라고 권했습니다. 불자가 아닌 사람들이 절에서 하루 자는 경험을 하기가 쉽지 않잖아요. 다행인지 사람들이 절에서 하룻밤을 보내고 인생의 터닝포인트를 만들기 시작했어요. 그래서 구체적인 1박2일 프로그램을 만들었어요. 제가 준비했던 자비명상 콘텐츠를 곁들여서요. 사람들의 호응이 좋아서인지 소문이 나기 시작했습니다."

___ **2000년대 초반 마곡사 템플스테이가 엄청난 인기였죠?**

"처음에는 시행착오를 겪었습니다. 다른 절처럼 진행했더니 제가 바라는 만큼 만족스럽지 못했어요. 그래서 눈높이 프로그램을 만들었습니다. 취업 문제로 고민하는 청년을 위한 프로그램, 장애인, 이혼자, 60대 이상의 어르신들만을 대상으로 하는 프로그램 등을 만들었죠. 진행도 제가 끌고 가기보다 참가자들이 무엇을 원하는가에 맞춰서 했습니다. 그렇게 2002년부터 꼬박 4년간 했습니다. 당시에 1년에 5~6천 명 이상이 참가했어요. 기업 연수까지 하면 대략 3만 명 정도를 만났던 것 같습니다."

___ **당시 중점을 두었던 부분은 무엇이었나요?**

"양보다 질로 승부하겠다고 생각했습니다. 우리 선방 풍토를 보면 몇 철 공부했느냐를 따지지 어떻게 공부했는지는 따지지 않습니다. 사찰 수련회도 마찬가지입니다. 내용에 대한 고민보다 무조건 스파르타식으로 하려 합니다. 그렇게 하고 싶지 않았어요. 사람들이 적게 오더라도 내용 있게 진행하자고 다짐하고 그렇게 했습니다."

___ 현재 사찰에서 진행되고 있는 템플스테이는 어떻게 보시나요?

"다들 열심히 하고 있어서 굉장히 반갑고 좋습니다. 그런데 조금 아쉬운 것은 아직도 획일적이라는 것입니다. 각 사찰별 특화된 프로그램이 더 있어야 하는데 아직도 비슷비슷한 것 같아요. 또 템플스테이 진행자들이 좀 더 전문성을 키워야 합니다. 특히 강조하고 싶은 것은 진행자들이 부처님 공부를 통해 마음의 변화를 경험해야 합니다. 그래야 참가자들에게 진정성 있게 템플스테이 내용을 전달할 수 있어요. 그렇지 않으면 실망하고 돌아가는 사람들이 많을 것입니다."

___ 그럼 어떻게 개선해야 할까요?

"이제 템플스테이를 진행하기 위한 하드웨어는 어느 정도 마련이 됐습니다. 더 불사를 하는 것은 의미가 없어요. 중요한 것은 소프트웨어입니다. 내용 있는 콘텐츠를 개발해야 합니다. 이와 함께 템플스테이 지도자 양성을 위한 프로그램도 만들어야 합니다. 새롭고 신선한 힘을 자꾸 템플스테이에 불어넣어야 합니다."

마가 스님은 최근 지도자 양성에 힘을 쏟고 있다. 명상이든 템플스테이이든 혼자 할 수 있는 것이 아니라고 판단했다. 현장에서는 아직도 또 다른 '마가 스님'이 필요하기 때문이다.

"그래서 자비명상 지도자 과정을 만들었어요. 지도자 과정을 이수한 사람이 100명이 넘습니다. 스님들이 이 분야에 관심을 가질 수 있도록 하고 있어요. 그래도 제가 할 수 있는 일 중의 하나가 스님들에게 도움을 주는 것이라서 후학들을 양성하는 데 좀 더 시간을 할애하려 하고 있습니다. 지도자 과정을 마친 스님들이 전국에서 포교의 새 장을 열어 가는 것을 보면서 보불은

진행자들이 부처님 공부를 통해 마음의 변화를 경험해야 합니다.
그래야 참가자들에게 진정성 있게 템플스테이 내용을 전달할 수 있어요.

덕報佛恩德을 생각합니다."

___ 대학 강의도 호응이 좋았죠?

"마곡사에 있을 때 중앙대학교 관계자가 찾아왔습니다. 좋은 프로그램을 학생들에게도 전하고 싶다고 했습니다. 그래서 2003년 1학기에 '내 마음 바로보기'라는 과목을 개설했지요. 처음에는 150명이 수업을 들었는데 점점 늘어나 나중에는 1,500명이 수업에 왔어요. 스님 다섯 분이 학생들을 나눠 맡아서 했지요. 호응이 대단했습니다."

___ 학생들이 왜 그렇게 많이 왔다고 보세요?

"우리나라 대학 수업은 아직도 '주입식'이 많습니다. 초·중·고교와 비슷하죠. 재미가 없습니다. 그래서 저는 제가 말을 하기보다 학생들 말을 많이 들어 주려고 했어요. 학생들이 제 수업이라도 편안하게 듣기를 바랐거든요. 다행인지 학생들이 힘들고 괴로울 때 제 수업을 듣고 꿈을 찾았던 것 같습니다. 제가 수업에서 강조했던 것은 '수처직주 입처개진隨處作主 立處皆眞'이었습니다. '네 삶의 주인공은 너'라고 말했습니다. 그러면 멋진 주인공이 되기 위해서는 어떻게 해야 하나? 자신의 현재 삶을 바라보게 했습니다. 그런 과정을 거치면서 아이들이 조금씩 가치관을 바꿔 나간 것 같아요. 요즘 유행하는 말로 '힐링'을 해 주고 싶었습니다."

스님은 2013년부터 수원 봉녕사 승가대에서 자비명상 지도자 과정을 진행한다. 학인스님들이 자비명상을 통해서 출가 이전의 삶을 정화하고 수행자로서의 원력을 세우길 기대하고 있다.

___ 스님의 핵심 콘텐츠는 자비명상입니다.

자비명상에 대해 구체적으로 설명해 주신다면?

"부처님은 지혜와 자비의 상징입니다. 우리는 부처님의 가르침을 따르는 제자들이고요. 그러면 여기서 하나 생각해 봐야 합니다. 나는 자비로운가? 불자들은 자비로운가? 주변을 보면 그렇지 못한 것 같습니다. '내 안'에 자비는 없는 것 같아요. 내 안의 무자비성을 바로 보고 자비로 바꿔 가는 작업이 바로 자비명상입니다."

___ 자비명상의 핵심은 무엇인가요?

"자비는 방안의 불빛이 방을 가득 채우고 밖으로 나가는 것과 같은 이치입니다. 그렇게 세상에 전해집니다. 내가 나를 사랑하는 작업을 먼저 해야 합니다. 내가 나를 사랑하지 않으면 남을 사랑하지 못하고 사랑받을 수 없습니다. 내가 나를 사랑할 때 남으로부터 사랑받을 수 있습니다. 내가 남들로부터 사랑받지 못한다는 것은 내가 나를 사랑하지 못한다는 것이에요. 모든 사람은 인정받고 싶어 합니다. 자기가 자기를 사랑하는 것이 자비명상입니다. 그 사랑의 힘으로 내 가족들과 내 이웃을 비롯한 모든 존재를 안아 주는 마음이라고 할 수 있어요."

___ 자비명상을 통해 얻을 수 있는 것은 무엇일까요?

"편안하고 행복하고 자유로운 삶입니다."

___ 그럼 행복은 무엇입니까?

"행복은 지금 이 순간 살아 있음에 감사하는 생활입니다. 마음이 시키는 대로 하는 사람을 마음의 노예라 합니다. 마음의 노예는 힘들고 괴로운 삶을 살아가요. 일어나는 지금 이 순간 마음을 잘 살피는 사람을 마음의 주인이라 합니다. 마음의 주인은 행복한 삶을 살아가게 됩니다. 자신의 긍정적인

면을 하나 찾아내면 행복지수는 1이 되고 백 가지 찾아내면 행복지수는 100이 됩니다. 반대로 단점을 한 가지 찾아내면 불행지수가 1이 되고 백 가지 찾아내면 불행지수가 100이 됩니다."

___ 자비명상이 기존의 한국불교 수행 풍토와는 조금 다른 것 같습니다.

"자비명상은 자비로운 마음이 없으면 안 됩니다. 『신심명』을 보면 '대비심이 없으면 보리의 싹이 트지 않는다'고 했습니다. 한국불교는 깨달음 위주입니다. 그런데 과연 깨달은 사람이 몇 명이나 있습니까? 또 간화선이 최고의 수행법이라고 말을 하지만 과연 몇 명이나 삶이 바뀌고 부처의 마음이 되었습니까? 이렇게 되지 못하는 것에는 이유가 있습니다. 원하는 것만 얻으려고 했기 때문입니다. 원하는 것만 얻으려고 하는 것은 탐심貪心이에요. 그 마음마저 내려놨을 때 이 순간 깨어 있게 됩니다. 깨달음을 얻고 못 얻고는 중요하지 않아요. 지금 이 순간 살아 있는가가 중요합니다. 오지 않은 깨달음에 마음이 가 있으면 공부를 할 수 없습니다."

스님은 계속해서 기간이나 형식보다 공부의 내용이 중요하다고 여러 차례 강조했다. 어떤 내용을 어떻게 공부하고 실천하는지가 중요하다.

"선원에 들어갈 때는 선지식과 면담을 하고 정진 중간에도 끊임없이 점검이 이어져야 합니다. 대학에서도 한 학기가 끝나면 기말시험을 보는데 우리 선원에서는 시험이 없습니다. 완전히 자율학습입니다. 이제부터라도 어른스님들이 납자들을 자비롭게 챙겨 주셔야 한국불교가 깨어날 수 있을 것입니다."

스님은 기업 특강을 비롯해 다양한 명상캠프와 교육 등에 집중하고 있다. 또한 매주 토요일 오후 서울 남산 일원에서 누구나 참여할 수 있는 걷기명상을 실시하고 있다.

나눔의 방법을 찾다, 걷기명상

___ 남산에서 걷기명상을 하게 된 동기가 있었나요?

"제가 최근 들어 이웃 종교인들을 많이 만납니다. 그분들을 만나면서 느낀 것은 '나눔'을 상당히 중요시한다는 것입니다. 각 종교의 가르침을 활발하게 실천하고 있는 것이죠. 그런데 우리 불교는 나눔에 대해서 얘기는 많이 하지만 적극적으로 실천하는 것은 타 종교에 비해 아직 부족하지 않나 싶어요. 제가 걷기명상을 해야겠다고 마음먹은 것은 최일도 목사가 운영하는 밥퍼공동체에서 봉사하고 나서부터입니다. 최 목사를 보며 나눔의 방법을 찾고 싶었습니다. 불특정 다수에게 제가 생각하고 있는 '자비'를 나누고 싶은 생각이 들었어요. 그래서 무엇을 할 수 있을까 고민하다가 사람들이 오기 쉽고 편하게 명상할 수 있는 남산을 선택하게 되었습니다."

마가 스님이 걷기명상을 시작한 것은 2011년 4월부터다. 매주 토요일 오후 2시부터 진행되는 걷기명상에는 원하는 사람 누구나 함께할 수 있다. 보통 50명 이상, 많을 때는 80여 명 정도가 함께한다.

___ 어떻게 하면 걷기명상을 잘할 수 있을까요?

"건강에 대한 관심이 높아지면서 얼마 전까지는 달리는 것에 사람들이 관심이 많았습니다. 그런데 요즘은 걷기가 대세예요. 이제는 거기서 더 나아가

걸으면서 명상을 합니다. 중요한 것은 걸으면서 '지금 이 순간 깨어 있어야 한다'는 것입니다. '지금 이 순간'이 빠져 있으면 그냥 운동일 뿐이에요.

걸을 때 입가에는 미소를 머금고 마음에는 평화를 담아 보세요. 걸음은 조심조심해서 내디뎌야 합니다. 앞사람과의 간격은 1.5m 정도로 유지합니다. 조금 가깝게 붙으면 '내가 급하구나', 조금 떨어지면 '조화롭지 못하구나'라며 자신을 돌아봅니다. 눈은 1% 정도의 주의를 기울여 앞을 보고 99%는 발을 봅니다. 허리는 세우고 몸에서 힘을 뺍니다."

스님은 안성 굴암사에서는 '죽음명상' 프로그램을 운영하고 있다. 스님은 죽음을 경험하면 인생을 다시 살 수 있다고 했다. "생명 있는 것은 누구나 죽는다. 아무도 죽을 때를 모른다. 죽을 때 가져갈 것은 아무것도 없다.' 이 세 가지를 가지고 죽음명상을 합니다. 죽지 않으면 죽을 만큼 고생하지만 죽으면 살 수 있습니다."

스님은 또 최일도 목사, 권도갑 교무, 김용해 신부 등과 함께 KTV '시대공감Q'에 출연 중이다. 종교 성직자 4명이 모여서 이 시대의 아픔을 진단하고 아픈 사람들에게 멘토가 되어 주는 역할을 해 보자고 의기투합해 프로그램을 만들었다.

__ **이웃 종교인들과 방송을 하는 것이 색다를 것 같습니다.**

"굉장히 보람 있고 많이 배우고 있습니다. 불교 안에서만 살다가 이 시대의 아픔들을 만나면서 사회의 흐름이 어떤지를 보고 있습니다. 또 사람들이 무엇을 필요로 하는지에 대해서도 생각하게 됐어요. 2012년 3월에 6개월 예정으로 시작했는데 호응이 좋아서인지 6개월 연장됐습니다."

___ **이웃 종교인들과의 소통 가능성을 찾으셨습니까?**

"종교 간 대화와 소통의 필요성을 많이 느끼고 있습니다. 같은 시대에 살면서 종교가 다른 이유로 등지고 반목하는 것은 사람들에게 큰 재앙입니다. 종교인들이 서로 손잡고 같은 목적지를 향해 가면 좋겠다는 생각을 해요. 저 개인적으로도 이웃 종교에 대해 더 알고 싶어서 2012년 3월에 한신대학교 대학원 종교문화학과 석사 과정에 입학했습니다. 세계의 많은 종교와 문화, 사상을 공부하게 되면 불교를 객관적으로 보는 안목도 키우고 이웃 종교를 이해하는 데 많은 도움이 될 것입니다. 그러면 저의 삶과 포교 원력을 실천하는 길이 훨씬 풍부해질 것 같습니다."

스님의 법문이나 강의, 프로그램 운영 등에서 발견할 수 있는 공통점은 대화와 소통이다. 절대로 스님 혼자 프로그램을 끌고 가지 않는다. 언제나 참여자의 목소리를 들으려 한다. 처음에는 어려워도 마음의 문을 열면 스님과도 금방 친구가 된다. 벌써 10년이 넘는 시간 동안 다양한 프로그램을 운영하면서 쉼 없이 달려온 스님에게 꿈을 여쭈었다.

___ **부처님 가르침의 핵심은 무엇인가요?**

"이고득락離苦得樂이라고 봅니다. 고통을 여의고 행복을 얻는 게 불교입니다. 또 지금 이 순간 나는 무엇을 하고 있는가를 자각하는 것도 불교의 핵심적 가르침입니다. 이것을 아는 순간 삶은 풍요로워지고 행복해지기 때문입니다."

___ **스님에게 현재 가장 중요한 것은 무엇인가요?**

"지금 이 순간 살아 있는 것, 살아 있기 때문에 뭐든지 할 수 있고 또 자비명상을 통해 마음을 나눌 수 있다는 것이 소중합니다."

___ 출가 생활 중 가장 보람 있었던 일을 꼽아 주신다면요?

"제가 오십 살이 되던 해에 여든이 넘은 아버지가 늙고 병든 몸을 이끌고 어머니께 돌아오셨어요. 50년 만에 돌아오신 아버지를 아무도 반기지 않아서 제가 1년 정도 모셨어요. 마침 어머니 팔순 잔치를 해 드리면서 '가족치유명상'을 통해 서로 화해시켰고, 고향 절에서 문중 어른들과 합동천도재를 모시면서 서로 '용서명상'을 한 것이 보람 있었습니다. 한 사람이 출가하면 9대가 복을 받는다고 하잖아요? 그걸 느꼈습니다. 하하. 지금은 아버지와 어머니가 고흥에서 같이 지내십니다."

___ 앞으로 계획하시는 것이 있나요?

"소나무가 있고 황토가 있고 물이 있는 그런 곳에 플럼빌리지(plum village) 같은 명상센터를 만들려고 합니다. 제 나름대로 세상과 소통하기 위해 여러 군데를 다녔는데 그 중 플럼빌리지 방문이 가장 인상 깊었어요. 그곳에는 종교를 초월해 많은 사람들이 옵니다. 입가에 항상 미소가 있고 마음은 무척 평화로워 보였습니다. 저도 그런 곳을 만들고 싶습니다."

___ 20년 후 스님의 모습을 상상하신다면?

"아마 시골 어딘가에 마련된 명상센터에서 채소밭을 가꾸면서 찾아오는 사람들과 차 한 잔 나누고 있을 것 같습니다. 찾아오는 누구와도 차 한 잔 마실 수 있는 그런 스님이 되기를 기원하고 있습니다."

___ '지금 이 순간' 세상 사람들에게 전해 주고 싶은 말씀이 있을 것 같습니다.

"부처님께서는 모든 것은 변한다고 말씀하셨습니다. 지금은 힘들고 괴로워도 이것은 금방 지나갑니다. 어제 비가 왔지만 오늘은 해가 뜨고 바람이 부는 것과 같은 것입니다. 너무 집착하면서 스스로를 묶지 말고 여여하게 살

앉으면 합니다."

스님의 명함에는 환하게 웃고 있는 스님의 얼굴이 그려져 있다. 왜 미소 짓는 얼굴을 넣었느냐고 묻자 "이산혜연선사발원문의 '내 모양을 보는 이나 내 이름을 듣는 이는 갖은 고통 벗어나서 열반언덕 가사이다'라는 대목에서 감동을 느껴 마가라는 이름만 들어도 사람들이 편해졌으면 해서…"라고 말했다. 머지않아 스님의 바람이 곧 실현될 것 같다. 명함의 그 모습처럼 스님은 오늘도 웃으며 사람들을 만나러 길을 나선다.

선재 스님

선재사찰음식문화연구원장

"
모든 생명이 나와 둘이 아니고,
자연과 인간이 둘이 아니라는 것을
음식을 통해 알리고 싶어요.
사찰음식을 통해 몸과 마음을 살리고
모든 생명이 함께하는 공존의 지혜가 열리면 좋겠습니다.
"

사찰음식에는
'생명'이 버무려져 있습니다

선재사찰음식문화연구원장
선재 스님

선재 스님은 하루하루가 바쁘다. 매주 월요일에는 사찰음식 연구과정 지도, 화요일은 지방 사찰에서, 수·목·금요일에는 서울 전국비구니회관에서 오전 오후 두 차례에 걸쳐 사찰음식 강의를 하고 있다. 또 대학과 지자체 등 전국에서 쇄도하는 특강 요청에 쉴 틈 없는 일정을 소화하고 있다. 전국비구니회관 사찰음식 강좌의 경우 강의 대기자만 5,000여 명에 이른다. 스님은 강의를 기다리는 대기자들에게 감사하면서도 미안한 마음에 '대기자를 위한 특강'을 시시때때로 열고 있다.

해외에서도 특강 요청이 줄을 잇고 있다. 2012년에만 스페인, 싱가포르, 이탈리아, 미국 뉴욕에서 사찰음식과 관련한 특강을 진행하고 한국의 전통 불교문화를 전했다.

추석을 며칠 앞두고 스님을 만나기 위해 전국비구니회관을 찾았다. 강의당 30명의 수강생이 스님의 노하우를 전수받고 있다. 주부 경력이 수십 년이 넘는 사람들이 대부분이지만 새로운 음식을 접하고 요리법을 배우는 표정은 이제 막 공부를 시작하는 아이들의 표정만큼이나 생기 넘치면서도 진지했다.

이곳에서의 강의는 1년 과정이다. 보통의 사찰음식 강좌가 3개월 또는 6개월인 것을 감안하면 다소 긴 일정이지만, '제철음식을 만들어야 한다'는 스님의 의지에 따라 1년 과정으로 개설됐다. 그래서 수강생들은 사계절 요리를 다 체험할 수 있다.

이날 강의에서 만든 사찰음식은 '오색송편'. 멥쌀가루와 포도, 쑥, 단호박, 비트, 소(풋콩), 포도씨유, 참기름, 솔잎, 소금 등의 재료를 가지고 송편을 만든다.

"송편에 불교의 상징인 오색五色을 넣었어요. 이 음식의 포인트는 색깔에 있습니다. 청색은 마음을 모아 부처님의 법을 구하고자 하는 정근精勤을, 황색은 찬란한 부처님 몸의 빛과 같이 변하지 않는 굳은 마음을, 적색은 항상 쉬지 않고 수행에 힘쓰는 정진精進을, 백색은 깨끗한 마음으로 온갖 번뇌를 맑히는 청정淸靜을, 주황색은 수치스러움과 그릇된 길로의 꾐에서 잘 견뎌 이겨내는 인욕忍辱을 상징합니다. 이와 같은 가르침을 생각하면서 만들어 먹으면 더 맛있어요."

한 조가 된 6명의 수강생들은 손을 보태 열심히 송편을 빚었다. 수업이 끝날 때쯤 완성된 송편을 먹는 수강생들의 모습이 천진난만 그 자체다. 사람들은 이렇게 사찰음식을 하나씩 배워 나가고 있었다.

대중들에게 사찰음식을 전하기 위해 동분서주하고 있는 스님은 언제부터 사찰음식과 인연이 시작되었을까? 답은 출가인연에서부터 찾을 수 있었다.

"사실 저는 기독교재단의 고등학교를 다녔습니다. 주일학교 선생님을 할 정도로 열심이었죠. 그러던 중 친구들과 화성 용주사에 놀러 가게 됐어요. 거기서 정무 큰스님으로부터 우연히 '부모은중경' 법문을 듣게 됐습니다. 부모님의 은혜에 대한 내용이었는데 충격을 받았죠. 고등학교를 졸업하면 바로 외국 유학을 가서 떨어져 지내고 싶을 정도로 부모님과 편한 관계가 아니었거든요. '부모은중경' 법문을 들으면서 그동안 부모님께 너무 못해 드렸다는 생각이 들어 정무 큰스님에게 겁 없이 달려가 부모님 은혜를 갚는 방법에 대해 여쭈었습니다. 큰스님께서는 먼저 부모님께 좋은 옷과 음식을 올리는 것, 두 번째로 부모님 마음을 편하게 해 드리는 것, 세 번째로 부모님께 진리를 전해 해탈하게 하는 것이라고 말씀해 주셨어요. 그래서 그 자리에서 출가 결심을 하게 됐습니다."

용주사는 잘 알려져 있듯이 효행본찰孝行本刹이다. 조선 정조가 아버지인 사도세자를 추모하기 위해 세운 절이 바로 용주사다. 정조는 장흥 보림사 보경 스님으로부터 『부모은중경父母恩重經』을 받아 읽고 큰 감동을 받았다고 한다. 『부모은중경』은 잉태하여 보호한 은혜, 해산의 고통을 참으신 은혜, 낳고 근심을 놓으신 은혜, 좋은 것만 먹이신 은혜, 마른자리 골라 눕히신 은혜, 젖 먹여 길러 주신 은혜, 더러움을 씻어주신 은혜, 멀리가면 걱정하신 은혜, 자녀 위해 몹쓸 짓도 하신 은혜, 끝까지 사랑하신 은혜 등 부모님의 열 가지 은혜에 대한 부처님의 가르침을 담은 경전으로, 부모님의 크고 깊은 은혜에 보답하도록 가르치고 있다.

스님은 출가하겠다고 말씀드렸지만 부모님은 출가보다 평범하고 일반적인 여성의 삶을 원했다. 그래도 스님은 뜻을 굽히지 않고 본격적으로 불교 공부를 하면서 출가를 준비했다. 스님은 직장 생활을 하다가 결국 부모님의 허락을 받고 화성 신흥사 성일 스님을 은사로 출가했다.

___ **은사스님은 어떤 분인가요?**

"은사스님은 오직 부처님과 포교밖에 모르시는 분입니다. 스님께서는 항상 청소년 불자를 양성해야 한다고 강조하셨고 지금까지 수십 년간 이를 실천해 오셨지요. 항상 공심公心으로 사시는 분이에요."

2012년 조계종이 시상하는 포교대상 수상자로 선정된 성일 스님은 강원을 졸업하고 선방에서 수행하다가 한 재소자로부터 "불교를 일찍 알았더라면 죄를 짓지 않았을 텐데…"라는 편지를 받고 포교 원력을 세웠다. "내 성불하는 생을 늦추더라도 이번 생은 포교하리라"는 원력을 화성 신흥사에서 꽃피웠다. 1973년 스님이 처음 주지 소임을 맡아서 왔을 당시 신흥사는 다 쓰러져 가는 농막법당이었다. 스님은 불교의 밝은 미래를 위해 1975년 어린이 여름불교학교를 개최한 뒤 한 해도 거르지 않고 어린이·청소년을 위한 법회를 개설해 지금까지 40년 가까이 수만 명의 어린 새싹들을 길러 내어 그 결실이 하나하나 영글어 가는 중이다. 1993년에는 640여 평의 거대한 청소년수련원을 건립해 해마다 3,000여 명의 수련원생을 배출하고 있다. 오로지 기도와 포교, 교육에 열정을 쏟아 신흥사를 대찰로 변모시키고 전법제일 도량으로 일구었다. 2008년 10월 어린이·청소년 포교의 일환으로 부처님교화공원 조성 불사를 시작해 2012년 10월 21일 낙성법회를 봉행하기도 했다.

___ **출가 이후 공부는 어떻게 하셨어요?**

"수원 봉녕사 승가대학에서 공부하고 선방에 다니다가 다시 중앙승가대를 갔어요. 포교하려면 공부를 많이 해야 할 것 같아서 중앙승가대에 갔지요. 학교를 다니던 중에 은사스님께서 신흥사에서 소임도 함께 맡으라고 하셔서 그렇게 했습니다."

출가 이전부터 포교에 관심이 많았던 스님은 은사스님을 도와 각종 청소년수련회를 진행했다. 학생들이 많을 때는 한번에 200~300명씩 오기도 했다. 밤낮으로 학생들을 지도하고 뒷바라지하다 결국 탈이 나고 말았다.

"몸도 제대로 가누질 못했습니다. 걸어서 10분 거리를 몇 번씩 쉬면서 갈 정도였어요. 간이 안 좋아져 길어야 1년 정도 살 수 있다고 하더라고요. 아버지와 오빠가 간경화로 돌아가셨을 정도로 집안사람들의 간 건강이 좋지 않았는데, 그것이 저한테까지 온 것이죠. 절망적이었지만 그래도 몸과 마음을 조금씩 추스르기 시작했습니다. 그때 생각한 것이 약이 아닌 것은 버리자는 것이었어요. 주변의 각종 인스턴트식품과 인공 식재료부터 없앴어요. 그리고 제철에 나는 음식들을 먹기 시작하면서 거짓말같이 건강이 좋아졌어요."

스님은 이때부터 아침은 가볍게 먹고, 점심은 나물을 기름에 무쳐 먹었다고 한다. 또 저녁은 아침보다 많지만 점심보다는 적게 먹었다. 밤에는 아무 것도 먹지 않았다. 그렇게 6개월이 지나니 병은 깨끗하게 사라졌다.

___ 사찰음식과의 인연이 그때부터 시작된 것인가요?

"사찰음식과의 인연은 그 전부터예요. 중앙승가대를 다니면서 「사회복지 증진을 위한 사찰음식문화 연구」라는 논문을 썼거든요. 이 논문은 아마 사찰음식과 관련한 최초의 논문일 겁니다. 수많은 경전을 보고 공부하면서 논문을 썼습니다. 경전을 보니까 부처님께서 사찰음식을 약으로 말씀하시는 부분이 많았어요. 특히 예방의학의 관점에서 말이죠.

『금강명최승왕경』「제병품」에는 '계절에 따라서 병이 일어나니 계절에 따라서 음식을 먹으면 병을 예방할 수도 있고 치료할 수도 있다'라는 구절이 나옵니다. 또『사분율』「약건도」에는 '모든 음식은 약이다'라는 구절도 있고요.

경전을 보면서 많이 놀랐습니다."

논문을 준비하면서 '학문적'으로 사찰음식을 준비했지만 사실 스님은 출가 전부터 음식과 깊은 인연이 있었다. 외할머니가 궁중 수라간 상궁 출신이라 음식에 조예가 깊었던 것이다. 어머니 역시 외할머니에게서 배운 음식솜씨가 남달랐다고 한다.

"외할머니께 음식에 대한 이야기를 많이 들으며 자랐어요. 외할머니가 불자셨고 궁에서도 불자가 지켜야 할 것들을 실천하며 사셨다고 해요. 개화기 때 궁에서 나와 결혼하여 낳으신 큰딸이 어머니입니다. 어렸을 때 어머니가 음식을 만들면 꼭 부처님과 스님들께 공양을 드려야 한다면서 항상 따로 놔두셨다가 절에 가져가시는 걸 보고 '스님들은 이러한 음식을 드시는구나'라고 생각했죠."

이렇게 사찰음식과의 인연을 시작한 스님은 각종 교육과 법문 등 일선 포교에 나서면서 본격적으로 대중들에게 사찰음식을 알리기 시작했다. 불교방송에서 '선재 스님의 푸른 맛 푸른 요리'를 진행했고, 동국대 사범대학에서 강의를 진행했다.

___ **은사스님께도 사찰음식을 배웠나요?**

"장윤 노스님도 그렇고 은사스님도 그렇고 음식 버리는 것을 절대 용납하지 않으셨습니다. 콩나물 뿌리라든가 무청 자르고 남은 것, 팥 거른 물 등 그 어떤 것이든 먹을 수 있는 것은 버리지 말라고 하셨죠. 스님께서 음식을 하시면서 항상 가르쳤던 것이 '버릴 생각을 하지 않으면 먹을 궁리가 생긴다'는 것이었습니다. 음식은 우리 몸에 오기까지 수많은 사람의 손을 거치고, 또

땅과 바람과 공기가 함께 어우러져 만들어진 것이기에 값을 매길 수 없는 가치가 있다고 말씀하시며 재료 하나하나를 소중하게 생각하라고 가르치셨어요."

생명과 건강과
지혜가 들어 있어야
사찰음식

___ **일반적인 음식과 사찰음식은 어떻게 구별할 수 있을까요?**

"굳이 분류하자면 음식은 일반적인 것과 채식, 자연식, 사찰음식 등으로 나눌 수 있습니다. 일반적인 음식은 생명을 유지시켜 주는 가장 기본적인 음식이에요. 채식과 자연식은 생명의 유지는 물론 건강을 더해 주는 음식이죠. 사찰음식은 다른 음식들의 기능을 해 주면서 동시에 정신까지 건강하고 맑게 성장시켜 주는 기능을 합니다. 그래서 사찰음식을 선식禪食이라고도 합니다.

우리 사회를 보면 사람들은 옛날보다 더 잘 먹고 잘 사는데 각종 질병으로 앓고 있는 환자는 점점 많아지고 있지요. 왜 그럴까요? 가공식품, 첨가제, 고열량 식품, 늦은 저녁식사 등이 그 원인입니다. 과도한 육식으로 각종 성인병에 시달리고 성격도 이전보다 과격해지고 있습니다. 오염되지 않은 식재료로 만든 음식, 약이 되는 음식을 지향하는 사찰음식에 대한 사람들의 관심이 높아지는 이유도 바로 여기에 있습니다."

선재 스님은 "생명과 건강과 지혜가 들어 있어야 사찰음식이라고 할 수 있다. 채식과 사찰음식이 같다고 생각하지만 수행에 방해가 되면 사찰음식이 아니다"라고 잘라 말했다.

___ 부처님도 음식을 중요시하셨나요?

"물론입니다. 부처님은 누가 뵙기를 청해 오면 제일 먼저 물으시는 말씀이 '당신은 무엇을 먹고 사십니까?'였어요. 집안에 어려운 일이 있거나 몸이 아파 수행이 안 돼 상담을 하러 오면 '무엇을 먹고 사느냐'를 제일 먼저 물으셨어요. 먹는 것이 중요하기 때문에 그런 말씀을 하신 겁니다. 우리들 역시 수행을 하기 위해서 음식을 만들어 먹습니다. 음식과 수행은 떼려야 뗄 수 없는 관계라고 할 수 있어요."

『증일아함경』에서 부처님은 "모든 법은 음식으로 말미암아 존재하고 음식이 아니면 존재하지 않는다"고 말씀하셨다. 그만큼 음식은 수행을 비롯한 모든 행위의 기본이 되었던 것이다.

___ 사찰음식은 어떠해야 합니까? 사찰음식이 지향하는 것은 무엇일까요?

"부처님 당시부터 그랬지만 사찰음식은 수행식입니다. 이 점이 중요합니다. 스님이든 재가자든 수행을 하려면 몸과 마음이 건강해야 하잖아요. 또 반대로 몸과 마음이 건강해야 수행도 잘할 수 있습니다."

스님에 따르면 사찰음식은 '약'이라는 개념에서 출발한다. 그래서 수행자가 먹는 음식도 약이라는 표현을 써서 시약, 시분약, 칠일약, 진형수약으로 구분한다. 시약은 식사 때에 맞춰 먹는 음식의 총칭이다. 시분약은 시간과 시간의 중간, 즉 오후 간식과 저녁에 먹는 과일즙 같은 것을 말한다. 칠일약은 유제품, 우밀, 석밀, 지방 등과 같은 조미료류로 최소한 일주일 동안 저장할 수 있는 보존식품을 말한다. 진형수약은 계속 먹을 수 있는 것이다.

사찰음식은 수행식입니다. 몸과 마음이 건강해야 수행도 잘할 수 있습니다.

___ 사찰음식에서는 오신채五辛菜를 금하고 있습니다. 왜 그런가요?

"다섯 가지 채소인 파, 마늘, 달래, 부추, 홍거를 오신채라고 합니다. 이 오신채가 지닌 성질은 사람의 마음을 바깥으로 치닫게 합니다. 힘자랑 하는 사람이 힘으로 쓰러지듯 오신채를 먹게 되면 오히려 기력을 소모하게 되는 것이죠. 그렇기 때문에 정신 집중을 통해 수행하는 스님들에게 오신채는 좋은 음식이 아닙니다. 이것은 『능엄경』에도 나와 있어요. 『능엄경』에서는 '오신채를 익혀 먹으면 음란한 마음이 일어나고, 생것으로 먹으면 성내는 마음이 더해진다. 시방의 천신과 신선들이 다 떠나고 모든 아귀와 악귀들이 오신채를 먹는 이를 좋아한다'고 했습니다."

그러면서도 스님은 오신채를 수행자에게는 권하지 않지만 몸이 아파 꼭 먹어야 하는 환자들에게는 부분적으로 허용한다고 덧붙였다.

___ 외국인들이 사찰음식을 좋아하는 이유 중 하나도 오신채를 넣지 않아서라고 하던데요.

"맞아요. 외국 사람들은 오신채가 없는 담백한 사찰음식을 좋아합니다. 예전에 한국인들과 서양인들이 공통적으로 먹는 것을 위주로 해서 사찰음식을 만들어 준 적이 있는데 맵지도 짜지도 않은 맛을 상당히 좋아했어요. 이를 생각한다면 사찰음식의 세계화는 얼마든지 가능한 일입니다."

지금도 외국에서 스님을 찾아오는 사람들이 적지 않다. 사찰음식에 대한 소문을 듣고 먼 길을 마다하지 않는 것이다. 오는 사람 막지 않고 가는 사람 잡지 않는다는 스님은 그렇게 사찰음식을 전파하고 있다.

___ 육식 문제는 어떻게 보십니까?

"남방불교에서는 신도들이 주는 대로 먹기 때문에 육식을 허용했습니다. 그런데 북방불교에서는 육식을 허용하지 않습니다. 되도록 육식을 자제하라고 하신 것입니다. 특히 십재일十齋日에는 고기를 먹지 말라고 했는데, 이때라도 짐승들이 편안하게 살도록 하기 위해서입니다. 생명을 존중하는 사람들이 육식을 자제하는 것은 어쩌면 당연한 것입니다. 최근에 나오는 보고서를 보면 건강을 위해서라도 육식을 피하는 것이 좋다고 합니다."

음식문화와 관련한 몇 가지를 여쭈어 본 뒤 사찰음식과 관련한 질문 보따리를 다시 풀었다.

___ **사찰음식에 있어 삼덕三德도 중요하지요?**

"그렇죠. 보통 삼덕은 청정淸淨, 유연柔軟, 여법如法을 말합니다. 청정은 식자재부터 음식을 만드는 과정, 먹는 사람의 마음이 청정해야 한다는 것입니다. 마음뿐만 아니라 사찰음식과 관련된 모든 것이 깨끗해야 합니다. 유연은 부드럽고 따뜻한 어머니의 마음으로 음식을 먹는 사람의 체질에 알맞은 음식을 하는 것입니다. 그렇지 않고 음식에 자극이 많으면 수행 정진하는 스님들의 위장에 부담이 갑니다. 여법은 음식재료를 구입하는 것에서부터 다듬고 씻고 썰어서 음식을 만드는 모든 과정이 법다워야 한다는 말입니다. 이 삼덕을 골고루 갖춰야 제대로 된 사찰음식이 나올 수 있습니다."

선재 스님은 삼덕을 바탕으로 식재료의 불성佛性을 온전히 살려 정갈하게 음식을 만들어 부처님들께 공양 올리는 것이 수행의 완성이라고 강조한다.

___ **육미六味는 무엇입니까?**

"육미는 단맛, 신맛, 쓴맛, 짠맛, 매운맛, 떫은맛 등 여섯 가지를 말합니다.

육미를 체질에 맞게 골고루 먹어야 건강합니다. 편식하면 건강은 금방 나빠집니다."

스님은 육미가 적절하게 섞인 음식으로 김치를 꼽았다. "땅과 바다에서, 또 일년생부터 다년생까지의 식재료를 가지고 만드는 김치에는 여섯 가지 맛이 다 들어 있습니다. 김치만 잘 먹어도 육미의 맛과 영양을 충족시킬 수 있어요."

스님은 사찰음식을 통해서도 아이들 교육을 할 수 있다고 보고 있다. 출가 초기 화성 신흥사에서 청소년들을 지도하면서부터 확신하고 있는 것이다.
"음식을 통해 아이들의 마음을 바꿔 주고 싶어요. 어릴 때부터 좋은 음식을 먹어야 몸과 마음이 건강해지고 또 풍요로운 삶을 살 수 있거든요. 아이들이 맑고 밝고 건강해지면 우리 사회도 자연스럽게 건강해지지 않겠어요?"

자연과 인간이
둘이 아닙니다

___ 계속 제철음식을 말씀하시는데, 왜 제철음식이 중요합니까?
"제철음식은 치료약이자 예방약입니다. 계절에 따라서 병이 오고 계절에 따라서 치료제가 와요. 계절에 따른 음식을 먹으면 병도 치료됩니다. 부처님께서 제철음식을 강조하신 것은 신토불이 음식을 먹으라는 말씀이기도 합니다.

계절에 따른 음식을 먹으면 병도 치료됩니다.
제철음식은 치료약이자 예방약입니다.

___ **제철음식을 먹어야 한다는 것은 자연에 순응해야 한다는 말씀 같습니다.**

"그렇습니다. 자연을 거스르면 안 됩니다. 음식을 통해서 자연과 함께하는 지혜를 얻을 수 있어요. 제철 재료가 아닌 것들로 음식을 하게 되면 여러 가지 부작용을 만들게 됩니다. 인위적인 재료를 구해야 하기 때문에 보이지 않는 생명을 파괴하게 됩니다. 그렇게 해서 먹는 음식은 사실 별 의미가 없는 것이죠."

___ **계절별 대표 사찰음식을 추천해 주신다면요?**

"봄에는 우선 엄나무순무침과 전을 추천합니다. 엄나무순의 독특한 향과 맛이 잃어버린 입맛을 되찾아 줍니다. 엄나무는 개두릅나무라 부르기도 하는데, 껍질과 뿌리는 한방에서 약재로 흔히 씁니다. 관절염, 종기, 암, 피부병 등 염증 치료에 좋고, 엄나무 속껍질을 잘게 썰어 말린 것이나 엄나무 잎 말린 것을 차로 장기 복용하면 만성간염과 간장질환에 탁월한 효과가 있습니다. 엄나무 속껍질이나 뿌리를 발효시켜 먹고 신경통과 관절염, 근육통 등이 완치되었다는 사람도 많아요. 또 봄에는 쑥과 머위를 세 번 이상 꼭 먹어야 합니다.

여름에는 호박이 좋아요. 애호박으로 만든 여름 만두인 편수를 추천할 게요. 편수는 우리나라에서만 볼 수 있는 특유의 만두로 채식하는 사찰에서 여름철에 쉽게 상하지 않게 야채로 소를 만들어 먹었어요. 그 외 보리밥, 보리차, 오이지 등이 여름에 좋습니다.

그리고 가을에는 무채두부찜을 추천할 게요. 무의 비타민C는 세포의 노화를 억제하고 몸의 독소를 풀어 줍니다. 무에는 소화효소인 디아스타아제가 많아 손상된 위 점막을 복구해 주고 소화를 도와 '천연 위장약'이라고도 합니다. 두부와 무를 함께 먹으면 무가 두부의 뭉친 기운을 풀어 주고, 무에 없는 두부의 단백질 등을 섭취할 수 있어요. 콩 속의 제니스틴 성분은 암을 비롯한 당뇨병과 고혈압 등의 성인병 예방에도 효과가 있고요. 최고의 웰빙 음식, 항암 식품으로 손꼽히는 된장은 아토피에도 탁월한 효능이 있습니다.

자극적인 인스턴트식품에 길든 아이의 입맛을 돌릴 수 있는 배추찜은 겨울에 해 주면 아주 좋아요. '100가지 채소가 배추만 못하다'는 중국 고어가 있을 정도로 배추는 맛도 있고 영양도 풍부합니다."

___ '장'도 강조하시던데요?

"장은 사찰음식의 기본이죠. 채식 위주의 사찰음식에서 장은 단백질을 보충해 주고 채소의 독소를 해독해 줍니다. 우리나라의 대표적 발효음식인 간장, 된장, 고추장은 꼭 직접 담가 먹기를 당부 드립니다."

실제로 간장은 음식재료의 독소를 해독하는 기능이 있고, 된장은 항암 효과뿐만 아니라 간기능 회복과 간 해독에도 탁월한 효과가 있다고 전해진다. 고추장 역시 암을 예방하는 기능을 가지고 있다고 한다.

스님은 "나는 두 가지 고추장을 담근다. 몸이 냉한 사람을 위해서 현미찹쌀고추장을, 몸에 열이 많은 사람을 위해서는 보리고추장을 만든다"고 말했다.

___ 사찰음식을 통해 불자와 시민들에게 전해 주고 싶은 것은 무엇인가요?

"생명의 사상이죠. 모든 생명이 나와 둘이 아니고, 자연과 인간이 둘이 아니라는 것을 음식을 통해 알리고 싶습니다. 교리를 얘기해 주는 것도 좋지만 몸과 음식, 환경을 통해서도 부처님의 가르침을 충분히 전할 수 있습니다. 사람들이 사찰음식을 통해 몸과 마음을 살리고 모든 생명이 함께하는 공존의 지혜가 열린다면 더 이상 바랄 게 없겠죠."

스님은 교육현장에서 만난 사람들의 얘기를 전했다. 처음에는 '단순하게' 사찰음식을 배우러 오지만 강의가 거듭될수록 부처님의 가르침과 그 속에 녹아 있는 세계관을 이해하게 된다고 한다. 음식을 통해 쉽게 부처님의 가르침을 전하고 있는 셈이다.

___ 음식을 대하는 자세에 대해 조언해 주신다면?

"우리가 공양을 하기 전 외우는 오관게五觀偈에 음식을 어떻게 대해야 하는지 잘 나와 있습니다. '이 음식이 어디서 왔는가? 내 덕행으로는 받기가 부끄럽네. 마음의 온갖 허물을 모두 버리고 육신을 지탱하는 약으로 알아 도업을 이루고자 이 공양을 받습니다(計功多少量彼來處 忖己德行全缺應供 防心離過貪等爲宗 正思良藥爲療形枯 爲成道業應受此食)'라고 하죠. 하나의 음식은 그냥 만들어지는 것이 아닙니다. 수많은 손길을 거쳐야 음식을 먹을 수 있어요. 언제나 음식을 대할 때는 감사한 마음으로 먹어야 합니다. 음식을 먹는 것도 아주 중요한 수행이에요."

___ 사찰음식이 한식 발전에도 좋은 영향을 준 것 같습니다.

"당연합니다. 지금 한식을 세계화한다고 정부에서 팔을 걷어붙였는데 그 중심에는 사찰음식이 있다고 봅니다. 사찰음식은 채식문화 발달에 기여했습니다. 또 다양한 장류와 튀김류 등이 개발되었습니다. 저장 음식의 발달에도 긍정적 영향을 주었습니다. 음식의 저장법과 활용법이 개발되면서 오랫동안 맛과 영양을 유지할 수 있게 된 것이죠. 또 다양한 약용 식품을 섭생하는 방법도 연구되었습니다. 천연조미료 사용법을 개발 보급하여 일반 조미료나 화학조미료의 사용을 줄이는 데도 일조했습니다."

___ 사찰음식이 너무 고급화되고 있다는 비판도 많습니다.

"그런 경향이 전혀 없다고는 할 수 없습니다. 상황에 따라 대중적으로 만들 수 있고 또 고급스럽게 만들 수도 있다고 봅니다. 다만 너무 고급화에 매달리는 것은 욕심이라는 생각이에요. 욕심을 덜어 내는 뺄셈의 음식이 사찰음식이거든요."

스님은 사찰음식에 대한 비판도 겸허하게 받아들였다. 스님은 "사찰음식 역시 부처님의 정신이 있어야 한다. 쌀 한 톨 물 한 방울에도 부처님의 생명이 있듯이 밥 한 그릇에도 불법佛法을 얹어 주어야 한다"고 재차 강조했다.

___ 부처님 가르침의 핵심은 무엇입니까?

"부처님께서는 우리에게 '생명'의 사상을 전해 주셨습니다. 여기에는 너와 내가 둘이 아니라는 불이不二의 정신이 자리하고 있습니다. 내 안의 불성佛性을 드러내 모든 생명이 함께할 수 있다는 것이 불교의 핵심이라고 봅니다."

___ 스님에게 현재 가장 중요한 것은 무엇인가요?

"나를 지키는 것입니다. 세상의 유혹을 뿌리치고 나의 불성을 지키는 것이죠. 이것은 곧 나를 단속하고 다스리는 일이기도 합니다. '지킨다'는 말에는 개인으로서뿐만 아니라 우리를 지키고 또 공동체를 같이 운영한다는 뜻이 들어 있습니다."

___ 앞으로의 계획을 전해 주신다면?

"사찰음식을 통해서 '생명'을 가르치는 교육공간을 마련하고 싶습니다. 여기에는 사찰음식학교와 연수원이 함께 들어갑니다. 사찰음식을 통해서 부처님 가르침을 배우고 실천하고 전하는 곳을 만들어 보고 싶어요."

___ 20년 후 스님의 모습을 상상하신다면?

"20년 후까지 제가 살아 있을지 모르겠습니다. 돌아보면 20년 전에 심하게 아팠어요. 그 일 이후 20년이 지난 지금 이렇게 열심히 활동하고 있습니다. 앞으로 20년 후에도 건강한 몸과 마음으로 부처님의 지혜를 전하고 있었으면 좋겠습니다."

스님에게 사찰음식은 불법佛法 그 자체였다. 스님은 음식을 통해 '불법'을 고스란히 대중에게 전하고 있다. 비록 방법은 달랐지만 스님이 걷고 있는 이 길은 부처님이 걸었던 그 길과 다르지 않다.

금강 스님

해남 미황사 주지

"넉넉한 미소와 사람들의 마음을 움직이는 프로그램으로
'제일 멀지만 제일 가까운 절'로 미황사를 만든
금강 스님의 원력은
어디에서 나오는 것일까?"

우리는 누구나
깨달은 존재입니다

해남 미황사 주지

금강 스님

기자 시절, 미황사로 함께 취재 가던 동료는 "버스를 6시간이나 타니까 절에 가면 힐링이 안 될 수가 없겠다"며 농담을 했다. 그 동료의 말처럼 전남 해남 미황사 가는 길은 녹록지 않다. KTX처럼 '속도'를 상징하는 교통수단을 이용할 수도 없어서 한번 가기로 마음을 먹으면 최소 1박2일은 예정해야 한다. 그래도 사람들은 미황사로 달려간다.

아름다운 달마산과 그 안에 안겨 있는 절, 조금만 고개를 들면 보이는 바다는 어디에서도 볼 수 없는 자연의 선물이다. 거기다 고향집에서나 느낄 수 있는 따뜻함과 편안함을 주는 또 하나의 선물이 바로 미황사 주지 금강 스님이다.

넉넉한 미소와 사람들의 마음을 움직이는 프로그램으로 '제일 멀지만 제일 가까운 절'로 미황사를 만든 금강 스님의 원력은 어디에서 나오는 것일까? 그간 여러 차례 스님을 만나면서 '대충' 이야기를 듣긴 했지만 미황사의 어제와 오늘, 그리고 미래를 듣기 위해 다시 미황사를 찾았다.

마침 절에 도착한 날은 미황사의 대표 수행 프로그램인 '참사람의 향기'를 시작하는 날이었다. 주말에 시작해 그 다음 주말에 끝나는 7박8일의 일정인데도 전국에서 13명이나 참여했다.

고불식을 하고 저녁공양, 저녁예불을 마치고 스님이 머물고 있는 방의 문을 두드렸다. 언제나 환한 모습이던 스님이 조금은 지쳐 보였다.

"대구에서 이틀간 강연과 법문을 하고 밤새 차를 달려 절에 왔어요. 절에 와서 두 시간 정도 자고 또 아침부터 찾아오는 손님들을 만나고 그랬네요."

쉬어야 할 시간을 빼앗은 것 같아 조금은 마음이 편치 않았지만 한번 자리를 잡고 앉은 터라 인터뷰를 시작했다.

___ **너무 바쁘게 다니시는 거 아닙니까?**

"제가 복이 많은 건지, 이번 생에 부처님 법을 만나 출가까지 했습니다. 무엇보다 가장 귀하고 고마운 일이죠. 출가 후 30여 년간 받은 복을 대중들에게 돌려 드리기 위해서라도 열심히 뛰어 밥값은 해야죠. 하하."

출가의 인연이 어떻기에 스님은 '가장 귀하고 고마운 일'이라고 할까? 얘기가 나온 김에 출가인연부터 해서 하나씩 여쭈었다.

"중학교 때 아버지가 돌아가셨어요. 아버지가 계실 때만 해도 다른 아이들과 똑같은 평범한 학생이었는데 상황이 바뀌니까 가세도 기울고 모든 게 어려워졌죠. 같이 어울리던 친구들은 다 도시로 고등학교를 갔는데 저만 중학교 옆 고등학교를 갔어요. 자존심도 상하고 좌절도 많이 했어요. 그러면서

방황을 하기 시작했죠.

중학교 3학년 겨울방학부터는 주말에 집에서 잠을 잔 적이 없을 정도로 여기저기를 다녔습니다. 그렇게 학교생활을 하다 어느 날 점심시간에 교무실에 갔더니 선생님 한 분이 좌선坐禪을 하고 계셨어요. 선생님께 뭐하시냐고 여쭈었죠. 그랬더니 참선參禪을 한다고 해요. 그것이 무엇이냐고 다시 질문했어요. 선생님께서는 불교와 수행에 대해서 이것저것 말씀해 주셨습니다. 그러고는 제가 관심을 보이니까 『육조단경』을 주시면서 읽어 보라고 하셨어요.

불교가 궁금하기도 해서 그날 바로 『육조단경』을 읽기 시작했습니다. 일주일 만에 세 번 읽었어요. 책을 읽으면서 큰 충격을 받았습니다. 그러고 나니까 학교 수업이 재미가 없고 조금 시시해졌어요."

── 『육조단경』을 보고 어떤 충격을 받으셨나요?

"앞에서 말씀드렸듯이 책을 보기 전까지는 저 자신에 대한 실망도 컸고 제 주변 환경에 대한 불만도 많았어요. 그런데 『육조단경』을 보고는 제 생각이 완전히 깨졌어요. 자기 존재의 소중함이 얼마나 크고 넓은지에 대한 이야기가 쭉 나오는데 진짜 제 마음이 표현되어 있는 것 같았죠. 제 마음이 확 바뀌었습니다. 그전까지 스스로를 억압하고 제 맘대로 살려고 했던 그 마음이 철저하게 박살났어요. 『육조단경』을 보면서 혜능 스님과 같은 삶이 저의 길이라는 생각이 들었습니다."

── 출가 결심을 하신 건가요?

"그렇다고 할 수 있어요. 『육조단경』을 본 뒤에는 온통 불교 생각뿐이었어요. 그러다 선생님을 다시 찾아가 불교 공부를 하겠다고 말씀드렸더니 대흥사 대광명전에 계시던 지운 스님을 찾아가 보라고 하셨습니다. 제 속가 집이

대흥사 앞마을에 있어서 절과 가까웠기 때문에 주말마다 스님을 찾아뵈었죠. 스님으로부터 이런저런 말씀을 듣고 또 관련 책을 보면서 자연스럽게 불교와 가까워졌습니다. 그러다 출가를 결심하고 고등학교 1학년 겨울방학 때부터 은사스님을 모시고 살기 시작했습니다."

집에서 어머니가 해 주는 밥 먹으면서 '편하게' 학교 다닐 수 있었지만 스님은 은사스님을 시봉하면서 학교를 다녔다. 겨울이면 얼음을 깨고 빨래를 하는 등 고생이 이만저만 아니었지만 집에 갈 생각을 하지 않았다고 한다.

"그때는 집에 돌아가면 모든 것을 접어야 한다고 생각했어요. 그래서 집 쪽으로는 한 발짝도 움직이지 않았죠. 혹시나 제가 뭐라도 잘못하면 부처님이 저를 내칠까 싶어 절에 딱 붙어 살았습니다."

'고향'이 겨울이 되다

고등학생 때 바로 계戒를 받고 싶었지만 은사스님이 고등학교는 졸업해야 한다고 해서 스님은 절에서 계속 학교를 다녔다. 그러고는 고등학교 졸업식 다음 날 바로 해인사로 떠났다. "우리나라에서 제일 스님이 많은 곳에서 행자를 해야 한다"는 은사스님의 뜻에 따라서였다.

14명의 도반과 함께 행자생활을 한 스님은 해인사 강원에 다니다 광주 원각사에서 초·중·고 학생회 지도법사를 했다. 그 뒤 무등산 약사암, 대흥사 북미륵암, 무주 구천동 토굴 등에서 정진하다 1989년 미황사에 처음 왔다.

___ 고향에서 수행자로 사는 것이 쉽지 않은 일 같은데요.

"보통 스님들은 고향에서 제일 먼 곳으로 가 출가를 하는데 저는 고향에서 출가해 지금도 고향에 살고 있습니다. 고향에서는 '스님 누구'가 아니라 '개인 누구'만 있습니다. 어린 시절의 누구, 과거의 누구 이런 식으로 말입니다. 그러다 보니 출가해 잘 살지 못하면 부처님 욕 먹이는 것이 됩니다. 반대로 제가 잘 살면 부처님 법이 훌륭한 것임을 증명하는 것이 되고요. 그래서 '고향'이라는 존재가 저에게는 하나의 계율戒律이 되었어요. 항상 조심해야 한다는 생각을 하게 된 거죠. 처음 미황사에 왔을 때는 좀 힘들었는데 이제 어느 정도 자리가 잡히다 보니 속가 고향 어르신들이 버스를 빌려 미황사를 찾아오는 상황이 됐습니다."

___ 미황사와 인연은 어떻게 시작되었나요?

"1989년 가을에 은사스님께서 미황사 주지를 맡으셔서 같이 왔습니다. 전에도 한두 번 다녀가긴 했는데 살려고 와 보니 절의 상태가 말이 아니었어요. 대웅전 앞마당은 수풀이 우거졌고 담까지 쳐져 있어 좁기만 했습니다. 당연히 달마산과 서해 바다는 보이지도 않았어요. 쇠락을 거듭한 절 역시 대웅전과 응진당을 제외하면 제대로 된 전각이 없었습니다."

지운 스님과 금강 스님은 그날로 팔을 걷어붙였다. 1991년 초까지 경내 정리를 계속했다. 나무를 베어 내고 담을 걷어 마당을 정리했다. 마당을 넓히자 절의 예전 모습이 보이기 시작했다. 보이지 않던 축대 자리가 나타나고 전각들의 위치를 가늠해 볼 수 있게 되었다. 이후 금강 스님이 중앙승가대에 입학하면서 본격적인 불사는 현 미황사 회주 현공 스님이 맡아 진행했다. 현재 볼 수 있는 석축이 당시 만들어진 것이다. 눈에 부담이 가지 않을 만큼 단정하고 깔끔하다. 이어 만하당과 세심당, 삼성각, 명부전을 차례로 지었다.

몇 개월 만에 '뚝딱' 하고 짓는 방식이 아니었다. 기둥으로 쓸 목재를 구하기 위해 몇 년간 전국을 다니고 서까래로 쓸 나무를 찾아 목재소를 뒤졌다. 그렇게 10여 년간 불사는 계속됐다.

___ **중앙승가대 총학생회장을 하면서 종단개혁에 동참하셨죠?**

"미황사에서 은사스님을 모시고 살다가 1991년 중앙승가대에 갔습니다. 학교를 다니는 중에 승가대신문 편집장을 하고 1993년 6월부터 총학생회장을 했어요. 그러던 중 여러 상황 속에서 종단개혁이 일어났습니다. 당시 조계종은 총무원장 중심으로 권력 구조가 짜여 있었습니다. 총무원장 맘에 안 들면 사찰 주지가 맘대로 바뀌던 시절이었습니다. 불교정화 이후 폭력 문화도 생생하게 살아 있었죠. 그런 과정에서 총무원장 3선을 저지하고 종단을 민주적으로 개혁해야 한다는 목소리가 높았습니다. 저는 학인스님들과 함께 개혁에 앞장섰습니다."

___ **지금 돌이켜 볼 때 당시 종단개혁의 성과와 한계는 무엇이라고 보시나요?**

"1994년 개혁은 아주 중요한 의미를 가지고 있습니다. 불교 내부에서도 모든 대중들이 개혁을 열망했습니다. 또 사회에서도 개혁을 굉장히 높이 평가했습니다. 많은 일들이 있었지만 그래도 중요한 것을 꼽자면 개혁을 계기로 종단이 행정 중심에서 벗어나 포교와 교육의 중요성을 인식하기 시작했다는 것이죠. 그래서 포교원과 교육원이 만들어졌습니다. 또 통일, 환경, 노동 등 사회 문제에도 관심을 갖기 시작했습니다.

그런데 1998년 종권 분쟁으로 개혁이 지속되지 못했어요. 지금 생각해도 제일 아쉬운 부분입니다. 1998년 종권 분쟁을 거치면서 부도덕한 선거문화가 활개를 치고 또 비대해진 종회가 정치세력화되어 버렸습니다.

우리 종단은 포교나 교육 쪽에 더 힘을 쏟아야 합니다. 그럼에도 종단은 아직도 총무원 중심 체제입니다. 이대로 계속 가면 종단 전체가 어려워질 것입니다. 앞으로는 포교와 교육이 앞서야 합니다. 이제는 총무원이라는 이름도 바꾸는 것을 검토해야 한다고 봅니다. '행정원' 정도면 적당합니다. 총무원의 사회나 문화 부문은 포교원으로 업무를 옮기면 됩니다. 앞으로 출가할 후학들이 포교나 교육에 원력을 세워야지 총무원장이나 종회의원에 원력을 세우면 곤란합니다."

___ 조계종이 결사를 진행하고 있습니다. 어떻게 보십니까?

"구호만 있고 내용이 없어요. 좋은 말은 다 갖다 썼지만 그 용어에 맞는 혁신이 이뤄지고 있는지 의문입니다."

금강 스님은 "앞으로는 첫째도 둘째도 포교에 초점이 맞춰져야 한다. 지금처럼 집단의 유지 존속에만 에너지를 쏟아서는 안 된다. 그렇다 보니 대중들이 너무 시비분별에 집착한다. 이렇게 되면 종단이나 불교가 발전할 수 없다"고 강조했다.

___ 개혁에 동참하고 난 뒤 백양사에서 참사람 운동을 하신 건가요?

"개혁이 어느 정도 마무리된 뒤 1995년에 다시 미황사로 왔어요. 미황사에 머물면서 백일기도를 하고 그 후에는 선방에 공부하러 다녀야겠다는 생각을 하고 있었습니다. 그런데 1995년 말에 서옹 큰스님께서 찾으신다는 연락이 와서 백양사로 갔습니다. 큰스님께 인사를 드렸더니 '앞으로 내 일 좀 도와라'고 하셨어요. 그 일이 바로 '참사람 수행 결사'였습니다. 그때 큰스님을 뵈면서 예전에 있었던 일이 생각났어요. 1985년에 계戒를 받고 경주 남산 순례를 했는데 남산에서 만난 한 어른스님이 '우리나라에 서옹 큰스님 같은 분이 안 계시니 생전에 꼭 3년 정도 모셔라. 그 어떤 것보다 공부가 많이 될 것이다'라고 말씀을 하셨거든요. 인연이 될 수밖에 없었는지 큰스님을 3년 동안 모셨습니다."

서옹 스님은 성철, 청담 스님 등과 함께 근현대 한국불교를 이끈 선지식이다. 스님은 1974년부터 1978년까지 제5대 조계종 종정을 역임했고, 1996년부터는 고불총림 백양사 방장으로 후학들을 지도했다.

스님은 항상 '참사람(無位眞人)'을 강조했다. 본래 지니고 있는 참사람의 성품을 발견해 생사를 넘어설 때 사바세계의 갈등과 투쟁은 사라지고 사람을 비롯한 모든 생명이 서로 존중하는 평화로운 세상이 된다고 역설했다.

서옹 스님은 1996년부터 백양사를 중심으로 '참사람 결사' 운동을 펼치면서 세 가지 서원을 제시했다. "첫째, 무상무주無相無住의 '참나'를 깨달아 자비 생활을 합시다. 둘째, 어디에도 걸림 없이 자유자재하여 세계 인류가 평등하고 평화스럽게 사는 역사를 창조합시다. 셋째, 자기와 인류와 생물과 우주가 영원의 유일 생명체이면서 각각 별개이므로 서로 존중하고 서로 도와, 집착함이 없이 진실하게 알고 바르게 행하며 아름다움을 사랑하는 세계를 건설합시다."

스님은 또 1998년 무차선회를 부활시켜 선의 대중화를 통한 참사람 운동 확산을 위해 노력하기도 했다. 서옹 스님은 2003년 12월 '雲門日永無人至(운문일영무인지) 猶有殘春半落花(유유잔춘반락화) 一飛白鶴千年寂(일비백학천년적) 細細松風送紫霞(세세송풍송자하)', 즉 '운문에 해는 긴데 이르는 사람 없고 아직 남은 봄에 꽃은 반쯤 떨어졌네. 한번 백학이 날으니 천년 동안 고요하고 솔솔 부는 솔바람 붉은 노을을 보내네'라는 열반송을 남기고 원적에 들었다.

___ 서옹 스님께서 강조하셨던 것은 무엇입니까?

"서옹 큰스님께서는 두 가지 안목을 보여주셨습니다. 하나는 국민들의 마음을 어루만지는 정신적 치유에 불교가 적극 나서야 한다는 것이고 또 하나는 환경과 생태 등 인류의 문제에 대해서도 관심을 가져야 한다고 하셨어요. 선지식들은 그런 안목이 있었는데 후학들이 그런 것들을 빨리 받아들이지 못했어요."

___ 참사람 결사 운동은 어떻게 진행하셨나요?

"'수행운동'이라 생각하고 시작했습니다. 1997년 여름에 수행 프로그램을 시범적으로 세 번 운영했습니다. 선지식이 계셨기 때문에 못할 것이 없었죠. 그리고 그해 겨울에 15명 정원으로 5박6일 과정의 프로그램을 열두 번 운영했습니다. 물론 수행법은 '간화선'을 기본으로 했습니다."

그렇게 한창 프로그램을 진행하던 중 경제위기(IMF)가 몰려왔다. 시대의 흐름을 보고 있던 서옹 스님은 금강 스님을 불러 "고통 받는 국민들을 위로해 줄 프로그램을 찾아보라"고 했다. 아무런 생각도, 준비도 못했던 상황에서 보인 어른스님의 선견지명이었다. 서옹 스님은 답이 나올 때까지 매일 금강 스님에게 방안을 찾아보라고 했다. 그래서 고민 끝에 나온 것이 '실직자를 위한 단기출가 수련'이었다.

"큰스님께서 아이디어를 주셔서 생각해 낸 것이 단기출가 수련이었습니다. 실직이 장기화되면 정신적으로 매우 힘들어집니다. 앞만 보고 달려왔던 사람들이 잠시 멈추는 시간을 갖는 것이 필요하다고 봤어요. 실직자들이 마음만 낸다면 좋은 기회가 될 수 있는 프로그램으로 만들어 보려고 했습니다. 다만 그때 아쉬웠던 것은 제가 단기출가 수련을 하면서 전국 교구본사 등에 '국

앞만 보고 달려왔던 사람들이 잠시 멈추는 시간을 갖는 것이 필요하다.　　　　© 이승호

민들의 마음을 위로해 줄 프로그램이 필요하다'며 실직자 대상 프로그램을 제안했지만 호응이 별로 없었다는 것입니다. 몇몇 단체 스님들에게 제안해도 마찬가지였어요. 경제위기 국면을 지나면서 얼마나 많은 유사 명상수련 프로그램이 생겼습니까? 그때 불교가 좀 더 적극적으로 대응했더라면 하는 아쉬움이 있습니다."

___ **서옹 스님을 모시면서 배운 것이 많을 것 같습니다.**

"지금까지 살아오면서 저에게 가장 귀중한 시간이었던 것 같아요. 큰스님 같은 선지식을 모시고 수행 프로그램을 진행할 때는 정말 더없이 행복했습니다. 그때 가장 크게 느낀 것은 부처님 법을 잇고 있는 수행자들은 역시 수행을 통해서 사람들의 어려움을 돕는 보살도를 행해야 한다는 것이었습니다. 그때 저는 삶의 지향을 명확히 정리했다고 할 수 있어요. 제 수행을 하면서 다른 사람들도 수행하도록 이끄는 것이 제 평생의 과제라고 다짐했습니다.

어느 자리에 있든 수행을 나누는 삶을 살려고 하는 것이죠. 그 후로는 해외에 갈 기회가 있으면 수행센터를 꼭 찾아갑니다. 사람들을 위해 어떤 프로그램을 운영하고 있는지를 꼭 보고 있습니다. 성철 큰스님을 모셨던 원택 스님처럼 서옹 큰스님의 사상과 가르침을 정리하는 작업을 하고 싶었는데 그것까지는 못했어요. 그 부분은 좀 아쉽습니다."

참사람 결사 운동의 실무를 맡았던 금강 스님은 2000년에 미황사로 돌아왔다. 그때부터 미황사는 현공 스님과 금강 스님 '투톱' 체제로 운영되면서 가공할 시너지 효과를 거두기 시작했다. 현공 스님은 불사를 계속 맡았고 금강 스님은 사찰 운영을 위한 프로그램 개발에 박차를 가했다. 전국 사찰 최초로 어린이 한문학당을 개설했고 산사음악회도 시작했다. 템플스테이가 2002년 처음 시작될 때 같이 동참했다.

사람들이 많이 찾아오면서 그 사이 현공 스님은 자하루와 청운당, 안심료,

향적당 등을 차례차례 완공해 나갔다. 모두가 템플스테이와 참선 프로그램 운영을 위해 마련한 것들이다. 필요한 공간만 만들었는데도 지난 20여 년간 들어선 전각이 20여 채이다.

잠시 멈추는 시간이 필요하다

___ 지금 진행하고 있는 '참사람의 향기'는 어떤 프로그램인가요?

"한국불교의 전통 참선집중수행을 통해 내면의 나를 만나는 프로그램이에요. 묵언을 통해 '참나'를 대면하고, 오후불식午後不食을 통해 몸을 정화하고, 수행문답을 통해 삶의 방향을 찾아가는 시간입니다. 7박8일의 일정으로 진행하면서 참선과 수행에 대한 법문, 화두 간택, 다도, 요가 등을 함께 합니다."

___ 참선집중수행인 '참사람의 향기'를 시작한 이유가 있나요?

"2000년에 미황사 주지를 맡으면서 누구든 공부할 수 있게 해 줘야겠다는 생각을 많이 했어요. 첫 주지 임기 때는 먼저 저부터 공부하자는 생각으로 천일기도를 했습니다. 기도를 하면서 2003년에 시범적으로 한 번 집중수행을 했습니다. 두 번째 임기부터는 백양사에서 서옹 큰스님을 모시고 '참사람 수행 결사'를 했던 것처럼 본격적으로 참선집중수행 프로그램을 진행하게 됐죠. 큰스님을 모시고 있을 때는 그리 큰 부담이 없었는데 여기서 저 혼자 진행하면서부터는 상당한 책임감이 느껴졌습니다. 사람들을 수행의 길로 이끄는 것은 반드시 필요하고 중요하지만 조심스럽잖아요. 그래서 2005년 2월에 격월로 시작을 했고 2006년 4월부터 한 달에 한 번씩 하고 있어요."

___ 8일의 기간이 조금 길지 않습니까?

"그렇지 않습니다. 오히려 조금 짧은 감이 있어요. 수행하기에는 10일이 제일 적당하다고 봅니다. 그런데 10일을 하려면 참가자들이 2주 정도의 시간을 내야 하니 우리 현실상 주말에 시작해 다음 주말에 끝나는 7박8일로 일정을 맞췄습니다. 처음에는 힘들어도 하루 이틀 지나면 안정적으로 할 수 있어요."

스님은 지금까지 80회 정도 프로그램을 진행했다. 참가한 사람만 1,200명이 넘는다. 참가자들에게는 안거수행록을 보내 계속 수행할 수 있도록 하고 있으며 향후에는 참선 심화과정을 개설할 계획이다.

___ 스님 스스로의 공부는 많이 되었다고 보십니까?

"깨달음을 이야기할 수 있는 수준은 아니지만 1989년 봄 대흥사 북미륵암에 있을 때 염불삼매를 경험했습니다. 또 1999년 백양사 운문암 선원에서 화두삼매 경험을 했습니다. 그 두 번의 경험이 저에게는 지금도 많은 힘이 되고 있습니다. 앞으로 더 열심히 정진해야지요."

___ 화두는 무엇을 하시나요?

"무無 자를 합니다. 1997년에 서옹 큰스님께 받았습니다. 참사람 수행 결사를 하면서 제 공부도 해야 한다고 말씀드렸더니 큰스님께서 주셨습니다. 그때 큰스님께서는 화두를 들 때에는 100m달리기를 하는 사람이 골인지점을 향해 전력을 다하듯 공부하라고 하셨습니다."

___ 도심 사찰에서도 수행 프로그램을 진행하고 계십니다.
미황사에서 할 때와는 조금 다를 것 같습니다.

"산중사찰은 철저하게 수행을 위해 마련된 공간입니다. 그만큼 모든 환경이 잘 갖추어져 있어요. 이에 비해 도심사찰은 출퇴근하는 직장인들이 아침저녁으로 수행할 수 있는 장점이 있습니다. 그렇기 때문에 도심형 수행 프로그램이 가능합니다. 산중에 비해 훌륭한 강사진도 쉽게 구성할 수 있습니다. 산중이든 도심이든 어디에 있는지가 중요하기보다 어떤 마음으로 수행에 임하느냐가 중요할 것입니다."

___ 왜 수행을 해야 합니까?

"현대인들의 관심사는 온통 '밖의 일'뿐입니다. 스스로에 대한 자신감, 자존감 없이 밖의 것들에만 의존하려 해요. 자기 삶에 당당하지 못하고 외부의 조건에 끌려 다닌다는 말입니다. 그렇기 때문에 주체적으로 살지 못합니다. 이런 삶의 패러다임을 바꾸기 위해 수행이 필요합니다. 지금 우리 사회는 욕망, 물질, 돈 등에 묶여 자신을 가꾸는 것이 어려운 상황입니다. 수행을 하면 지금의 삶이 얼마나 귀중한 것인지 알 수 있으며 지혜롭고 행복하게 살 수 있습니다."

___ 여러 수행 방법 중에서도 참선이 가장 효과적인 것입니까?

"참선은 오랜 세월 우리나라의 상황에 맞게 개발, 보급된 수행법입니다. 그렇기 때문에 화두를 들고 참선하는 것이 가장 좋은 수행입니다. 욕망과 물질이 안이비설신의眼耳鼻舌身意 육근六根과 자의식과 무의식까지 지배하고 있습니다. 삶의 영역에서 반복되고 있는 이 악순환을 끊어야 하는데, 그 방법이 바로 참선입니다."

금강 스님은 "명상이 흐린 물을 잠깐 가라앉히고 깨끗하게 해 주는 것이라면 참선은 흐린 물의 뿌리를 완전소멸시키는 그런 수행"이라고 강조했다.

___ 스님만의 참선 지도 노하우가 있을까요?

"특별한 노하우라기보다 제가 좋아하는 일이기 때문에 지금까지 할 수 있었던 것 같아요. 참사람의 향기 프로그램을 할 때 적게는 4명, 많게는 30명 이상의 사람들이 함께 했습니다. 8일의 시간을 함께 하고 그 사람들이 계속 수행할 수 있도록 미력하나마 도와주려 합니다. 미황사를 다녀간 사람들이 꾸준하게 정진하는 것을 볼 때 보람을 느낍니다."

___ 미황사를 예로 농촌 산중사찰의 포교 방향을 제시해 주실 수 있을까요?

"제가 미황사에 온 2000년에 바로 홈페이지를 만들었습니다. 그때 홈페이지 있는 사찰이 몇 군데 안 됐습니다. 기초 수준이었지만 미황사를 알릴 수 있는 콘텐츠를 홈페이지에 집어넣기 시작했죠. 그러면서 그때 어린이 한문학당을 시작했습니다. 그때까지만 해도 미황사가 사람들에게 알려진 절이 아니었는데 홈페이지를 통해서 사람들이 굉장히 가까운 절로 인식을 하더라고요. 책상에 앉아서도 절에 갈 수 있다고 생각하니까요. 요즘으로 치면 SNS 같은 역할을 그때 홈페이지가 했죠.

그런데 중요한 것은 홈페이지와 같은 홍보수단만 있어서 되는 것은 아니라는 것입니다. 말로만 하면 오래 가지 못합니다. 실제로 수행하면서 실천하는 삶의 모습이 있어야 합니다. 실천이 병행되어야 그 향기가 오랫동안 퍼질 수 있어요.

포교를 위해서는 도심으로 나가야 한다고 하는데 주변 여건을 잘 활용하면 산중사찰에서 훨씬 많은 효과를 거둘 수 있어요. 천년동안 수행의 향기가 이어졌다고 하는 것은 엄청난 힘이 될 수 있잖아요. 천년의 힘은 큰 강물과도 같습니다."

미황사는 2000년부터 어린이 한문학당을 열고 있다. 1년에 세 번, 각 45

명씩 모두 1,300여 명의 졸업생을 배출했다. 어린이 한문학당은 이제 전국에서 10개가 넘는 사찰이 벤치마킹해 운영하고 있다. 또 중학생을 대상으로 한 문화학교를 2003년부터 진행하고 있다.

미황사의 상징이 된 괘불재 역시 1993년과 1996년 시범운영 후 2002년부터 매년 열고 있다. 괘불재는 불교회화와 음악, 음식을 함께 체험할 수 있는 불교종합예술제다. 영험함을 간직한 '괘불탱'을 걸고 만물공양, 불교음악회 등 불자가 아닌 사람들도 부담 없이 산사의 정취를 느낄 수 있는 행사다.

2002년부터 진행한 템플스테이에는 매년 4,000명 이상이 참여한다. 여느 교구본사 못지않은 숫자다. 외국인들도 매년 300명 이상 찾아온다. 템플스테이 10주년 기념식에서 금강 스님은 템플스테이 대중화 공로를 인정받아 '총무원장상'을 수상하기도 했다.

___ 스님께서는 미황사가 어떤 도량이 되길 바라십니까?

"저는 부처님 생애를 통해서 두 가지를 배웠습니다. 하나는 생로병사를 대하는 자세입니다. 생사의 고뇌는 누구에게나 있는 것입니다. 부처님 당시에도 그렇고 지금도 그렇고 다들 생로병사를 어쩔 수 없는 숙명으로 여기거나 아니면 신神에게 의지해 해결하려 합니다. 그런데 부처님은 누구한테 의지하기보다 수행을 통해 문제를 정면돌파했습니다. 그래서 스스로 해탈했습니다. 그 모습이 저는 가장 중요하다고 봅니다. 현대인들도 여러 가지 고뇌가 많습니다. 소소한 것부터 욕망에 이르기까지 수없이 많아요. 그것을 해결하는 방법은 오로지 수행뿐이라고 봅니다. 수행을 통한 번뇌 극복과 해탈에 초점을 맞춰서 저 역시 '참사람의 향기'를 진행하려 합니다.

두 번째는 승가라고 하는 공동체를 만든 것입니다. 부처님은 왕을 할 수 있는 분이었습니다. 그런데 부처님은 그것을 받아들이지 않고 승가공동체를 만들었습니다. 공동체는 계급이 없는 가장 평등하면서 청정한 집단입니다.

그러면서 늘 지혜를 추구하는 집단이에요. 부처님이 바로 그런 공동체를 만든 것입니다. 그래서 저 또한 미황사가 제대로 된 수행공동체가 되면 좋겠어요. 여기 대중들이 늘 수행을 하면서 살았으면 좋겠습니다. 또 미황사에 오면 사람들이 아주 평화롭고 행복한 기운을 느끼기를 바랍니다. 일주문 밖에서도 미황사 이야기만 들으면 용기가 나고 힘이 나는 그런 도량이 되었으면 합니다."

지금까지도 그래 왔지만 스님은 미황사가 모두가 행복한 공동체가 되길 바라고 있었다.

___ 스님이 꿈꾸는 한국불교의 미래는 무엇일까요?
"마을마다 수행센터가 들어서는 것입니다. 사람들이 언제나 수행할 수 있도록 말입니다. 도시든 농촌이든 일을 마치면 옷 갈아입고 정진할 수 있어야 합니다. 이런 것들이 바탕이 된 정신적 수행 운동이 필요한 때입니다."

___ 부처님 가르침의 핵심은 무엇인가요?
"우리는 누구나 깨달은 존재입니다. 자유롭고 평화롭고 행복한 것은 밖에서 찾을 것이 아닙니다. 이미 자기 안에 다 갖추어져 있습니다. 어떤 것에도 의지하지 말고 자신이 처한 자리에서 주인이 되어 당당하게 세상을 살아야 합니다. 이것이 부처님 가르침의 핵심입니다."

___ 스님에게 현재 가장 중요한 것은 무엇인가요?
"이렇게 늘 사람들과 수행하면서 사는 것, 이것이 가장 중요합니다."

___ 앞으로의 계획을 전해 주신다면?

"2013년 11월부터 천일결사를 할 계획입니다. 지난 시간을 돌이켜보면 제 자신이 너무 바쁘게 뛰어왔던 것 같습니다. 이제 주변을 좀 정리하고 제 공부도 하면서 대중들과 함께하는 시간이 필요할 것 같아요.

그때는 정말 제가 미황사에서 마지막 주지 소임을 본다고 생각하고 절을 완전한 수행도량으로 만들 것입니다. 하루 일정표를 만들어 수행문답도 하고 법문도 하고 또 중간중간에는 참사람의 향기 프로그램도 진행하면서 결사에 매진하겠습니다. 가능하다면 미황사 상주대중과 단기간 절에 머무는 단기대중, 그리고 집에서 함께 하는 재가대중을 조직해 결사를 같이할 생각입니다.

천일결사 후 인연이 된다면 고우 큰스님 같은 선지식을 모시면서 살고 싶습니다. 예전에 서옹 큰스님을 모시고 살았던 것처럼 어른스님께 가르침을 받을 수 있는 좋은 기회를 만들고 싶습니다."

___ 20년 후 스님의 모습을 상상하신다면?

"늘 오늘이 마지막이라고 생각하고 사니까 20년 후에 제가 어떻게 될지 모르겠습니다. 자연의 일부로 흩어져 있을 수도 있다는 생각을 합니다. 아니면 참선 프로그램 진행하는 것을 평생의 실천과제로 정했기 때문에 아마 20년 후에도 인연이 된다면 어디에선가 '참사람의 향기'를 운영하고 있지 않을까요?"

어떤 사람이든 '오늘이 마지막'이라고 한다면 열심히 살지 않을 수 없을 것이다. 물론 집중하지 못하는 사람도 있을 것이지만 말이다.

지난 오랜 시간 동안 오로지 더 많은 사람들에게 부처님 법을 전하기 위해 한눈팔지 않고 달려온 금강 스님이 미황사에서 만들어 내고 있는 참사람의 향기는 어느덧 한국불교를 대표하는 법향法香이 되어 온 산하에 퍼지고 있다.

능행 스님
정토사관자재회 이사장

> 쉽지 않은 일이지만 제가 먼저 담쟁이 이파리가 되어
> 또 다른 담쟁이 잎과 줄기가 되어 주시는 많은 분들과 함께
> 불치의 질병으로 고통 받고 있는 이웃들을 향해
> 벽을 오르는 심정으로 일하려 합니다.

수행과 돌봄은
둘이 아닙니다

정토사관자재회 이사장
능행 스님

 울산시 울주군 상북면 간월산 자락에서는 공사가 한창이다. 그리 큰 규모는 아니지만 차량들이 분주히 오가며 막바지 공사에 힘을 쏟는 모습이다. 이곳에 들어서는 건물은 자재自在병원이다. 불교 호스피스의 한 길을 걸어온 능행 스님이 질병으로 고통 받고 있는 환자들을 위해 마련하고 있는 것이다.
 능행 스님은 충북 청원군에 있는 '정토마을'과 이곳 울산 자재병원 건립 현장을 오가며 환자들을 돌보고 있다. 자재병원이 들어설 곳에서는 이미 불교 호스피스 교육이 이루어지고 있다. 그러고 보니 능행 스님이 이끌고 있는 불교 호스피스 교육기관이 꽤 된다. '수행과 돌봄이 하나 된 행복공동체'를 지향하는 정토사관자재회 산하에는 다양한 인성개발 프로그램 교육을 통해 인력을 양성하는 '마하보디 교육원'과 자신과 타인의 심리적 고통을 효과적으로 치유하는 '마하보디 명상심리대학원', 치유될 수 없는 질병으로 고통 받는 환자들의 귀의처 '정토마을', 자각과 성찰을 통한 마음돌봄 임상수행 공간 '임상 보디사트바 교육센터(Clinical Pastoral Education)'가 활발하게 운영되고 있다. '생명존중'과 '자비실천', '의식성장'을 실천덕목으로 운영되고 있는 곳들이다.

능행 스님을 만나러 온 이날도 마하보디 명상심리대학원 수업이 한창 진행 중이었다. 얼마나 빡빡한 일정을 소화하는지 스님의 입술은 튼 채로 방치되고 있었다. 스님은 인터뷰 시간이 그나마 쉬는 시간이 될 것 같다며 차를 내려 주었다.

___ 정토사관자재회는 어떤 공동체입니까?

"정토사관자재회는 임상전문 교육과 의료사업을 주목적으로 하고 있습니다. 탐진치 삼독三毒으로 오염되고 상처받아 아픈 사람들을 위한 심신회복 임상전문가들을 배출하고 특히 스님들이 상담과 치유, 돌봄에 대한 식견을 갖춰 포교의 전문성을 높이도록 할 예정입니다. 전체적으로는 불치병으로 삶이 힘겨운 사람들에게 희망을 주는 의료복지 사업에 중점을 두고 있어요.

저를 비롯한 비구니스님들이 의기투합하여 만든 정토마을 공동체 울타리 안에서 실천을 모토로 하고 있는 자재병원과 마하보디 명상심리대학원을 통해 보살행을 실천하면서 지혜와 자비도 함께 갖추도록 하고 있습니다. 그뿐만 아니라 마하보디 교육원에서는 지역사회 청소년과 학부모들의 심신치유 교육과 임상에서 요구되는 각종 전문 교육을 진행하고 있습니다. 자신의 삶과 죽음 문제에 직면하여 '지금 이 순간'의 위치와 상태를 자각하고 성찰하는, 그래서 자신의 삶의 질을 높여 가는 호스피스 교육을 17년째 계속하고 있어요."

___ 자재병원 건립 등으로 많이 바쁘실 것 같습니다.

"병원 건립 공정이 60%를 조금 넘겼어요. 그래도 아직 많은 과정이 남아 있어 불사 마무리를 위한 다양한 모금 방안을 찾고 있어요. 병원을 짓다 보니 결정할 것이 많고 또 관계자들에게 결정해 주어야 하는 부분도 정말 많습니다. 쉽지 않은 일이지만 제가 먼저 담쟁이 이파리가 되어 또 다른 담쟁이 잎과 줄기가 되어 주시는 많은 분들과 함께 불치의 질병으로 고통받고 있는 이웃들을 향해 벽을 오르는 심정으로 일하려 합니다."

자재병원은 2013년 봄부터 환자들에게 휴식 공간을 선물로 제공하기 위해 분주히 준비 중이며, 2013년 가을에 공식 개원식을 진행할 계획이다.

___ 강의도 하시고 불교 호스피스 저변 확대를 위해서도 뛰고 계시지 않나요?

"예전에는 강의를 많이 했지만 지금은 병원 건립에 집중하고 있어요. 한국은 현재 죽음이 상실된 사회라고들 합니다. 그 말에 저 또한 동의합니다. 불과 20년 전만 해도 죽음을 대하는 사람들의 마음가짐이나 태도는 지금하고 많이 달랐어요. 우리들의 삶에서 죽음이 차지하는 의미와 그 가치, 인간에 대한 경건한 존중심이 시간이 흐를수록 결핍되어 가고 있습니다. 죽음의 문화가 회복되어야 삶의 진정한 가치와 의미를 찾을 수 있다고 봅니다.

생명의 존귀함에 대해 강의하고 싶지만 지금은 상황이 그렇지가 못합니다. 하지만 앞으로 자재병원을 중심으로 죽음이 주는 경건함과 인간을 대하는 존엄성, 사별에 대한 적절한 준비와 건강한 애도가 삶의 질에 미치는 영향에 대하여 강의하려고 준비를 하고 있기는 합니다."

___ 어떻게 병원 건립을 생각하셨나요?

"자재병원은 2002년, 정토마을의 병실이 부족해 순서를 기다리다 떠나시는 분들이 없도록 하기 위해서 건립을 결정했습니다. 또한 불치병의 삶이 길게 이어질 때 나타나는 가족들의 경제적·정신적 갈등을 해결하기 위해 적당한 입원 시설이 필요한 것도 병원 건립의 이유가 되었습니다. 거기다 스님들의 요양 등을 위해 전문성을 갖춘 병원도 필요했고요. 스님들에게 병이 왔을 때, 때를 놓치지 않고 안정적으로 치료할 수 있는 병원이 없기 때문에 이런저런 이유로 병원 불사를 시작하게 되었습니다.

우리의 죽음 문화는 너무 기계적인 패턴으로 변해 가고 있습니다. 사람들이 자신의 삶 안에서 죽음을 경험하는 상황들이 점점 줄어들게 되면서 죽음에 대한 우리들의 건강한 관점들이 상실되어 가고 있습니다. 사람이 죽으면, 빨리 치워 버려야 하는 그 어떤 쓸모없는 물건처럼 다뤄지는 경우가 많아지고 있어요. 그래서 인간의 삶과 죽음이 가치와 의미를 가지고 아름답고 평화롭게 회향될 수 있도록 병원을 만들려는 것입니다."

___ 자재병원에 대해 소개해 주신다면?

"자재병원은 셀프힐링(Selt Healing)의 의미를 갖고 있습니다. 죽음과 삶 그 어떤 지점에서도 스스로 가슴을 열고 다가서야 한다는 것이죠. 나의 삶은 나의 것이며 내가 주인이기 때문입니다.

병원은 지하 1층, 지상 3층, 모두 108병상 규모로 가정의학과, 내과, 한방, 대체의학과 등이 준비될 예정입니다. 지하층은 자원봉사자들을 위한 공간과 소박한 임종을 도와줄 수 있는 시설이 준비되며 타 종교인을 위한 기도실 또한 마련할 예정입니다.

1층은 호스피스 환자들의 상태에 따라서 병실을 선택할 수 있게 했고 일반 외래 시스템도 갖췄습니다. 2층은 각종 불치병으로 다른 사람의 도움이 필요한 환자들을 위한 병동이며 3층은 승가 요양 병동입니다. 명상실과 치유를 위한 방송실, 그리고 음식을 통해 심신 치유 효과를 볼 수 있는 식당, 자연과 더불어 자연치유가 가능한 시설 등을 준비할 계획입니다."

___ 자재병원 건립을 위해 '천일애 행복기도 운동'을 진행하고 계시죠?

"우리들 삶의 목적은 행복에 있습니다. 그런데 주위를 보면 행복한 사람이 없는 것 같아요. 현실 속에서 내가 나의 행복을 만들고 다른 이들의 행복도 만들어 갈 수 있도록 마음을 내어 주는 기도가 바로 '천일애 행복기도'입니다. 회원들에게 매일 오후 1시에 기도 문자를 보냅니다. 그때 잠시 세상과 나의 행복을 위해 기도하도록 하고 있습니다."

'천일애 행복기도 운동'은 천 일 동안 나와 가족, 모든 이들을 위해 행복을 기원하는 운동이다. 매일 3차례 3분씩 기도하고 하루 108배를 하며 매월 3만원씩 3년간 보시한다. 현재 이 운동에 동참하고 있는 후원자가 1만 3천여 명 정도다.

___ 1만 명이 넘는 후원자를 모으는 것이 결코 쉬운 일은 아닙니다.
갖가지 사연이 많을 것 같습니다.

"어려운 사정에도 마음을 모아 주시는 모든 분들에게 감사를 드립니다. 죽음을 눈앞에 두고도 눈동자에 힘을 실어 힘내라고, 혼자가 아니라며 부지런히 다녀오겠다고 눈시울을 붉히며 손잡아 주시는 그분들이 계셨기에 저는 이 길을 걸어갈 수 있었습니다. 지나는 길에 병원 건립과 여러 목적사업에 관심을 가져 주시는 한 분 한 분의 고귀한 마음이 저에게 힘이 됩니다. 오랫동안 정토마을에서 함께해 오시다 더 이상 이 세상에 머물 수 없는 지점에 왔을 때 마지막으로 이 땅을 밟고 가신다며 작별인사를 위해 다녀가시는 분들도 많았습니다. 평생 목욕탕을 운영하다 정토마을과 인연이 돼 자신의 집을 팔아 몽땅 병원 건립에 기부하신 부부도 계셨고요, 아주 조그만 암자에 사시면서 조금씩 생기는 용돈을 평생 쓰지 않고 모아 정토마을 땅을 구입할 때 기쁜 마음으로 기부해 주신 한 비구니 어른스님도 계셨습니다. 그 어른스님을 뵈면서 저도 훗날 그런 마음을 낼 수 있는 가슴을 가져야겠다는 배움을 얻었죠. 그리고 일평생 선객으로 살다가 정토마을에서 6개월 투병 끝에 세상을 떠나시면서 베개 밑에 돈 4만원과 용기를 잃지 말고 서원을 굳건히 해 어떤 경계에도 태산 같은 부동심을 가지라는 편지를 남겨 두신 노스님도 생각납니다. 후원가족들께서 보내 주시는 헤아릴 수 없는 깊고도 넓은 사랑을 통해 저 또한 그분들의 사랑을 배우고 있습니다."

능행 스님은 "자재병원의 원활한 운영을 위해서는 3만 명 정도의 후원자가 필요한 만큼 많은 사람들이 관심을 갖고 동참해 줬으면 한다"고 전했다.

___ **재단 산하기관 명칭의 '보디사트바'가 눈에 들어옵니다.**
"대승불교에서 가장 이상적인 인간상이 바로 보살입니다. 보살은 보리살타菩提薩陀의 준말로 산스크리트어 보디사트바(Bodhisattva)를 음역한 것입니다. 보디는 깨달음을 통해 윤회의 사슬을 벗고 열반에 이른 상태를 말하며, 사트바는 더러움에 물들지 않는 맑은 존재의 상태를 말합니다. 즉 보디사트바는 신체적 건강과 마음돌봄을 실천하는 전문가를 뜻하죠."

스님은 '마음돌봄'에 대해서는 마음의 고통 속에 있는 이들이 자기 스스로 심신의 건강을 회복해 갈 수 있도록 도와주는 전문적인 돌봄 서비스라고 덧붙였다.

스님과 불교 호스피스의 인연은 출가 직후부터 시작됐다. 그렇다고 스님이 처음부터 불교 호스피스에 원력을 세운 것은 아니었다. 스님에게 호스피스 활동은 운명처럼 다가왔다.

영혼의 축이
흔들리다

___ **스님의 출가인연이 궁금합니다.**

"저는 서른한 살에 출가했습니다. 그리 빠른 나이는 아니었어요. 스물일곱 살에 법정 스님의 책을 통해서 처음 불교를 만났어요. 책들을 보면서 출가를 결심했습니다. 사실 출가만 하면 모든 스님들이 법정 스님처럼 살아가는 줄 알았어요. 가장 인간적이면서도 자연과 더불어 사는 삶을 책 속에서 만났죠. 법정 스님의 책을 본 뒤 출가를 결심하는 것에는 일말의 주저함이 없었어요. 지금 생각해 봐도 출가는 저에게 가장 의미 있고 가치 있는 삶, 아름답고 멋진 삶이라고 할 수 있습니다.

법정 스님의 책을 보기 전까지는 개신교 문화에서 살았습니다. 불교에 대해선 책으로 본 것밖에 알지 못했지만 책 속에서 그리던 출가의 삶, 그 출발지점에서 죽어가는 사람들을 만났고, 지금은 그들의 곁에 있게 되었습니다."

법정 스님의 책을 보기 전 스님은 길을 가다 우연히 레코드 가게에서 흘러나오는 염불소리를 들었다. 부처님오신날을 앞둔 때여서 가게 주인이 자연스럽게 염불 테이프를 틀어 놓았던 모양이다.

그 염불소리를 듣는 동안 스님은 온몸이 감전되는 느낌을 받았다. "영혼의 축이 흔들렸다"고 한다. 그래서 불교에 관심을 갖게 되었고 법정 스님의 책도 사 보기 시작했다. 또 불교신문도 구독하기 시작했다. 한번은 불교신문을 보다가 '참선법회' 광고가 눈에 들어와서 마음을 내 그 법회 현장에 갔다. 그때 처음으로 만난 스승이 청화 스님이었다. 나중에 곡성 성륜사로 청화 스님을 다시 찾아가 출가하고 싶다는 말씀을 드렸다.

"출가의 길에는 눈물과 고통이 뒤따른다. 자신의 수행을 열심히 해야 할 뿐만 아니라 중생에게 가르침도 전해야 한다. 중생을 제도하는 사람이 진정한 보살이다. 그렇게 살 수 있겠는가?"

청화 스님은 능행 스님에게 물었다. 당시에는 선뜻 대답하지 못했지만 능행 스님은 청화 스님의 말씀을 늘 가슴에 새기며 살고 있다.

"저의 지난 출가 세월을 돌아보면 보살의 길을 가는 스님들의 눈물과 고통을 조금은 알 수 있을 것 같아요. 앞으로 눈물과 고통을 환희와 기쁨으로 바꾸어 가려는 노력을 계속해야죠. 죽어감과 죽음에서 비롯되는 다양한 고통과 갈등의 요소들은 저로 하여금 너와 내가 반드시 이 고통에서 벗어나야 한다는 간곡한 서원을 갖게 했습니다. 고통의 원인을 보고 또 고통으로부터 벗어나기 위해서 어떻게 살아야 하며 무엇이 우리들의 삶에서 평화로움을 얻게 하는지를 가르쳐 준 호스피스 활동가로서 출가는 제가 이 세상에 와서 가장 잘한 일임에 틀림없다고 생각하고 있습니다."

___ 출가 초기 생활은 어떠셨어요?
"출가 후 3년 정도 됐을 때 지인의 죽음을 보게 되면서 죽음과 죽어감에 대해 관심을 갖기 시작했어요. 그런데 아까 말씀드렸듯이 출가 이전에 구체적으로 불교에 대해 잘 알지 못했기 때문에 출가 이후 약 7년 정도 사실 뭐가 뭔지 잘 몰랐습니다.

특히 불교인들의 죽음 여정에서 이해할 수 없는 부분들이 많았습니다. 건강한 젊음이 있을 때 스님과 재가자들의 삶의 모습은 무척 자유롭고 넉넉합니다. 그런데 막상 힘든 질병으로 병상에 눕게 되면 그때부터 참 외롭고 쓸쓸한 투병을 합니다. 승가는 승가대로 재가는 재가대로 각종 갈등에서 비롯되는 고통에 직면해요. 또 삶에 대한 집착과 죽어감에 대한 무지, 준비 없는 죽음 앞에서 겪어야 하는 정신적·종교적 혼란과 공황상태 등은 정말 이해되지 않았어요. 우리나라에서 1,700년의 역사를 가지고 있다는 불교가 죽음 앞에서 몸부림치는 사람들에게 아무것도 해 주지 못하는 것을 보면서 막막한 생각이 많이 들었죠. 죽음을 통해서 희망을 갖게 하는 종교적인 돌봄과 의식이 없다는 것, 또 이 분야에 전문가가 없는 것에 많이 놀랐습니다."

스님이 출가 직후 접한 죽음은 충격 그 자체였다. '죽음'뿐만 아니라 죽음을 둘러싼 모든 것들이 충격이었다.

"지인의 죽음, 그 사건은 저로 하여금 죽음은 무엇인지, 이렇게 가슴 아픈 이별은 어떻게 해야 잘하는 것인지, 사람들이 얼마나 고통스러워하며 죽는지, 죽음은 모두 이렇게 고통스러워야 하는 것이 맞는지, 그리고 죽어서 어디로 가는 것인지 등을 화두로 삼게 하였습니다. 다른 스님들이 선방에 가고, 강원에 갈 때 저의 머릿속에는 이러한 물음들이 가득했어요. 그때는 이것 말고 그 어떤 것도 눈과 귀에 들어오지 않았습니다."

___ 그 지인의 죽음이 호스피스 활동의 시작이 된 셈이네요.

"그렇습니다. 출가 이후 얼마 되지 않았을 때 평소 신심이 깊어 참선과 마음공부를 하면서 맑게 사셨던 63세의 거사님이 췌장암에 걸렸습니다. 그리고 진단 후 3개월이 지날 무렵 거사님의 마지막 모습을 보게 되었죠. 부처님 고행상처럼 마른 몸에 까만 얼굴과 힘겹게 달려 있는 약병들, 숨도 제대로 못 쉬는 거사님의 모습을 보면서 저는 공황상태에 빠져 버렸어요. 그냥 무섭고 두려웠어요. 죽어가는 거사님을 한번 봐 주고 가라고 붙잡던 그 가족들의 모습도 무서워서 간절한 손길을 뿌리치고 도망치듯 나와 버렸어요. 그 일이 있고 거사님은 5일 후에 돌아가셨습니다. 그런데 거사님 조문을 마친 뒤에 저도 모르게 거사님이 머물던 병동에 가 있었던 것입니다.

환자와 환자 가족들을 다시 보면서 종교로부터 버려진 그들을 왠지 제가 책임져야 할 것 같은 생각에 사로잡혔습니다. 그래서 소록도를 시작으로 꽃동네, 행려병동 등 질병으로 고통에 시달리는 중생들이 있는 곳을 찾아다니기 시작했죠.

많이 분노하고 원망하며 죽음에 끌려가는 사람들의 모습을 보면서 현실에 함께 분노하고 세상을 원망하며 지쳐 갔습니다. 혼자 가야 하는 이 길이 너무 외로워 그만두고 싶어 제 나름대로 몸부림쳐 보았지만 그때마다 저의 발목을 잡는 애틋한 눈빛들을 차마 두고 떠날 수 없었던 것 같아요. 그렇게 저의 활동이 시작됐다고 할 수 있죠."

___ 호스피스 활동 중 정토마을을 만들게 된 것인가요?

"정토마을은 1997년 함께 활동하던 불자님 10명과 함께 마음을 내 만들기 시작했습니다. 병원 이곳저곳에서 고아처럼 외롭게 투병하다가 다른 종교로 개종하는 환자와 가족들, 혼자서 외롭게 죽어가는 불교인들을 보면서 너무나 마음이 아팠거든요. 이분들의 외로움과 고통이 너무나 처절했기 때문에 저의 미래나 출가 본래 의미를 살펴볼 여유가 없었습니다. 그저 이분들이 부처님 품에서 떠날 수 있도록 도움을 주는 것이 급선무였습니다.

1997년 봄 작은 종이컵에 연잎을 붙여 죽음을 앞둔 분들을 모실 땅을 살 수 있는 돈을 모금하기 시작했습니다. 부산 범어사, 양산 통도사, 공주 동학사에서 모금했는데 첫날 저의 모금함에 오십 원짜리 동전이 첫 모금으로 인연이 되었습니다. 그렇게 시작한 모금으로 1998년 가을 충북 청원군 미원면에 약 4,000여 평의 땅을 마련하면서 정토마을의 호스피스 활동은 구체화되기 시작했습니다. 1999년 겨울 정토마을을 만들어 2000년 봄부터 환자들을

환자들의 외로움과 고통이 너무나 처절했기 때문에
저의 미래나 출가 본래 의미를 살펴볼 여유가 없었습니다.

모셨는데 그해 137명 환자들의 죽음을 보살펴 드리면서 불교 호스피스는 소외된 사람들에게 조금씩 빛이 되기 시작했어요."

1997년, 스님에게 천주교계 병원에서 일하는 수녀님으로부터 전화가 걸려왔다. 폐암 말기인 환자가 있는데 아무래도 스님 같다는 것이었다. 그래서 그 병원을 찾아갔다. 그 스님은 "불자佛子가 천만 명이 넘는다고 하는데 불교인들이 죽을 병원이 하나 없다. 스님들이 편히 죽어갈 수 있는 병원 하나 지어 달라"며 능행 스님에게 매달렸다. 그러고는 "그러겠다"는 능행 스님의 답을 듣고서야 눈을 감았다. 그렇게 정토마을 불사가 시작됐고 자재병원 건립으로 이어지고 있다.

불교 호스피스,
수행으로 온전히 스며들다

___ 정토마을을 운영하면서 많은 일들이 있었을 것 같습니다.

"의사 한 명, 간호사 세 명과 정토마을을 개원했는데, 개원과 동시에 주민들이 정토마을을 두고 혐오시설이라며 실력행사를 했어요. 3년간 시위가 이어졌죠. 주민들의 민원 제기와 고소 등으로 저는 사흘이 멀다 하고 조사를 받으러 다녔습니다.

주민들은 주차장 옆에 울타리를 치고 개를 수십 마리 사육했습니다. 사람들이 죽어가는 밤이면 개들이 더욱 짖는 바람에 힘겨운 날들이 이어졌습니다. 그때 정말 엄청난 인내심을 배우게 됐죠. 또 사람들의 집단행동을 보면서 죽음에 대해 사람들이 얼마나 강한 저항을 가지고 있는지 이해하게 되었습니다. 눈이 많이 오는 날 환자가 돌아가시면 그 환자를 눈썰매 타듯 모시고 큰길로 내려와 가족들로 하여금 집으로 모시고 가도록 하면서 겨울을 지냈습니다. 설날 아침에도, 추석날 저녁에도 죽음은 시도 때도 없이 계속되었습니다. 그 과정에서 부모를 버리는 자식들, 형제를 외면하는 형제들, 늙은 부모를 두고 먼저 가야 하는 기막힌 사연의 자식, 돈 때문에 싸우고 미워하며 부모님이 돌아가셔도 찾지 않는 자식들, 자식을 기다리다 눈을 뜨고 가시는 어머니, 두려움과 공포 속에서 몸부림치다 죽음에 끌려가는 사람 등 다양한 죽음의 모습을 봤어요."

당시 불모지나 다름없던 불교 호스피스 활동을 하면서 스님은 많이 힘들었다고 한다. 모든 것을 놓고 '탈출'을 시도하기도 했고, 또 가까운 도반스님들을 찾아가 '하소연'도 했지만, 스님이 다시 돌아온 곳은 환자가 있는 병원이었다. 그러던 중 의료사고를 당해 죽음 직전에까지 이르렀는데 극적으로 건강을 회복했다.

___ 달라이라마 스님을 만나 격려를 받으셨다고요?

"제가 계속 힘들어하고 있는데 한번은 어느 스님의 초대로 처음으로 인도를 가게 되었습니다. 인도에서 달라이라마 스님 법회에 참석하게 되었고 달라이라마 존자님을 친견하는 인연을 갖게 되었죠.

달라이라마 스님이 저를 보면서 '부처님 제자라면 마땅히 해야 할 일을 하고 있다. 정말 멋진 수행을 하고 있다'고 말씀해 주셨습니다. 그 말씀을 듣는데 눈물이 났어요. 그제서야 제가 하는 일이 수행이라는 생각을 하게 되었죠. 거기서 달라이라마 스님의 '입보리행론' 법문을 5일간 듣고 부처님 4대 성지를 순례했습니다. 그 이후에는 불교 호스피스가 저의 수행으로 온전히 스며들었습니다."

스님은 지금까지 1,000명이 넘는 사람들의 죽음을 함께했다. 처음 느꼈던 어려움에서 점차 벗어나 조금씩 죽음이 주는 고통으로부터 자유로워지기 시작했다고 한다.

___ 불교 호스피스 활동은 무엇이라고 정의할 수 있을까요?

"삶의 여정 안에서 경험하는 다양한 질병과 죽음의 문제를 사실적으로 자각함과 동시에 구체적인 실천이 뒤따르는 수행이라고 할 수 있습니다. 즉 자기돌봄, 자기치유와 함께 타인에게 전문적이고 전인적인 돌봄을 제공하는 상호적 관계의 총체적 돌봄이며 상생의 실천수행으로서 불교의 사성제四聖諦와 삼법인三法印, 팔정도八正道를 통해 연기적 세계관을 통찰하고 자신의 수행력을 성장시켜 나가는 대승불교의 실천수행이라고 할 수 있습니다. 상구보리

하화중생上求菩提 下化衆生을 위한 가장 적합하고 적절한 수행이라고 생각합니다."

스님은 자재병원이 완공되면 불교도 호스피스 활동을 통해 사회적 역할을 해낼 수 있으리라고 기대하고 있다.

___ 불교 호스피스 활동의 방향을 제시해 주신다면?

"불교 호스피스는 결국 수행과 맥락을 같이하고 있다고 봐도 될 것 같습니다. 매 순간 '찰나 생生 찰나 멸滅' 하는 나의 죽음을 구체적으로 자각하면서 살게 된다면 그 삶에 최선을 다할 것입니다. 모두의 행복을 위해서 마음을 쓸 것이며, 자기중심적인 사고와 삶의 패턴에서 타인을 먼저 생각하고 그 마음을 헤아리며 나의 존재가 언제라도 없어질 수 있는 가능성을 자각하게 됩니다. 그 자각을 통해 모든 생명들을 위해 아낌없이 나누는 삶을 살게 될 것이기 때문입니다.

사무량심四無量心을 배우고 성장시키면 제행諸行이 무상無相함을 몸으로 체득해 삶을 경건하게 느끼고 알차면서도 후회하지 않게 됩니다. 우리는 모두 죽을 수 있는 가능성 100% 안에 속해 있으며, 그 죽음이 언제 올지 아무도 모르지만 죽음은 아주 가까이에서 나의 삶과 동행하면서 그때를 기다립니다. 죽음은 오직 한 번뿐인 생방송 같은 것이라고 할 수 있어요. 그뿐만 아니라 삶 또한 오직 한 번뿐인 매 순간의 생방송일 뿐입니다. 이런 것들을 담아내는 호스피스 활동이 되어야 할 것이라고 봅니다."

___ 스님에게 죽음이란 무엇입니까?

"죽음은 생을 이어주는 다리와 같은 것이라고 봅니다. 이생에서 육체적 삶의 기간이 끝나고 재생을 위해 건너야 할 필수적인 다리이며, 다시 업력에 의해 재생된 삶을 향해 건너야 할 다리라고 생각합니다. 수행을 완성하여 열반에 들지 못했다면 특히 더 그럴 것입니다."

___ 죽음을 대하는 현명한 자세는 어떤 것일까요?

"평소에 지관止觀 수행이 몸에 익어서 늘 깨어 있다면 더욱 좋겠고 그렇지 못하다면 자신의 죽음에 대하여 구체적으로 준비하면서 사는 삶의 태도가 많은 도움이 됩니다. 죽어갈 때 죽음이란 다리를 잘 건너갈 수 있도록 전문가들의 도움을 받을 수 있는 환경과 조건을 미리 갖춰 두면 좋을 것 같아요. 다들 어떻게든 살 생각만 하는데 죽음을 생각하면 더욱 잘 살 수 있는 삶의 지혜를 얻게 되기도 하고 머리에 불이 붙은 것처럼 수행을 구체적으로 하게 되는 동기를 얻기도 합니다."

___ 현장에서 본 죽음의 다양한 사연들이 있을 것 같습니다.

"현생의 삶을 보면 전생을 알 수 있다고 했습니다. 사람마다 각자 다른 죽음의 여정에서 경험하는 다양한 모습을 통해 인연과보의 철저한 진실을 알게 됩니다. 돈이 자신의 삶에 이슈인 사람은 죽을 때까지 돈 때문에 고통 받고, 독하고 모진 사람은 죽을 때 독하고 모진 과보를 겪게 되며, 대책 없이 어리석은 사람은 죽을 때도 대책이 없고, 집착이 강한 사람은 죽을 때 역시 그 집착 때문에 고통받는 것을 많이 보았습니다."

___ 불교에서는 생生과 사死가 둘이 아니라고 합니다. 실제로 현장에서는 어떤가요?

"정말 생사가 둘이 아닌가요? 저는 둘이라고 여겨질 때가 더 많습니다. 사람들을 보면 그렇습니다. 이 경계는 본인만이 가장 정직하게 알고 있을 것 같아요. 죽음이 삶에서 자신을 갈라놓으려 할 때 죽음을 흔쾌히 허락할 수 있

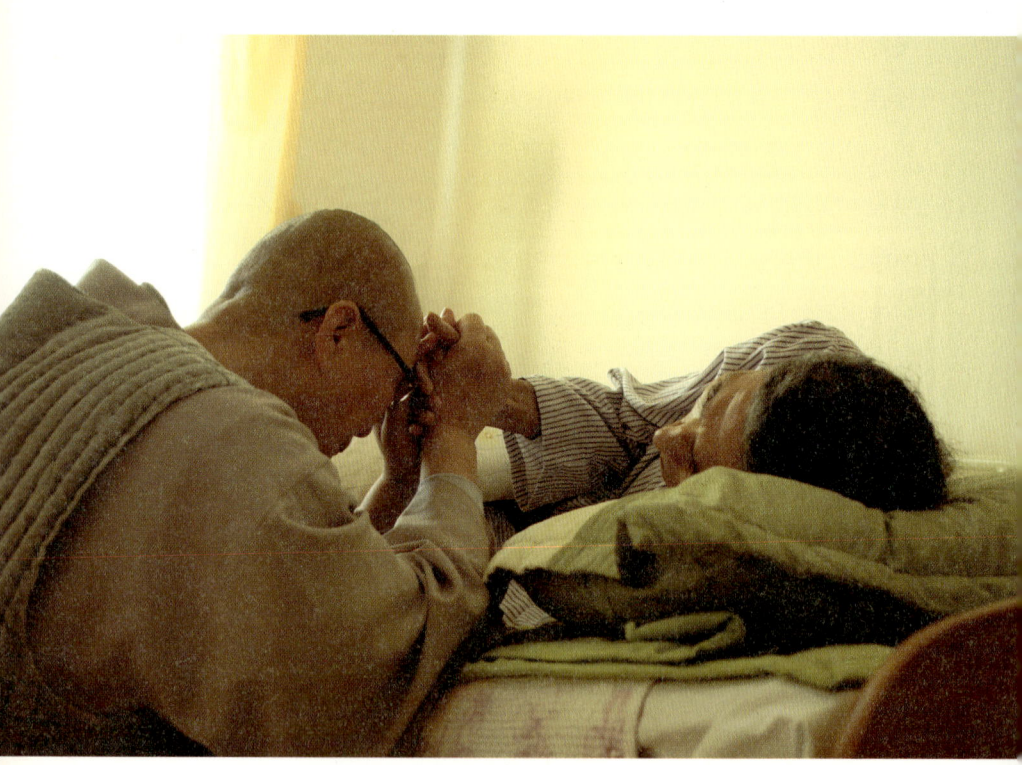

죽음이 삶에서 자신을 갈라놓으려 할 때 죽음을 흔쾌히 허락할 수 있는 사람이 몇이나 될까요?

는 사람이 몇이나 될까요? 솔직히 현장에서 보면 죽음이 가까이 다가올 때까지 삶을 부여잡지, 죽음을 흔쾌히 허락하는 사람은 많지 않아요."

생과 사를 현장에서 지켜보는 스님은 죽음이 결코 먼 훗날에 오는, 또 결코 나에게는 찾아오지 않는 것이 아니라고 강조했다. 또한 생사를 극복할 수 있는 상황이 되지 않는 이상 철저한 준비를 통해서 죽음을 받아들여야 한다고 스님은 강조했다.

___ **부처님 가르침의 핵심은 무엇입니까?**
"생명이 탄생하는 그 순간부터, 특히 인간이 태어나서 삶이 시작되는 지점부터가 고통의 연속이므로 이 세상은 고해苦海라고 하신 부처님 말씀이 있습니다. 인생은 고통의 연속선상에서 그 원인이 제거되지 않는 한 계속 재생 반복될 것입니다.

모든 것은 한시도 고정되어 있지 않고 끝없이 변한다는 제행무상諸行無常, 모든 것은 실체가 없으며 인연에 의해 이루어진다는 제법무아諸法無我, 실체가 없는 것에 집착하면 고통이 일어난다는 일체개고一切皆苦의 삼법인三法印을 바르게 자각하여 지혜, 자비, 평등, 평화를 현실의 삶에서 실천해 깨달음을 성취하는 것이 불교의 핵심이라고 생각합니다."

___ **스님에게 현재 가장 중요한 것은 무엇인가요?**
"일체 중생이 나와 다르지 않으므로 그 모두가 다 고통에서 벗어나 행복하기를 발원하는 것입니다."

___ **앞으로의 계획을 전해 주신다면?**
"국가와 인종, 종교를 넘어서 불치병을 예방하는 일과 불치병을 앓고 있는 사람들을 돌보는 일, 그리고 교육을 통해 모두가 추구하고 원하는 행복이 이어질 수 있도록 할 수 있는 일을 할 것입니다."

___ 20년 후 스님의 모습을 상상하신다면?

"위의 일들을 후배들이 실천하는 데 어려움이 없도록 여전히 여여하게 탁발을 하고 있을 것 같습니다."

맨손으로 불교 호스피스를 개척해 온 능행 스님은 앞으로도 쉼 없는 정진을 다짐했다. 선각자先覺者가 겪어야 하는 고초와 고난은 이미 스님을 떠나 있었다. 능행 스님을 만나면서 자문해 봤다. 나는 내 삶의 주인인가? 내 삶의 마감을 온전하게 수용할 수 있을 것인가? 필요한 것은 살아서도 수행이고 죽어서도 수행이었다.

원철 스님

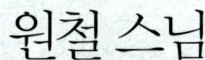

前 조계종 불학연구소장

> "늘 경전에 근거를 두고 쉬운 언어로
> '중도中道'의 입장을 놓치지 않으려고 애를 썼습니다.
> 그리고 논리와 감성 사이에서 조화를 추구했습니다.
> 전문성과 대중성 사이에서,
> 불교와 사회의 접점에서 늘 줄타기를 했어요."

'연기' 이해 통한
'중도' 실천이 불교입니다

前 조계종 불학연구소장
원철 스님

절이 있는 모든 산이 그렇지만 가야산은 사계절이 모두 좋은 곳이다. 계절별로 신선함과 시원함, 넉넉함, 포근함을 모두 느낄 수 있다. 특히나 가야산에는 법보종찰 해인사法寶宗刹 海印寺가 있어 더 애정이 가는 곳이기도 하다.

세밑, 가야산을 찾았다. 산 정상에서 불어오는 칼바람이 매섭다. 몸을 꽁꽁 얼게 만들 정도로 예외 없이 바람이 옷깃을 파고들지만 정진하는 스님들의 모습만 보아도 온기가 느껴진다.

연말에 가야산에 폭설이 두 번이나 내렸다고 한다. 버스 다니는 큰길마저 끊겨 가야산에 살고 있는 대중들은 2~3일 갇히는 신세가 되었다. 해인사 승가대학 강사 소임을 맡고 있는 원철 스님은 "그렇게 눈이 오는 바람에 이맘 때쯤이면 잊지 않고 불러 주는 지인들의 송년모임 몇 건에 불참의 핑계거리가 생겨 은둔의 맛을 계속 유지할 수 있었다"며 웃었다.

해인사 승가대학 한편에 있는 스님의 방에서 차를 한 잔 얻어 마셨다. 수년 동안 조계종 총무원의 어느 방에서 마시던 차와는 또 다른 맛이 느껴진다.

"산중생활은 이렇게 날씨와 절기의 직접적인 영향을 받기 마련입니다. 학인들에게 강의하고, 혼자서 차 마시고, 가끔 대처大處로 법회 다니고, 그리고 마감날이 되면 주절주절 글을 써요. 경전을 읽는 것은 정좌해서 봐야 하니 일이 되고 기타 책과 신문, 잡지는 뒹굴면서 읽을 수 있으니 이건 휴식이 됩니다. 그렇게 이것저것 읽어요. 하지만 요즘은 독서의 즐거움도 오래 누릴 수가 없어요. 금방 눈이 아파지기 때문입니다. '노안老眼'이라 생각하지만 아직까지 안경을 쓴다는 일은 절대로 상상조차 할 수 없습니다. 눈만큼은 20대 상태를 유지하고 싶다는 희망사항은 변함이 없습니다. 하하."

수년간의 '수도승首都僧' 생활을 마치고 출가본사로 돌아온 원철 스님은 '긴장'을 내려놓고 '여유'를 찾으며 해인사 대중들과 함께하려는 모습이었다. 오후 늦은 시간에 도착해 차를 한 잔 마시자 금방 저녁공양 시간이 되어 버렸다. 해인사 공양실에서 간단하게 저녁을 먹고 경내를 함께 거닐었다. 잠시 숨을 돌리니 바로 저녁예불 시간이 되었다. 스님과 함께 대적광전으로 갔다. 정말 오랜만에 60여 명의 승가대학 학인스님들과 해인사 대중스님들의 틈에 끼어 예불을 올렸다. '남자' 스님들의 우렁찬 예불소리에 전각의 한기寒氣가 금세 자취를 감춰 버린다. 그렇게 예불까지 마치고 다시 스님의 방으로 와서 본격적인 인터뷰를 시작했다. 지금까지 봐 왔던 많은 글을 통해서도 알 수 있듯이 군더더기를 별로 좋아하지 않는 스님의 '스타일'을 고려해 '대놓고' 여쭈었다. 스님 역시 '대놓고' 답했다.

___ 어떤 계기로 출가를 하셨나요?

"저는 어릴 때부터 잦은 병치레로 인해 사색적 성격에 약간의 염세주의자이기도 했습니다. '어떻게 살 것인가' 하는 것은 오래된 화두였어요. 방랑벽까지 겹쳐 시간 날 때마다 온 세상 고민을 한 몸에 진 사람처럼 심각한 표정을 짓고서 여기저기 나름대로 주유천하를 했죠.

그해는 유달리 더웠습니다. 대학생 때였는데, 더위를 피해 김천 청암사에서 고시생들 틈에 끼어 문·사·철(文·史·哲) 독서로 소일하며 여름을 보내게 되었습니다. 그러던 어느 날 등산 삼아 산꼭대기에 있는 수도암을 갔다가 '출가세계'를 만났어요. 수도암 선원에서 하안거 결제를 하고 있는 스님들과 상봉하게 된 것이었죠. 선방채 마루에서 차를 대접받으면서 '승려 노릇 하면 잘하겠다'는 젊은 수좌스님들의 의례적인 덕담을 듣고서는 뭔가 좀 우쭐해졌습니다. 나중에 알고 보니 '립 서비스'였지만 어쨌거나 칭찬의 위력은 대단한 것입니다.

그렇게 스님들과 얘기를 나누는데 조금 후 한눈에 봐도 예사롭지 않게 생긴 다부진 스님이 날렵한 발걸음 소리와 함께 나타났습니다. 나중에 저의 은사가 된 법전 큰스님이셨습니다."

법전 스님이 대중들이 있는 곳을 보며 물었다. "쟤는 누구냐?" 수좌스님들이 대신 답했다. "청암사에서 공부하고 있는 학생입니다."

그날 이후 불교는 원철 스님 삶에 새로운 대안(代案)으로 자리 잡기 시작했다. 경전도 열심히 읽고, 수련법회도 다니고, 자주 사찰을 찾고, 가끔 스님도 뵈러 다녔다. 몇 년 후 어느 가을날 아침, 원철 스님은 "쟤는 누구냐?"고 물은 스님이 머물고 있던 해인사로 갔다. 스님은 해인사로 가기 전 "출가하려고 하니 거두어 주십시오"라고 정중하게 편지를 먼저 띄웠다.

이렇게 스님의 출가의 길은 시작되었다.

___ **출가 후 법전 스님을 모셨지요?**

"그렇죠. 그런데 같이 모시고 살아도 은사스님은 별로 말씀이 없으셨어요. 시킨 일이 마음에 들지 않으면 무표정했고 마음에 들면 살짝 밝은 표정을, 그것도 잠깐 비칠 뿐이었습니다. 그것이 저의 일처리에 대한 평가의 전부였어요. 큰스님의 일상생활은 모든 것이 시계처럼 정확했습니다. 그리고 말보다는 모든 것을 행동으로 보여주셨어요. 큰스님께서는 참다 참다 도저히 더 못 참을 때쯤 제대로 청소하는 법을 일러 주셨고, 드시다 드시다 도저히 더 참을 수가 없으면 제대로 음식 만드는 법을 약간 일러 주는 식이었습니다. 그렇다 보니 같이 사는 사람도 점점 시계를 닮아가야 했습니다."

원철 스님의 은사인 법전 스님은 조계종 종정을 역임한 한국불교의 살아 있는 선지식이다. 한번 참선에 들면 미동도 하지 않아 '절구통 수좌'라는 별명이 붙을 만큼 평생을 참선수행으로 일관했다. 1949년 성철, 청담, 향곡, 자운 스님 등과 함께 봉암사 결사에 동참했으며, 1951년 통영 안정사 천제굴에서 성철 스님을 은법사로 도림道琳이라는 법호를 받았다.

1956년 문경 대승사 묘적암에서 홀로 수행 정진해 득력한 뒤, 서른셋의 나이에 파계사 성전암에서 성철 스님에게 인가를 받았다. 이후 태백산에 들어가 10여 년간 홀로 수행 정진했으며, 1969년부터 15년간 김천 수도암에서 퇴락한 가람을 중수하고 선원을 열어 후학들을 제접했다. '수행자는 바보 소리, 등신 소리 들어야 비로소 공부할 수 있다', '바보처럼 꾸준히 가라. 그래야 자신도 살리고 세상도 살릴 수 있다'고 강조해 온 법전 스님은 1996년 해인총림 방장으로 추대됐고, 2000년 조계종 원로회의 의장을 역임했으며, 2002년 제11대, 2007년 제12대 종정으로 추대되었다. 지금은 종정 임기를 마치고 총림의 방장方丈으로서 해인사 퇴설당에 머물며 후학들의 수행을 지도하고 있다.

"해인사 많은 대중 속에서 같이 살다 보니 작은 규모의 절에 사는 스승과 제자처럼 살갑게 오순도순 살아 본 기억은 없습니다. 그 대신 '카리스마' 그 자체인 성철 큰스님을 위시하여 '공부에는 추상같은' 혜암 큰스님, 뭘 물어도 자비롭게 일러 주시던 일타 큰스님 등 당대를 대표할 만한 큰 어른들의 가르침을 덤으로 가까이서 보고 들으며 살 수 있는 청복淸福을 누렸습니다.

특히 성철 큰스님을 모시는 은사스님의 자세는 시봉이 뭔지를 행行으로 보여주는 것이었습니다. 그에 비하면 제가 하는 시봉은 시봉이 아니라 거의 '놀이' 수준이었어요. 그래도 제 딴에는 열심히 했습니다. 따라 할 수 있는 것은 열심히 따라 해 배웠어요. 10여 년을 해인사에서 은사스님과 '불가근 불가원' 하며 신심 있게 살려고 했던 초심시절이었습니다."

____ 강원을 졸업하고 바로 강사 생활을 시작하신 건가요?

"강원을 졸업하고 율원을 마칠 무렵 당시 해인사 강주講主셨던 혜남 스님께서 저를 부르시더니 강원에서 학인을 가르치라고 하셨습니다. 말씀을 듣고 열심히 준비해서 아는 것도 가르치고 모르는 것도 가르쳤어요. 하하. 그때 강사란 모르는 것도 아는 것처럼 가르쳐야 한다는 사실을 알았습니다. 그런데 잘 모르는 것도 가르치다 보니 정리가 되면서 내 것으로 소화되는 경험을 자주 했어요. 그야말로 가르치는 것과 배우는 것이 둘이 아니었습니다. 이것을 '교학상장(敎學相長-가르치면서 배우면서 성장함)'이라고 하나 보다는 생각까지 들었죠. 고백건대 애당초 출가한 이유는 '맘껏 책을 볼 수 있다'는 것 때문이었어요. 그래서인지 책을 보는 것이 업무인 강사가 '딱' 체질에 맞았습니다. 4년 남짓 '초짜 강사' 노릇을 하면서 학인들의 칼날 같은 질문 앞에 얼굴을 몇 번씩 붉혀야 했습니다. 그때 알면 뭘 얼마나 알았겠어요? 때론 제 실력의 구조적인 한계도 보았습니다. 강사를 마치고 해인사를 떠나 저의 발심發心 도량인 수도암으로 거처를 옮겨 주지 소임을 맡고 있던 사형師兄 원인 스님을 도와 선방스님들을 시봉하며 6개월을 머물렀습니다. 그러면서 또 '어떻게 살 것인가?'를 되뇌었습니다."

그렇게 수도암에서 지내던 어느 날 스님에게 인연이 찾아왔다.

'진짜 강사'가 되다

"하루는 불교신문을 보는데 종단에서 강사양성과정을 영천 은해사에 개설한다는 공고가 났습니다. 그것을 보자마자 바로 짐을 싸서 은해사 종립 승가대학원에 방부를 들였습니다. 무비 큰스님을 비롯한 당대의 명강사인 각성, 혜남, 지안, 통광 큰스님 등의 지도를 받으면서 경전 보는 재미에 푹 빠졌습니다. 원로 강사스님들께서는 당신들의 머리 안에서 쏟아져 나온 원문으로 가득 찬 칠판 지우기를 몇 번씩 반복했어요. 어른스님들의 그 내공에 혀를 내둘렀습니다. 같이 수업을 듣는 도반들이 '우리들 머리로 강사 하면 안 되겠다'고 수군대자 무비 큰스님께서는 제자들을 향해 '명강사와 훌륭한 법사가 따로 있는 것이 아니다. 그 강의와 법회를 위해 얼마나 정성스럽게 준비했고 얼마나 많은 시간을 들였는가 하는 차이가 있을 뿐이다'라고 강조하시며 늘 용기를 북돋워 주셨죠."

스님과 함께 모인 도반 10여 명은 각 본사에서 소장 경학자로서 탄탄한 실력을 이미 갖춘 스님들이었다. 보이지 않는 경쟁심이 학업효과를 더욱 상승시켰다. 제대로 읽을 기회가 없어 늘 마음 한구석에 걸려 있던 80권 『화엄경』을 처음부터 끝까지 제대로 본 것이 스님에게 가장 큰 수확이었다. 어느 날 스님은 따로따로 놀던 각각의 경전들이 하나로 묶여지는 체험을 했다. 스님은 '이것이 경안經眼이 열리는 것인가 보다'라고 생각하면서 나름의 법열을 느꼈다. 그 뒤부터 스님은 처음 보는 한문 문장도 별로 두렵지 않게 생각하게 되었다.

___ 실상사 화엄학림에서도 강사를 하셨지요?

"승가대학원을 졸업할 무렵 실상사 화엄학림에서 강사로 오라는 연락이 왔어요. 그래서 지리산으로 갔습니다. 화엄학림에 있으면서 『화엄경』에 대해서 다시 한번 정리할 수 있었어요. 은해사에서 상권만 출판한 『선림승보전』의 하권 번역도 마무리 지었습니다. 어느 누구도 번역한 적 없는 최초 번역인지라 '부처님께 밥값 했다'는 뿌듯함이 밀려왔습니다. 『전등록』『조당집』이후 선사들의 행적을 기록한 전등사서傳燈史書입니다. 『선림승보전』 출간은 다른 사람들에게 '전공이 뭐냐'는 질문을 받으면 '선종사禪宗史'라고 대답하는 출발점이 되기도 했습니다. 동시에 저의 최초 저서가 되었죠. 지금도 가장 애착이 가는 책입니다. 제가 가장 열심히 공부한 시절의 땀의 결정체이니까요."

『선림승보전』은 각범혜홍 스님이 깨달은 사람들의 생각과 말, 행동을 모아 엮은 인물 조명기다. 무주조산본적 선사, 여주풍혈연소 선사, 천복승고 선사 등 42명을 상권에 싣고 광혜원련 선사, 앙상행위 선사 등 39명을 하권에 담아 그 스님들의 수행과 사상을 들려주고 있다. 깨달은 사람들의 생각과 말과 행동 가운데 지엽枝葉들은 모두 버리고 정실情實만을 오롯이 모아 놓은 책으로 『전등록』『조당집』 등을 계승한 보다 정확하고 정선된 선종사서로 평가받고 있다.

"그 무렵 은해사 승가대학원에서 함께 공부했던 스님 10여 명과 함께 송광사에서 무비 큰스님을 법法 스승으로 모시고 전강식을 했습니다. '진짜강사'가 된 것입니다."

전강식傳講式은 말 그대로 강맥講脈을 전수하는 법회다. 스님은 2002년 10월 송광사에서 전강을 받고 본격적인 강사로서의 삶을 시작했다. 스님에게 강맥을 전해 준 무비 스님은 한국불교를 대표하는 대강백이다. 탄허 스님의 법맥을 이은 무비 스님은 통도사·범어사 강주, 조계종 승가대학원장, 조계종 교육원장, 동국대 역경원장을 역임했으며『금강경오가해』『금강경 강의』『화엄경 강의』『지장경 강의』『사람이 부처님이다』『법화경(상·하)』『임제록 강설』『대승찬 강설』『무비 스님이 가려 뽑은 명구 100선』『법화경 강의(상·하)』『일곱 번의 작별인사(49재 법문집)』『新 금강경 강의』등 다수의 역저서가 있다.

___ **강사 생활 이후에 본격적으로 글을 쓰기 시작하셨나요?**

"두어 해 머문 지리산 생활이 어느 정도 몸에 익숙해질 무렵이었습니다. 제주도에서 송년모임 겸 열린「월간 해인」편집회의에서 편집장으로 추천됐어요. 그래서 6년 만에 다시 해인사로 왔습니다. 당시「월간 해인」은 '절집에서 나오지만 꽤 괜찮은 잡지'라는 평가를 안팎으로 받고 있었고, 저 역시 오랜 시간 몇 건의 연재물과 기고를 통해 지면을 채우는 데 조금의 기여를 한 터라 애정이 많은 잡지였습니다. 1세대인 종림, 원택, 현응, 법연, 시명, 향적, 도각 스님 등을 거쳐 2세대인 관암, 주경, 성전, 현진, 동은, 오성, 성원, 성안, 종현 스님 등과 함께 편집위원으로 활동했습니다. 가교 세대인 본해, 진각 스

원철 스님을 만나면서
'진광불휘眞光不輝'라는 말이 떠올랐다.
'참된 빛은 요란하게 번쩍거리지 않는다'는 뜻이다.

ⓒ 최순호

언제 어디서나 자신의 생활을 주도하면서 대중들과 함께 즐기는 삶이
바로 스님의 모습이자 진광불휘가 아닐까.

님과 저는 일찍 편집위원을 한 덕분에 두 세대와 함께 어울릴 수 있었어요. 특히 원택 스님은 행자시절부터 오늘날까지 맏형처럼 늘 저의 멘토가 되어 주셨고 개인적인 애로사항이 있을 때마다 당신 일처럼 해결해 주곤 하셨어요."

그렇게 스님은 「월간 해인」 편집장 소임을 시작했다. 편집장으로서 세간의 저명인사들과 이름 있는 필자들에게 원고를 청탁하고 글을 받고 책을 만드는 일은 재미있었다. 어느 유명 작가로부터 "그 정도의 잡지에 내 글을 줄 수 없다"는 퇴짜를 맞고는 "우리 잡지는 매달 성철 큰스님도 기고하십니다"라고 응수했다는 법연 스님의 명언은 편집장들의 자부심을 대변하는 말이기도 했다. 스님은 소임을 맡아 보면서 종이 매체인 「월간 해인」을 창간호부터 다시 인터넷판으로 만드는 재창간 작업을 통해 전자잡지 시대의 흐름에 부응하기도 했다.

그렇게 일을 하다 보니 세간의 일간지, 주간지, 월간지 등 일반 매체에서도 '편집장'이란 이유로 원고 청탁이 들어오기 시작했다.

"일반 매체에 쓰는 글은 불교 언어를 세상 언어로 바꾸는 이중 작업이 필요했습니다. 그리고 쉬운 언어를 찾는 연습을 하도록 해 주었죠." 스님은 그 무렵 선배 편집위원들로부터 '글이 많이 좋아졌다'는 칭찬을 자주 들었다고 한다.

"그렇게 일을 하면서도 본업(?)인 '경전을 놓았다'는 부담감이 늘 함께했습니다. 그래서 억지로라도 책을 보기 위해 경주 동국대 석사 과정에 등록했습니다. 선학과에서 해외유학파 교수이신 성본 스님을 만났습니다. 일본에서 선어록을 전공한 학자답게 날카롭고 비판적인 안목으로 선어록 보는 법을 일러 주셨어요. 성본 스님께 전통강사들과는 또 다른 공부방법론을 배울 수 있었습니다. 대학원생들과 함께 『조당집』을 윤독하면서 현대의 학문적 방법론을 통해 선어록을 철저하게 해부하는 훈련을 쌓았습니다. 더불어 원전 해독 능력을 지녔다는 이유로 불교학부 학생들을 대상으로 하는 전공 강의까지 맡겨 주셨어요. 「월간 해인」 잡지를 만들면서 강의를 듣고 또 가르치는 1인 3역을 3년 동안이나 했습니다."

이런 공부 과정을 거친 후 스님의 본격적인 수도승首都僧 생활이 시작됐다. 산에서 정진하던 스님의 '신분'이 갑자기 바뀐 것이다.

"공부를 시작한 김에 박사 과정도 마쳐야겠다고 마음을 먹었습니다. 산중 생활을 정리하고 서울로 가야겠다고 결론을 내렸어요. 때마침 인연이 됐는지 종단 포교원에 국장 자리가 비었으니 올 생각이 있느냐는 전갈을 받았습니다. 불감청고소원(不敢請固所願-감히 청하지는 못할 일이나 본래부터 간절히 바란다)이란 이런 경우를 두고 하는 말이었죠. 그렇게 산승山僧에서 수도승首都僧으로 삶의 패러다임이 바뀌었습니다."

___ **수도승 생활은 어떠셨어요?**

"공무원 같은 총무원 생활에 열심히 적응하려 했습니다. 당시 포교원장 도영 큰스님은 '거리의 멀고 가까움, 봉투의 두꺼움과 얇음, 참가대중의 많고 적음을 가리지 않고 부르는 곳이면 어디건 갔던' 원력보살의 모습을 그대로 보여주셨습니다. 큰일로 바쁠 때도 '학교 다닌다'고 국장이 자리를 비워도 그냥 모른 체하고 눈감아 주곤 하셨죠. 하하.
총무원장을 하셨던 지관 큰스님께서는 중후한 인품, 학문적인 권위와 더불어 공사公私가 분명하면서도 늘 합리적이신 데다 지긋한 연세가 주는 안정적이고 자애로운 모습이 더없이 좋아 모시고 살면서도 참 행복했습니다. 이

명박 정부의 종교편향이 사회적 문제가 되었을 때 '인평불어 수평불류(人平不語 水平不流-흐르는 물은 평평한 곳에서 소리를 내지 않는 것처럼 사람을 공평하게 대하면 불평이 없다)'라는 명언을 남겨 세간에 화제가 되었습니다. 불학연구소장을 할 때 함께하신 교육원장 현응 스님은 일에 대한 지치지 않는 열정과 교단에 대한 애정으로 늘 에너지가 넘쳐 났습니다. 그리고 재가종무원들의 역할과 능력과 애로 그리고 불교집안 주변의 산하단체, NGO단체, 불교언론출판인들을 좀 더 가까이서 이해하는 계기가 되었습니다."

원철 스님은 종단에서 포교원 신도국장과 총무원 기획국장, 재정국장, 교육원 불학연구소장을 거치면서 8년여간을 수도승으로 살았다. 스님은 당시를 회고하며 "일도 탈도 많았다. 조계종의 자랑스러운 모습과 부끄러운 민낯(생얼)을 수시로 접하면서 그 현장에서 온몸으로 부딪치며 해결책을 찾아내야 했다"고 회고했다.

"수도승을 한 덕분에 '진영논리'에서 벗어날 수 있었습니다. 강사, 율사, 선사, 본사本寺 그리고 도시불교와 산중불교라는 각각의 논리가 가지는 함정을 극복할 수 있었어요. 인문학 속의 불교학, 사회 속의 불교, 다종교 속의 불교, 세계 속의 불교, 과거·현재·미래(三世)의 불교를 보는 눈이 나름대로 생긴 것 같아요. 하지만 오랜 도시생활로 인해 많이 지치고 체력도 완전히 소진되면서 서울을 떠나왔습니다."

2012년 12월 대선을 거치면서 회자됐던 말 중의 하나가 '진영논리'였다. 국민들의 마음이 무엇인지 생각하기보다 어느 한편의 진영에 서서 말과 행동을 하다 보면 상대방을 이해하기 어려워진다. 이것은 정치인뿐만 아니라 모든 사람들이 한번쯤은 생각해 봐야 할 문제다. 불교계 안에서도 가끔 진영논리에 빠진 대중들을 볼 수 있다. 어느 쪽이 아닌 전체를 볼 수 있는 상황이 된다는 것은 참으로 행복한 일임에 틀림없다.

___ 지관 스님을 모시고 『한국전통사상총서』 간행에도 참여하셨지요?

"지관 큰스님을 간행위원장으로 모시고 한문으로 된 『한국전통사상총서』 13권을 한글로 번역한 후 다시 영역英譯하는 작업을 거들었습니다. 5년 이상 소요된 대작 불사로 국책사업이었죠. 한글 번역까지는 제 역할이 있었습니다. 그 후에 전문적인 학문영어를 모국어처럼 구사하는 스님, 학자들과 일을 같이하게 되었습니다. 서구의 유명 불교학자들도 합세했습니다. 그 일을 하면서 글로벌 시대임을 비로소 실감했고 반면에 갑자기 우물 안 개구리로서 이미 '골동품'이 되어 버린 저 자신을 재발견하게 되었습니다.

그렇게 열심히 '일신우일신日新又日新'하면서 살아왔다고 생각했는데 그게 아니었던 거죠. 별로 중요하지도 않은 일을 중요하게 여기면서 살아온 것이 아닌가 하는 생각마저 들었어요. 요즘 아이들 표현을 빌리자면 스스로에 대한 '급실망'을 감추지 못했습니다. 그렇다고 해서 전문가 수준의 외국어를 하기 위해 새로 공부를 시작할 수 있는 나이라고 보기에는 너무 늦었습니다. 철들자 환갑이라더니 어느새 오십대 중반이 되어 버렸네요."

스님은 "할 수 없이 다음 생을 기약했다"고 한다. "좋은 국토에서 귀와 눈이 총명하게 태어나길 발원했습니다. 그리하여 일찍 문화대국 몇 나라 유학을 마친 후 영어, 일본어, 중국어를 유창하게 구사하면서 동양의 불교고전을 세계화하는 데 힘을 보태야겠다고 다짐했습니다. 그런 발원의 계기를 주었기에 전통사상서 간행 작업은 저에게 또 다른 의미를 남겼습니다."

논리와 감성 사이
조화를 추구하다

___ 수도승 생활을 하시면서 좋은 책들을 많이 쓰셨습니다.

"책 읽고, 강의하고, 자료정리하고, 법회에서 법문하고, 여행도 하고, 절 살림도 살아 본 다채로운 경험들이 자연스럽게 원고로 정리되었습니다. 안팎으로 '글쟁이'로 소문이 나면서 원고 청탁이 쇄도한 까닭입니다. 4~5년 동안 거의 일주일에 한 꼭지 정도는 무슨 글이든 늘 써야 했습니다. 할 수 없이 글감이 될 만한 것은 따로 정리했고, 경전을 보다가 좋은 글귀는 자연스럽게 메모해 두는 것이 몸에 배게 되었어요. 발표한 글 가운데 누구나 쉽게 읽을 만한 글들은 따로 골라내 인터넷에 블로그를 만들어 일목요연하게 주제별로 나누어 올렸습니다."

그렇게 스님의 문사文師 생활이 시작됐다. 소문이 나면서 블로그 접속률도 만만찮았다. 그러던 어느 날 출판사에서 책을 내고 싶다는 메일이 왔다. 그렇게 인연이 되어 세상에 나온, 누구나 읽기 쉬운 책인 『아름다운 인생은 얼굴에 남는다』는 일약 베스트셀러가 되었다. 스님 역시 원치 않게 갑자기 유명 작가(?)가 된 것이다. 이듬해에는 『할로 죽이고 방으로 살리고』를 출간했다. 선사들의 어록을 보다가 재미있는 일화를 따로 정리해 둔 것이었다. 스님은 여기서 생활과 수행이 둘이 아님을 인간적인 일화를 통해서 보여주고자 했다. 사찰운영의 중심인 '주지'에 대한 이야기를 일찌감치 자료로 정리해 둔 것은 『왜 부처님은 주지를 하셨을까?』라는 제목으로 출판했다. '주지가 바로 서야 불교가 바로 선다'는 나름의 신념을 정리한 것이다. 스님이 운수행각으로 여기저기 다니면서 보고 들은 것을 건축기행문으로 정리한 『절집을 물고 물고기 떠 있네』는 2010년 문화체육관광부 우수도서로 선정되기도 했다. 수도승 생활을 하며 거의 일 년마다 한 권씩 책을 낸 셈이다.

"두 권은 절집 안을 위해서, 두 권은 절집 밖을 향해서 쓴 글입니다. 제 나름 균형을 추구했어요. 그렇게 쓰다 보니 어느 날 갑자기 '문승文僧'이란 수식어가 덧붙었습니다."

원철 스님을 '제2의 법정'이라고 부르는 이들이 적지 않다. 법정 스님과 같은 감성에다 글의 요지가 명쾌하게 전달되는 것에서 사람들은 스님을 그렇게 부르고 있다.

___ 글을 쓰시면서 특히 중점을 둔 부분이 있습니까?

"늘 경전에 근거를 두고 쉬운 언어로 '중도中道'의 입장을 놓치지 않으려고 애를 썼습니다. 그리고 논리와 감성 사이에서 조화를 추구했습니다. 전문성과 대중성 사이에서, 불교와 사회의 접점에서 늘 줄타기를 했어요. 글을 쓸 때의 치열함과 탈고했을 때의 희열은 글쓰기가 주는 저만의 인욕바라밀이자 정진바라밀의 수행법이기도 합니다.

법정 큰스님께서는 열반하시면서 '더 이상 말빚을 지기 싫다'며 당신께서 한 말씀을 모두 거두고 가셨습니다. 더 이상 출판을 허락하지 않은 그 심정을 이해할 것도 같아요. 이제 저도 별로 할 말이 없습니다. 나중에 보니 제가 쓴 글끼리 저도 모르게 중언부언 겹치는 것도 더없이 눈에 거슬렸습니다. 아니 조금은 짜증스러웠어요. 이제 쥐어짜는 글이 아니라 고여서 흘러넘칠 때만 한 편씩 쓰고자 합니다."

원철 스님의 글을 그리워하는 사람들에게는 너무나 아쉬운 말씀이다. 그리워질 만하면 지면과 인터넷을 가리지 않고 나타나 대중들의 눈과 가슴을 시원하게 해 주던 글이기에 더 그렇다. 스님은 그래서인지 요즘 들어 원고 청탁을 사양하고 있다고 했다.

원철 스님은 수도승 생활을 마치고 화강암과 소나무가 어우러져 강한 기氣를 뿜어대는 속리산으로 내려갔다. 등산로와 산책코스가 하나같이 명품 길이었다. 문장대와 천왕봉을 비롯해 수정봉, 세심정을 눈이 오나 비가 오나 수시로 오르내렸다. 스님은 무슨 일이 있어도 하루에 한 시간 이상 반드시 걸었다고 한다. 법주사 강주 철운 스님이 늘 길벗이 되어 주었다. 일 년쯤 자연 속에 파묻혀 지내다 보니 서서히 건강이 회복되기 시작했다. 속리산 법주사에서 잠시 머물렀던 스님은 해인사로 환지본처還至本處했다.

___ 해인사로 다시 오셔서 학인들을 가르치고 암자 불사를 하고 계십니다.

"가야산에 해인사를 창건할 때 3정승이 신라 애장왕을 따라와 함께 국사를 논하던 명당자리가 있습니다. 그 인연으로 만들어진 동네 이름이 바로 '삼정三政마을'입니다. 양지바른 자리에 무비 큰스님께서 가끔 오셔서 머무는 '문수암'이라는 작은 토굴이 있었습니다. 부산 범어사에서 너무 멀리 떨어져 있는 까닭에 당신께서 이용하기가 쉽지 않아 10여 년 전에 저에게 관리를 맡기셨습니다. 그런 인연으로 문수법회가 발족되었고 그 법회가 활성화되면서 도량이 점점 넓어졌습니다. 은사스님의 인연으로 선문화원인 '도림당'이란 한옥을 지으면서 제대로 사격을 갖춘 암자가 되었습니다. 근래에 암자 아래쪽에 새로 확보한 부지에 '무릉헌武陵軒'이라는 힐링스테이 공간을 마련하기 위해 불사를 시작했습니다. 문도스님들과 문수법회 회원들이 함께 어우러지는 사부대중 수행 공동체를 위한 요람이 될 것으로 기대하고 있습니다."

무릉헌은 비림(悲林-슬픔을 나누는 자리), 자림(慈林-기쁨을 함께하는 자리), 사림(捨林-욕심을 덜어내는 자리), 희림(喜林-환희로움이 넘치는 자리), 원림(願林-소원을 비는 자리) 등으로 구성할 계획이다. 구체적 공간으로는 큰법당인 문수전, 수행 및 치유 프로그램 운영을 위한 강당(큰방), 문화 여유 공간인 다실, 그리고 공양간 등이 자리한다. 5개 개인 방사로 구성된 숙소인 무릉헌은 무문관 형식을 차용했기 때문에 개인 수행 및 휴식 공간을 겸할 예정이다.

"해인사에 다시 온 이후 문수암 불사를 하는 것과 더불어 후학들을 가르치는 '훈장 노릇'을 하면서 먼 인생의 뒤안길에서 돌아와 거울 앞에 선 사람처럼 욕심내지 않고 차분히 회향하며 여유로운 삶을 살고 있습니다. 몇 년 전에는 상좌를 한 명 받았습니다. 열심히 수행하려고 애쓰는 모습이 무척 예뻐요. 은사 노릇도 잘해야 한다는 것을 제자를 보면서 배웁니다. 상좌와 더불어 '불가근 불가원'하며 해인사에서 함께 지내고 있습니다. 그 덕분에 비로소 약간(?) 어른이 된 느낌이 듭니다."

한참 동안이나 계속된 인터뷰가 끝날 즈음 방문을 여니 어둠 사이로 임진년壬辰年 끝자락을 아쉬워하는지 싸락눈이 소리 없이 쌓이고 있다. 원철 스님에게 마지막 질문을 던졌다.

부처님 가르침의 핵심은 무엇인가요?

"'불교가 무엇이냐?'는 질문을 선종식으로 말하면 '조사서래의(祖師西來意-조사가 서쪽에서 온 뜻이 무엇이냐?)'가 되겠죠. 조사서래의는 질문하기도 쉽지 않지만 답변 또한 쉽지 않습니다. 각자 생각하는 불교가 사람마다 다르기 때문입니다.

남악 회양 선사가 혜안 선사에게 '조사서래의'를 물었습니다. 혜안 선사는 '자기의 생각은 말하지 않고 남의 생각을 물어서 무엇을 하겠다는 것인가?'

라고 말했습니다. 질문만 해 봐야 결국 내 것이 되지 않기 때문입니다.

　제가 생각하는 불교는 '연기론緣起論의 바른 이해를 통한 중도론中道論의 올바른 실천'이라고 봅니다. 연기론에 의하면 모든 존재는 관계성 위에서만 의미를 가집니다. 이것이 깨달음의 내용입니다. 이를 중도론으로 연결시키면 그건 서로에 대한 적절한 배려로 나타납니다. 이것이 실천론의 내용입니다. 현실 속에서는 늘 성성적적惺惺寂寂하게 깨어 있으면서 있는 그대로 볼 줄 알아야 하고(正見) 항상 치우침 없는 균형 잡힌 조화로운 삶을 살아가는 일이라고 생각합니다. 그렇게 될 때 서 있는 그 자리가 바로 불국정토가 되는 것이지요."

　원철 스님을 만나면서 '진광불휘眞光不輝'라는 말이 떠올랐다. '참된 빛은 요란하게 번쩍거리지 않는다'는 뜻이다. 언제 어디서나 자신의 생활을 주도하면서 대중들과 함께 즐기는 삶이 바로 스님의 모습이자 진광불휘가 아닐까 하는 생각을 하며 가야산을 내려왔다.

혜민 스님

미국 햄프셔대 교수

> " 내가 나를 사랑하기 시작하면
> 세상도 나를 사랑하게 됩니다.
> 긍정의 힘과 자기 존중은 틀린 답을 말하지 않아요.
> 자기가 주인공입니다.
> 나 스스로가 가슴속에서 하는 이야기를
> 한번 들어 보세요. "

우리는
사랑받기 위해 태어났습니다

미국 햄프셔대 교수
혜민 스님

#장면 1

2012년 7월 1일부터 8박9일간 전남 해남 미황사에서 진행된 '청년출가학교'. 이 프로그램은 조계종 교육원이 청년들의 아픔을 보듬고 그들의 고민을 들어 보며 나아가 출가에 대한 인식 전환의 계기를 만들기 위해 마련한 자리다. 40명 모집 예정이었지만 모두 272명이 지원을 했다. 이 중 선발된 사람은 남자 19명과 여자 22명 등 모두 41명. 선발된 사람들의 종교는 불교 27명, 개신교 1명, 천주교 2명, 무교 11명이었고 대학생과 해외 유학생, 공무원, 간호사 등 직업도 다양했다.

처음 청년출가학교를 한다고 했을 때 미지근하던 반응은 혜민 스님이 SNS를 통해 홍보하기 시작하면서 폭발적 반응을 불러일으켰다. 혜민 스님은 하나의 프로그램을 맡아 직접 청년들과 만나기도 했다. "사람들에게는 자기만의 빛깔과 향이 있습니다. 그것을 찾아보세요. 내 인생의 운전대를 스스로 잡아 앞으로 몰고 나간다고 느낄 때 진짜 행복을 찾을 수 있어요."

#장면 2

시사주간지 「시사저널」이 창간 23주년을 맞아 각계 전문가 1,500명을 대상으로 실시한 설문조사에서 차세대 불교 리더 1위로 혜민 스님이 뽑혔다. 2011년에 이은 2년 연속 1위다. 「시사저널」은 1201호(2012년 10월 24일자) 기사를 통해 다음과 같은 소식을 전했다.

"미국 햄프서대학 교수인 혜민 스님이 지난해에 이어 2년 연속 불교 분야 차세대 리더 1위이다. 혜민 스님의 영향력은 갈수록 커지고 있다. 그가 유명세를 탄 데는 SNS(소셜 네트워크 서비스)가 일등공신 역할을 했다. 혜민 스님은 SNS를 통해 국내 대중들과 말을 텄고, 마음을 텄다. 스님은 속세에서 속인들과 부대끼며 함께 울고 웃고 떠들었다. 그가 트윗을 날리면 곧바로 헤아릴 수 없는 리트윗이 생성된다. 대중은 종교를 떠나 스님에게 열광한다. (중략) 대중들은 혜민 스님의 말을 목마르게 기다렸다. (후략)"

#장면 3

2012년 12월 16일 경기도 고양시 원각사 일요법회. 아침부터 경내가 붐볐다. 혜민 스님이 법문을 한다는 소식을 듣고 사람들이 몰려왔다. 원각사 법당 안으로 들어가지 못한 사람들은 창문 사이로 스님을 보며 법문을 들었다. 원각사 관계자는 "평소에 비해 배 이상의 사람들이 온 것 같다"며 행복한 비명을 질렀다.

혜민 스님은 이날 법문에서 '존재'의 중요성에 대해 설명했다.

"내가 나를 사랑하기 시작하면 세상도 나를 사랑하게 됩니다. 긍정의 힘과 자기 존중은 틀린 답을 말하지 않아요. 자기가 주인공입니다. 나 스스로가 가슴속에서 하는 이야기를 한번 들어 보세요. 같이 해 볼까요? '나'는 사랑받기 위해 태어난 존재입니다."

법문이 끝나고는 스님의 책 『멈추면, 비로소 보이는 것들』의 즉석 사인회가 열렸다. 사인회는 1시간이 넘게 진행됐다. 사인은 물론 사진까지 요청하는 사람들이 적지 않았다. 혜민 스님이 불교계의 '아이돌'이라 불리는 이유였다.

2012년 여름에 이어 겨울에도 한국을 찾은 혜민 스님은 바빴다. 절 안팎에서의 강연과 법문은 물론 TV프로그램 출연 등으로 눈코 뜰 새가 없었다. 그간 여러 번 스님을 만나면서 틈틈이 이야기를 들어 왔던 터라 인터뷰는 어렵지 않게 진행됐다. 조찬 강연을 마친 스님을 '기습적으로' 공략해 마주 앉았다.

"최근에 방송된 프로그램은 아직 보지 못했습니다. 길을 가다가도 '저기 TV 나온 스님 간다'는 말을 하루에도 수십 번씩 들어요. 저도 그냥, 그 사람들과 똑같은 사람인데 말이에요. 조금은 부담스럽습니다."

인터뷰를 하는 동안에도 스님을 알아보고 사인과 사진을 요청하는 사람들이 계속 왔지만, 스님은 흔쾌히 그들과 함께했다. 그간 수차례 만났지만 스님은 사람들의 요청을 거부하거나 싫어한 적이 없었다. 그래서 사람들이 더 혜민 스님을 좋아하는 것 같았다.

___ 출가인연부터 전해 주실 수 있을까요?

"어렸을 때부터 삶과 죽음에 대한 의문이 많았습니다. 죽으면 어떻게 되는가, 나는 왜 태어났는가, 내 삶의 이유는 무엇일까 등에 대해 고민을 했죠. 그러면서 막연하지만 '깨달음'에 대한 갈증이 컸어요. 저기 멀리 어딘가에 있다고 생각한 깨달음을 잡고 싶었죠.

그래서 책을 많이 봤습니다. 불교도 책을 통해서 접했고요. 중학교 시절 법정 스님의 『무소유』를 보고 많이 놀랐어요. 감동이라고 하는 것이 느껴졌어요. 그래서 법정 스님 책을 모두 사 봤죠. 그러면서 불교에 관심을 가졌던 것 같아요. 거기다 또 영화에 관심을 갖게 됐어요. 고등학교 시절 8mm 영화를 만들었습니다. 고등학교를 졸업하고 UC버클리대학에 가서 영화를 공부했습니다. 사람과 삶에 대한 이야기를 영화로 풀어보고 싶었거든요."

보기와 다르게 스님은 어린 시절을 가난 속에서 보냈다. 친구들이 집 전화번호를 물어보는 것이 가장 싫었다고 한다. 집에 전화가 없었기 때문이다. 열악한 환경이었지만 스님의 꿈은 작지 않았다. 스님은 영화를 통해 꿈을 펼치고 싶었다. 그러나 영화는 스님을 만족시키지 못했다.

___ 영화를 공부하다 종교에 관심을 갖게 된 건가요?

"그렇죠. 대학생활을 할수록 저의 고민이 해소되기보다 더 커졌어요. 영화를 공부하면서도 예전부터 품었던 의심을 해결할 수 없었죠. 그러면서 자연스럽게 종교를 접하게 된 것 같습니다. 티베트 스님들을 만나 불교 기초교리를 배웠어요. 이웃 종교 학자들을 만나 그들의 종교 교리에 대해 듣기도 했고요. 그렇게 생활하다 결국 대학 3학년 때 전공을 종교학으로 바꿨습니다."

스님은 종교에 관심을 갖기 시작한 뒤부터 '깨달았다'고 하는 사람들을 본격적으로 찾아다니기 시작했다. 달라이라마는 물론 한국과 미국의 종교인들을 두루 만났다. 어렸을 때부터 품었던 깨달음과 존재의 실상에 대해 알고 싶었기 때문이다.

"미국 대학생들이 아무렇지 않게 마약을 하고 다소 방탕하게 느껴졌던 파티 문화를 보면서 이건 아니다 싶어 절에 들어가 살기 시작했습니다. 아침 저녁으로 참선하고 대중들과 함께 사는 것이 재밌었어요. 절에서 스님으로 사는 것도 괜찮겠다는 생각을 했어요. 또 선지식을 친견해 공부하려면 스님이 되는 것이 좋겠다고 생각했습니다. 학문적 공부보다 직접 체험하고 싶은 생각이 컸어요."

세상과 마음이 만나는 지점이 수행처

스님은 결국 1998년 뉴욕 불광선원 주지 휘광 스님을 은사로 출가했다. 2000년 봄에는 합천 해인사에서 행자생활을 하고 계戒를 받았다. 하버드대 비교종교학 석사 과정 중에 계를 받은 것이다. 그 후 2008년에 구족계를 받았다.

___ 은사 휘광 스님은 어떤 분인가요?

"당신의 것을 다 내어 주는 스승이십니다. 또 당신보다는 대중을 항상 먼저 생각하며 끊임없이 자비慈悲를 베푸십니다. 대중생활을 철저하게 하시면서 당신 스스로의 기도도 열심히 하셨습니다. 미국에 오셔서 천일기도 두 번, 777일 기도를 한 번 하셨어요. 항상 공심公心으로 사시는 분입니다."

혜민 스님의 은사 휘광 스님은 20여 년 전부터 뉴욕에서 불법佛法을 전하고 있다. 뉴욕 불광선원은 휘광 스님의 원력으로 건립돼 현재 7명의 스님이 생활하고 있다. 뉴욕불교신도회, 일심회, 장학회, 상조회, 동호회, 청년부, 중고등부, 중고등부 자모회, 어린이부, 불광한국문화학교 등이 운영되고 있다.

휘광 스님은 2012년 1월부터 조계종 미국 동부 해외특별교구 교구장 소임을 맡고 있다. 휘광 스님은 교구장 소임을 맡으며 "앞으로 해외교구를 통해 교포 1.5세와 2세, 미국 현지인들의 출가를 받아들일 수 있게 될 것이다. 그들이 한국불교의 국제화에 큰 동량이 되는 밑거름이 될 수 있도록 지원할 것"이라며 "1,700년의 한국불교 역사를 돌이켜볼 때 미 동부 해외특별교구의 시작은 한국불교 국제화에 크나큰 전환점이 될 것"이라고 밝히기도 했다.

___ '깨달음'이 출가의 큰 이유 중 하나입니다.
출가 전과 후에 보고 느낀 깨달음에 차이가 있었나요?

"출가 전에는 정확한 정견正見이 없어서인지 깨달음에 대해 잘 몰랐어요. 깨달음이라는 것을 어떤 목적지에 도달해야 알 수 있는 그런 것으로 생각했습니다. 그런데 지금 보면 깨달음이라는 것은 제가 서 있는 이 자리에서 한 걸음도 벗어난 적이 없었어요. 서울에 있으면서 서울을 찾아가려는 것과 똑같은 거죠. 부처님과 수많은 선지식들께서 말씀하셨듯이 우리는 본래 깨달아 있는 존재입니다.

깨달음은 어떤 신비한 느낌이나 경험이 아닙니다. 참선을 예로 들어 볼 게요. 참선을 하다가 마음이 아주 고요하고 집중된 상태에서 느끼게 되는 환희심, 온몸으로 느껴지는 전율, 내면의 다양한 빛깔이나 천상의 소리, 혹은 부처님이나 보살님의 모습을 본 것 등을 가지고 뭔가 깨달음이 아닌가 하고 착각을 합니다. 심지어 어떤 사람은 참선을 하는 이유가 초능력 혹은 신통력을 얻기 위해서라고 말하기도 합니다. 깨달음은 그런 것이 아닙니다. 우리가 깨닫고자 하는 것은 원래부터 있었던 것을 깨닫는 것이지, 새로운 것을 경험하는 것이 아닙니다. 왜냐하면 아무리 좋고 신비한 경험이라 하더라도 새로 생겨난 것은 무상하기 때문에 시간이 지나면 사라지게 됩니다."

스님은 현재 미국 매사추세츠 주에 있는 햄프셔대에서 학생들을 가르치고 있다. 평일에는 학교에서 학생들과 함께 하고 주말에는 불광선원에서 불자들을 만난다. 스님은 연구하고 공부하는 것은 물론 수행자로서의 위의威儀도 지키기 위해 노력하고 있다.

___ 학자와 수행자의 삶을 동시에 사는 것이 어렵지 않은가요?
"수행은 무언가를 설정해 놓고 하는 것이 아닙니다. 세상과 마음이 만나는 지점이 수행처가 됩니다. 물리적 장소가 중요한 것이 아니라 마음을 들여다보는 자리가 수행하는 곳이에요. 학생들을 가르치면서도 수행을 합니다. 다양한 고민을 가지고 있는 학생들을 만나 이야기를 나누면서 제 공부를 합니다. 그들은 순경계順境界가 되기도 하고 역경계逆境界가 되기도 합니다. 저에게는 학생들이 살아 있는 화두입니다."

___ 현재 대학에서는 주로 어떤 과목을 가르칩니까?
"그동안 '비교종교학' '선불교개론' '종교 철학' '식민지 시대의 불교사' 등을 가르쳤습니다. 2013년 봄부터는 '불교심리학'을 새롭게 개설했습니다. 학생들도 좋아하고 저 역시 더 공부하고 싶은 과목입니다."

스님이 가르치고 있는 '선불교개론'에는 특히 많은 학생들이 몰린다고 한다. 학점교류를 하는 이웃 대학의 학생들까지 수강 신청을 해 정원을 훌쩍 뛰어넘어 35명이 신청한 경우도 있었다. 햄프셔대의 과목당 평균 수강인원이

15~20명 선인 것을 생각하면 배에 달하는 숫자다.

___ 불교를 공부하고 싶어 하는 학생들이 많나요?

"종교를 떠나 학생들 사이에서 불교는 한 번쯤은 배우고 싶은 과목이에요. 어떻게 하면 '마음의 매커니즘'을 이해할 수 있을지에 대한 관심이 높거든요. 저는 학생들의 요구에 맞게 가르치려 합니다. 두루뭉술하게 하면 안 됩니다. 부처님께서도 자상하면서도 상세하게 제자들을 가르치셨습니다. 저 역시 학생들이 자신의 본성을 찾을 수 있게 바로바로 찔러 주려 합니다. 수업 중간중간에 명상도 같이 하고요. 한 학기를 같이 보내면 내면의 변화를 일으키는 학생들이 꽤 됩니다."

스님은 체험을 중시하는 문화와 개인주의적 성향이 강한 미국인들의 특성이 불교에 대한 관심을 불러일으키고 있다고 전했다. 특히 "조직이나 집단 차원이 아닌 개인이 자유롭게 수행하는 불교의 풍토는 미국인들로 하여금 불교에 관심을 갖게 한 주요 이유 중의 하나"라고 밝혔다.

스님은 "미국에서 명상인구도 많이 늘고 또 '불자'라고 하는 사람들도 꾸준하게 증가하고 있다. 미국인들은 불자라고 하면 하루에 얼마나 명상을 하는지, 또 어떤 종류의 명상을 하는지를 묻는다. 어느 절에 다니고 어느 스님 신도인지를 궁금해하는 한국불자들과는 다르다"고 말했다.

___ 미국에서의 한국불교는 어떤 존재입니까?

"티베트와 대만, 일본, 한국 등의 불교가 미국에 들어와 있지만 특정해서 한국불교에만 관심을 가진다고는 생각하지 않습니다. 미국에서는 특정 국가의 불교를 말하지 않습니다. 그들이 알고 싶은 것은 부처님의 가르침 그 자체입니다. 법法이 중요하지 어느 나라의 불교가 어떻다는 식으로는 접근하지 않는 것 같습니다."

___ **미국과 유럽, 한국의 많은 행사에서 통역을 하셨습니다.
불교의 언어들을 영어로 옮기는 것은 쉽지 않은 일 같습니다.**
"학교에서 영어로 불교를 가르쳤고 또 큰스님들의 가르침과 사상을 계속 공부하고 있기 때문에 큰 어려움은 없습니다."

조계종 종정인 진제 스님은 2011년 9월 미국 뉴욕 리버사이드처치와 유니언 신학대에서 '세계 평화를 위한 간화선 대법회'와 '종교 간 평화 대화'를 개최했다. 당시 혜민 스님은 진제 스님의 법어를 쉽게 영어로 전해 미국인들에게 상당한 호평을 받았다. 또 미국 영화배우 리처드 기어가 한국에 왔을 때도 혜민 스님은 통역을 맡아 리처드 기어의 불교인연을 한국 불자들에게 전달하기도 했다.

미국에서의 삶을 살짝 엿본 뒤 이야기 주제를 한국에서의 활동으로 돌렸다.

___ **한국 사회에서 스님의 이력은 늘 화제입니다. 왜 그렇다고 보십니까?**
"승려가 어느 대학을 졸업해서 무슨 공부를 했다는 것이 화제가 되는 것은 사실 창피한 일입니다. 특별히 숨길 것은 아니지만 엄청난 이력도 아닙니다. 지금 우리 스님들 중에 저보다 더 공부를 많이 하시고 열심히 수행하시는 분이 얼마나 많습니까? 저에게만 그런 관심을 가져 주시는 것이 조금은 부담스럽습니다. 저나 스님들의 이력은 그냥 '어디 어디 여행 갔다 왔다'고 말할 수 있을 정도라고 봅니다. 세속에서의 이력보다 스님들의 수행에 더 관심을 가져 주시면 좋겠어요."

수많은 사람들이 스님의 트위터 팔로어가 되었다.
짧지만 쉬우면서도 핵심을 파고드는 글에 수많은 사람들이 위로를 받고 있는 것이다.

___ 스님의 글에 공감하는 사람들이 많습니다. 어떻게 SNS를 시작하게 됐나요?

"미국 생활이 외로워 우리말로 사람들과 소통하고 싶어 2010년에 시작했어요. SNS를 하면서 어려운 상황 속에 있는 사람들에게 제가 해 줄 수 있는 것이 무엇인지를 생각하게 됐습니다. 스님들의 의무 중 하나가 사람들의 마음을 어루만져 주는 거잖아요. 앞으로도 SNS를 통해서 좀 더 많은 사람들과 소통하고 싶습니다."

2012년 12월 말 현재 스님의 트위터 팔로어는 45만 명을 넘어섰다. 길지 않은 글이지만 쉬우면서도 핵심을 파고드는 글에 수많은 사람들이 위로를 받고 있는 것이다. 스님은 "제가 무엇을 바라고 하는 것이 아닌데도 어떤 사람들은 '값싼 힐링'이라고 말을 해 조금은 아쉽다"고 말하기도 했다.

___ SNS 글은 짧지만 강렬한 '한마디'입니다. 한마디의 힘이 나올 수 있는 비결은 무엇입니까?

"특별한 비결은 없습니다. 제 마음을 들여다보고 그 느낌을 그대로 얘기합니다. 제가 고민하고 생각하고 경험했던 것들을 옮기는 것이지요. 저도 살면서 많은 경계를 느낍니다. 그럴 때마다 제 마음을 들여다봐요. 예를 들면 '내가 외롭다'고 느끼는 것은 친구가 없어서 그런 것이 아니라 '내'가 친구들에게 연락하지 않고 그들을 챙기지 않아서 느끼는 감정입니다. 내가 먼저 연락하면 되는 거예요. 이런 아주 사소한 깨달음을 글로 정리해 보고 있습니다."

___ 그래도 글을 쓸 때의 기준이나 원칙이 있을 것 같습니다.

"제가 쓰는 것이 옳은 내용일지라도 글에서 미움이 느껴지면 안 됩니다. 또

남을 비방하지 않으려 합니다. 모든 사람이 제 글을 보고 따뜻함을 느낄 수 있었으면 좋겠습니다. 쉽지 않은 일이지만 이 기준들에 맞추려 노력하고 있어요."

스님은 또 "제 글을 보시는 분들이 다양한 성향을 갖고 있고 오해를 살 수도 있어 정치적인 이야기는 하지 않는다. 제가 말하고 싶은 것은 정치 이야기가 아니기 때문"이라고 밝히기도 했다.

___ **SNS에서도 그렇고 사람들은 행복을 갈구합니다.**
스님이 생각하는 행복은 무엇입니까?

"행복은 어떤 '성취'가 아닙니다. 앞에서 깨달음에 대해서도 말씀드렸지만 행복 역시 저기 어딘가에 있는 것이 아니에요. 행복은 우리들의 본래 청정한 마음을 아는 것이라고 생각해요. 본래 깨끗한 이 마음은 없어지는 것이 아니에요. 그것을 알고 느끼면 됩니다. 그렇게 느끼는 그 자리가 바로 행복의 자리가 아닐까요?"

스님은 행복으로 가는 지름길로 먼저 나와 남을 비교하는 일을 멈추고, 둘째 밖에서 찾으려 하지 말고 자신의 마음 안에서 찾아야 하고, 셋째 지금 이 순간 세상의 아름다움을 찾는 것 등을 제시했다.

"스스로에게 솔직해져야 합니다. 무엇이 나를 행복하게 하는지를 알아야 해요. 남이 생각하는 성공의 기준이 아니라 내 안에서 무엇을 원하고 희망하는지를 바로 보아야 합니다. 남들의 눈에 성공했다고 해서 본인이 행복할 거라는 생각은 맞지 않아요. 정말로 스스로 행복해하는 것이 중요합니다."

먼저
상처로부터 자유로워져라

___ 힐링을 얘기하는 사람들이 많습니다.

"요즘 들어 부쩍 '힐링'이라는 말을 많이 사용합니다. 그만큼 아파하는 사람들이 많다는 것이겠죠. 힐링 역시 자기 본성을 제대로 보면 가능하다고 생각합니다. 마음 안의 작은 상처가 전부가 아닙니다. 그 상처를 입은 주인공을 봐야 합니다. 마음에 상처가 많으면 수행도 잘 안 됩니다. 마음의 그 조그만 상처가 바로 '나'라고 동일시합니다. 마음이 펴져야 하는데 쪼그라들어 있어요. 먼저 상처로부터 자유로워져야 합니다. 상처 자체를 인정해야 합니다. 그리고 '나'라는 존재 자체가 아주 사랑스럽다는 것을 알아야 합니다. 스스로의 자존감을 높여 주고 위로해 주어야 합니다."

___ 스님의 책 『멈추면, 비로소 보이는 것들』이 꾸준하게 사랑을 받고 있습니다. 이유가 무엇이라고 생각하시나요?

"상상도 못했습니다. 어떤 대단한 매력이 있어서라기보다 저와 사람들의 경험과 마음이 공유되기 때문에 그런 것이 아닐까 합니다. 부족한 저의 글을 사랑해 주시니 감사할 따름입니다."

2012년 12월 말 현재 『멈추면, 비로소 보이는 것들』은 통산 35주째 베스트셀러 정상을 지키고 있다. 스님이 쓴 책으로서는 상상하기 어려웠던 반응들이 이어지고 있다. 대략 185만 권 이상이 대중들의 마음을 움직인 것으로 예상되고 있다. 2012년 국립중앙도서관 이용자가 가장 많이 이용한 책 역시 『멈추면, 비로소 보이는 것들』이었다.

___ '멈춘다'는 것은 무슨 뜻인가요?

"사람들이 자주 묻습니다. 어떻게 멈추느냐고 말입니다. 그럴 때마다 저는 (마음을) 알아차리고 허락하라고 말합니다. 그것이 멈추는 것입니다. 잠시 멈추고 '나'에게 집중하면 성찰하는 순간이 됩니다. 그러다 보면 지혜가 나옵니다. 속도 조절이 필요한 거죠.

앞에서 말씀드린 바와 같이 사람들은 행복이라는 것을 어떤 조건이 이루어졌을 때 느낀다고 생각합니다. 지금 당장의 일이 아닌 미래에 있을 어떤 것이죠. 현재는 행복하지도 않으면서요. 지금 자신의 상황을 되짚어 보고 마음의 움직임을 있는 그대로 들여다보는 것이 또 다른 '멈춤'이 아닐까 합니다."

___ 성철 스님이나 법정 스님이 아닌 '나의 길을 가고 싶다'고 말씀하십니다. 구체적으로 설명해 주실 수 있을까요?

"사람들이 저에게 성철 큰스님이나 법정 큰스님같이 훌륭한 스님이 되라고 격려를 해 주십니다. 좋은 뜻으로 말씀을 해 주셔서 무척 감사합니다. 그런데 저는 성철 큰스님이나 법정 큰스님이 될 수 없습니다. 일단 제 근기가 약해서 그렇게 될 수가 없어요. 뱁새가 황새 따라가다가 가랑이 찢어진다고 하잖아요. 그렇지만 세상에는 황새도 있고 뱁새도 있습니다. 영화를 봐도 주연이 있고 조연도 있고 엑스트라도 있습니다. 저는 저 나름의 빛깔을 찾으려 합니다. 제가 잘할 수 있는 것을 하고 싶습니다. 사람들에게는 누구나 장점과 단점이 있어요. 장점의 크기를 키우면 단점을 다 덮습니다."

___ 그럼 스님의 길은 무엇일까요?

"우리 사회에는 잠재 불자들이 많습니다. 또 불교에 호의적인 분들도 꽤 있습니다. 그런 분들에게 부처님의 가르침을 전하는 것이 지금 저의 가장 큰 역할 같습니다. 특히 젊은 친구들에게 부처님 말씀을 어렵지 않게 전하고 싶습니다."

스님은 2012년 여름, 전국을 순회하며 '마음치유 콘서트'를 진행했다. 사찰과 대학 등에서 진행한 마음치유 콘서트는 발 디딜 틈이 없을 정도로 대성황을 이루기도 했다.

"나는 나를 사랑합니다. 나는 나를 사랑합니다. 다른 사람에게 치여 상처 받았던 나를 사랑합니다. 다른 사람과 비교당하면서 가슴 아팠던 나를 사랑합니다. 다른 사람이 보기엔 좀 부족해 보일 수 있어도 나는 지금 이대로의 나를 사랑합니다. 다른 사람이 보기엔 좀 부족해 보일 수 있어도 나는 지금 이대로의 나를 사랑합니다. (후략)"

스님이 '마음치유 콘서트'에서 대중들에게 읽어 주는 글 중 일부다.

___ 이웃 종교인들도 많이 만나십니다.

"미국에서도 그렇고 한국에서도 이웃 종교 성직자들을 많이 만납니다. 미국에 절이 많지 않아서인지 어떤 때는 교회나 성당이 절같이 느껴질 때도 있어요.

성경을 보면 '뿌린 대로 거둔다'는 말씀이 있어요. 이는 부처님의 인과법因果法과 맞닿아 있는 말입니다. 제가 처음 성경을 보게 된 것은 대학 시절 비교종교학을 공부하면서부터예요. 그때 기독교 역사와 성경 해석에 대한 공부를 했는데, 출가한 뒤에도 부처님 경전을 보듯이 가끔 읽기도 합니다.

이웃 종교인들을 만날 때는 '불교'보다 '종교'를 우선시합니다. 자신의 종교를 앞세우다 보면 많은 오해가 생기니까요. 서로를 인정해 주면 사람들도 좋아합니다. 이웃 종교인들을 막상 만나서 말씀을 들어보면 각 종교가 크게 다르지 않다는 생각을 하게 됩니다. 진리라고 하는 것은 어느 한 종교의 영역 안에만 있는 것은 아니라고 생각합니다."

___ **다양한 사람들을 만나고 계십니다.**
스님께서 그래도 좀 더 관심을 갖는 사람들이 있을 것 같습니다.
"우연히 저소득층 아이들의 문제에 대한 이야기를 듣고 그 아이들을 돕기 위한 활동을 하고 있어요. 우리나라에 빈곤 아동이 무려 100만 명이 넘는다고 합니다. 저도 처음에는 이 엄청난 숫자가 믿기지 않았어요. 그러면서 한편으로는 우리들이 빈곤한 환경에 있는 아이들을 너무 방치하고 있는 것은 아닌지 반성하게 됐습니다. 아이들을 위해 무엇을 할 수 있을지 알아보다 자선모금운동을 하기 시작했어요. 여러분들의 마음이 필요합니다. 아이들이 조금 가난하고 몸이 아프고 장애가 있어도 세상을 향해 출발하는 스타트만큼은 같이 할 수 있게 해야 한다고 생각해요."

스님은 2012년 7월부터 저소득층 아동을 지원하는 단체인 '위스타트(We Start)운동본부'의 나눔대사로 활동하고 있다. 2012년 12월 17일에는 위스타트운동본부 주최로 이해인 수녀와 함께 송년 토크 콘서트를 진행하기도 했다.

___ **스님 개인의 수행은 어떻게 하시나요?**
"제가 서 있는 곳이 저의 수행처라고 생각하며 살고 있습니다. 또 선지식께 화두를 받아서 그 화두를 타파하기 위해 열심히 노력하고 있습니다.
한국불교를 보면 진제 큰스님이나 고우 큰스님, 적명 큰스님, 무여 큰스님, 혜국 큰스님, 무비 큰스님 같은 선지식들이 계십니다. 한국에 올 때마다 선지식들을 찾아뵙고 공부를 여쭈어 보고 있습니다."

혜민 스님은 "나는 조계종 승려다. 그 정체성을 기본으로 공부하고 수행하려 한다"고 강조하기도 했다.

___ 부처님 가르침의 핵심은 무엇입니까?

"자기 안에 있는 불성佛性을 깨닫는 것입니다. 우리 모두에게 불성은 이미 갖추어져 있습니다. 다만 그것을 모르고 있을 뿐입니다. 내 안의 맑고 깨끗한 본성을 바로 보라는 것이 부처님께서 가장 강조하신 가르침입니다."

스님은 "우리의 불성은 텅 빈 채로 있다. 즉 아무것도 없는 채로 살아 있다. 그런데 이것을 경험하려 하지 않고 생각으로만 이해해 마치 텅 빈 무언가가 따로 있다고 상相으로써 잡으려 한다"고 지적하기도 했다.

___ 스님에게 현재 가장 중요한 것은 무엇인가요?

"수행입니다. 아직 많이 부족한 수행을 더 열심히 해야 합니다. 특히 도반들과 밤을 새우며 이야기를 나누는 법담이 저에게는 많은 도움이 되고 있습니다. 도반들과 탁마를 하다 보면 제가 어디에 있는지를 확인할 수 있고 부족한 공부를 배울 수 있어 참 좋습니다. 가장 즐거운 시간이기도 합니다."

스님은 인터뷰한 이날도 새벽 3시까지 도반스님들과 이야기를 나누고 왔다고 했다.

___ 앞으로의 계획을 전해 주신다면?

"최근에 마음치유 콘서트를 많이 했습니다. 2013년 여름부터는 '힐링캠프'를 열어 보고 싶습니다. 3박4일 정도의 일정으로 산사에서 젊은 청춘들과 함께하고 싶습니다. 여러 가지 재미있는 프로그램을 소화하면서 참가자들과 다양한 이야기를 나누고 싶어요. 조계종단과 함께할 수 있다면 더 좋다고 생각합니다. 또 전국을 다니며 지역 청년불교를 활성화하는 데 도움을 주고 싶습니다."

___ 20년 후 스님의 모습을 상상하신다면?

"유머감각이 풍부한 '동네스님'이 됐으면 좋겠습니다. 편안하고 친근한 그런 스님 말입니다. 제가 유머가 좀 없는데 열심히 수행하면서 유머감각도 키우도록 노력하겠습니다. 하하."

조계종의 한 중진 스님은 사석에서 "2012년에 혜민 스님이 없었으면 불교가 망했을 수도 있다"는 말을 농담 삼아 한 적이 있다. '도박' 사건 등으로 불교의 위상이 끝없이 추락하고 있을 때 혜민 스님이 대중들을 만나면서 부처님의 가르침을 쉬운 언어로 많은 사람들에게 전한 것이 그나마 다행이라는 것이다.

불자의 한 사람으로서 20년 후까지 기다릴 것 없이 지금 당장이라도 혜민 스님이 '풍부한 유머감각'으로 무장하기를 희망한다. 그래서 스님이 끊임없이 사람들을 만나면서 부처님의 가르침을 사람들에게 더 많이 전해 주기를 바란다. 이것은 결코 혼자만의 생각이 아닐 것이다.

한국불교 차세대 리더 19명 인터뷰
한국불교의 미래를 묻다

'참된 빛은 번쩍이지 않는다'

| 인쇄_ 2013년 3월 5일 | 펴냄_ 2013년 3월 12일
| 지은이_ 유철주 | 펴낸이_ 오세룡 | 펴낸곳_ 담앤북스 | 등록번호_ 제300-2011-115호
| 주소_ 서울특별시 종로구 익선동 34 비즈웰 O/T 917호 | 전화_ 02)765-1251
| 편집 · 교정_ 박성화, 허은희
| 디자인_ 고혜정, 최지혜, 정경숙
| 이메일_ damnbooks@hanmail.net
| 블로그_ blog.naver.com/damnbooks
| ISBN 978-89-98946-01-2 03220

이 책은 저작권 법에 따라 보호받는 저작물이므로 무단전재와 복제를 금지하며,
이 책 내용의 전부 또는 일부를 이용하려면
반드시 저작권자와 담앤북스의 서면동의를 받아야 합니다.

정가 17,000원